Buch

Léontine Prinzessin Metternich war die Tochter des legendären Staatsmannes, der einem ganzen Zeitalter sein Siegel aufdrückte. In ihrem intimen Tagebuch schildert die Heranwachsende die kleinen und großen Ereignisse ihres Lebens, die Bälle und gesellschaftlichen Ereignisse, an denen sie teilnimmt, ihre Sorgen und Träume und die innige Beziehung zu ihrem älteren Bruder Victor.

Léontine wird nach dem Tod ihrer Mutter und ihrer zwei älteren Schwestern zur großen Vertrauten des Fürsten.

Mit der Veröffentlichung unbekannter Briefe des Fürsten Metternich und der Beigabe von Briefen Victors und Léontines entsteht ein umfassendes und originelles Dokument, das unmittelbar und persönlich an das Wesen des biedermeierlichen Wiens der Jahre 1826 bis 1829 heranführt.

Herausgeberin

Tatania Fürstin Metternich, geborene Prinzessin Wassiltschikow, blickt auf Jahre zurück, die so unruhig und ereignisreich waren wie das Jahrhundert selbst. Heute lebt sie mit ihrem Mann, einem Urenkel des österreichischen Staatskanzlers, auf Schloß Johannisberg im Rheingau.

Im Goldmann Verlag bereits lieferbar:

Bericht eines ungewöhnlichen Lebens (3922)
Keime der Hoffnung. Das wahre Rußland (12330)

Léontine

Das intime Tagebuch der Tochter Metternichs

von 1826 bis 1829,
14. bis 18. Lebensjahr

Herausgegeben von
Tatiana Fürstin Metternich

GOLDMANN VERLAG

Die Vorlagen für die Faksimile und Abbildungen
wurden von der Herausgeberin
aus dem Familienarchiv zur Verfügung gestellt.

Umwelthinweis:
Alle bedruckten Materialien
dieses Taschenbuchs
sind chlorfrei und umweltschonend.

Der Goldmann Verlag
ist ein Unternehmen der Verlagsgruppe Bertelsmann

Genehmigte Taschenbuchausgabe 1993

Umschlaggestaltung: Design Team München
Druck: Presse-Druck Augsburg
Verlagsnummer: 42197
LF · Herstellung: Sebastian Strohmaier
Made in Germany
ISBN 3-442-42197-7

1 3 5 7 9 10 8 6 4 2

Mit verbindlichstem Dank
an Dr. Marie Ullrichova
für ihre so konstruktive Hilfe

Inhalt

Vorwort

Für unsere Generation bedeuteten die Kriegsjahre ein unaufhaltsames Schwanken zwischen erdrükkenden Verlusten, immer wiederkehrender herzzerreißender Abschiednahme und kurzen Unterbrechungen von intensivstem Leben in der so intensiven Gegenwart.

Es schien fast abwegig, zuviel an die Verteidigung oder die Rettung von »Hab und Gut« zu denken, auch wenn man es liebte und seinen historischen Wert schätzte. Wir fühlten uns aber mehr als Wächter denn Besitzer dieser schönen Häuser, mit museumartigen Sammlungen gefüllt, von Generation zu Generation weitergereicht, und waren uns der Verantwortung bewußt, unser Möglichstes zu ihrer Erhaltung zu tun.

Während der Abwesenheit meines Mannes an der Front wurde jeder Entschluß sehr erschwert: Mußte ich nicht ein Papier unterschreiben, wenn ich Möbel oder Bilder von einem Zimmer ins andere stellte? »Usus«, sagte der treue Sekretär entschuldigend.

Trotz unserer Jugend waren wir aber beide zu sehr in vielen Ländern zu Hause, um nicht mit aller Sicherheit von Anfang an zu wissen, daß dieser Krieg, erst recht durch die Einstellung Hitlers, nur mit einer Niederlage enden konnte, und zwar mit einer niederschmetternden. Es schien, als ob die Tschechoslowakei überleben würde, denn von einer sowjetischen Besetzung war noch keine Rede. Enteignung und eventuell Plünderung blieben aber nicht ausgeschlossen.

Unsere größte Sorge galt dem Archiv, das im Konvent in Plass (bei Pilsen) untergebracht war. Private und Familienpapiere sowie auch Staatsdokumente, besonders aus der Zeit des Wiener Kongresses, waren auf Anordnung von Richard Metternich in peinlichster Ordnung in großen Kisten geordnet.

Auf wärmste Empfehlung Professor Srbiks fand sich das Wiener Staatsarchiv am Minoritenplatz bereit, unser gesamtes Archiv in seine Obhut zu übernehmen, denn die Papiere gehörten nach Österreich, und mein Mann, der Urenkel des Kanzlers, war testamentarisch verpflichtet, jede Veröffentlichung daraus zu verantworten.

Aus Wien kam aber eine Denunziation dazwischen. Der Schuldige erhängte sich später, aber der Transport des Archivs wurde von Prag aus verboten.

Mit großer Mühe und noch größerer Diskretion wurde dann ein trockener und gut belüfteter Keller unter der Brauerei in Plass ausgebaut. Nachts kam eine Kiste nach der anderen hinein, ordentlich gestapelt und numeriert. Dann wurde der Eingang zugemauert.

Später erinnerte sich ein junger Mann, als Kind ge-

hört zu haben, daß ein Schatz unter diesen Gebäuden vergraben wurde. Man brach den Keller auf und fand das Archiv in bester Ordnung, der intensiven sowjetischen Plünderung entgangen, und transportierte alles nach Prag.
Zunächst mußte man weiter entscheiden, was verteilt werden sollte, um wenigstens eine gewisse Sicherheit für die historisch wichtigsten Gegenstände zu garantieren.
In Begleitung des Sekretärs und des alten Haushofmeisters ging ich durch Königswart und versuchte, Ordnung bringend, eine Wahl zu treffen. Dieses Haus schien noch mehr vom Geiste Metternichs beseelt zu sein als die Schlösser in Plass und Johannisberg, und nun entstand für mich ein neues Bild als das selbstverständlich hingenommene. Erzogen in Frankreich, hatte ich den französischen Standpunkt über ihn kennengelernt und auch akzeptiert: ein brillanter Staatsmann, von großer Fähigkeit und schöner Erscheinung; herzkalt, berechnend und frivol – wofür sie ihn auch bewunderten. Kein Wort über seine Menschlichkeit, seine hohen Ideale und seine Wißbegierde.
In dem Haus, das er umgebaut und gestaltet hat, fühlte ich mich nun ganz in seine Atmosphäre versetzt: Das Museum, das einen Flügel füllte, beherbergte seine naturwissenschaftliche, die Waffen- und die Münzsammlung; eine Bibliothek von über 23000 Bänden bewies die lebendige, weitschweifende Neugierde seines Geistes. Zahlreiche Auf-

zeichnungen und Anweisungen über die Organisation nicht nur seiner Besitzungen, sondern auch seiner Familie und der Angehörigen zeigten seine liebevolle Sorge um alle, die von ihm abhingen. Wie konnte er nur die Zeit finden, die Monarchie und Europa zu lenken?

Aber sein Arbeitszimmer, wiederum gefüllt mit annotierten Büchern, die aus dem verkauften Palais in Wien stammten, würde heute noch zur Besinnung und zum Nachdenken anregen.

Er schien immer und überall geschrieben zu haben, denn in jedem Zimmer befanden sich die schönsten Schreibtische, in deren Schubladen man oft Notizen von seiner Hand fand, die dann sorgfältig zum Archiv gebracht wurden.

In einem kleinen geheimen Fach eines solchen Schreibtisches habe ich die Tagebücher von »Léontine« gefunden. Vielleicht lagen sie dort, vergessen seit dem Tode ihres geliebten Bruders, der für sie das jähe Ende ihrer Kindheit bedeutete.

Es war zu spät, diese dem bereits versiegelten Archiv beizugeben.

Als dann im Jahre 1945 die US-Armee zurückging und der sowjetischen den eroberten Platz räumte, machten wir uns auch auf den langen Weg zum Rhein. Zu Fuß, begleitet von Franzosen, die in unserer Gegend gearbeitet hatten und uns nun Geleit und Schutz boten.

Man konnte nicht viel mitnehmen, aber als wir auf den 600 km langen Treck gingen, schob ich noch

einen kleinen Beutel mit den Tagebüchern von Léontine und zwei der wertvollsten Bücher aus der Bibliothek unter das Stroh des Fuhrwerks.
In der kostbaren Inkunabel, die wir dadurch retteten, fand ich ein gefaltetes Blatt: In seiner fließenden Handschrift hatte der Kanzler eine kurze Beschreibung der Umstände, die diesem Buch während der Napoleonischen Feldzüge zugestoßen waren, aufgezeichnet: Es wurde aus dem brennenden Koblenz nach Mainz gebracht und dann weiter in offenen Fuhrwerken mitten durch sich zurückziehende Armeen und unter Kanonenbeschuß nach Königswart transportiert.

Metternich in der Familientradition

Die Traditionen der rheinischen Kurfürsten, die oft zu den Familien seiner Vorfahren gehörten, wurden dem jungen Metternich, geboren in Koblenz am 15. Mai 1773, fast in die Wiege gelegt. Seit jeher gehörten die Erzbischöfe von Mainz, Trier und Köln sowie auch deren Verwandte zu den höchsten Würdenträgern des Kaiserreiches. Auch die Nachbarschaft zum Herzogtum Burgund, dessen Verwaltung, auf römische Rechtstradition gegründet, von Kaiser Maximilian I. in Tirol eingeführt, sich später zur beispielhaften österreichischen Administration entwikkelte, trug dazu bei, in den kurfürstlichen Län[illegible] frühzeitig ein europäisches Bewußtsein zu entfa[illegible]

Wie Dichter es seit Jahrhunderten empfunden und festgehalten haben, prägt die Harmonie und Weite der rheinischen Landschaft den Charakter der Bewohner. Sie führt zu Ausgewogenheit und zu fröhlicher Versöhnung mit sich und der Welt. Diese Grundeigenschaften finden sich in dem Wesen Metternichs wieder, denn er selbst behauptete, »der Rhein fließe in seinen Adern«. Aber er empfand einen tiefen Widerwillen gegen jene deutsche Leidenschaft für »klare Situationen«, die so oft zum bösen Ende führte, zu Machtbesessenheit der Machthaber und zu resignierter Unterwürfigkeit der Machtlosen. Zwar erkannte er die kommende Entfaltung der Gesellschaftsordnung, versuchte sie aber in möglichst ruhige, organische Übergänge zu geleiten. Vor allem suchte er gewaltsame Änderungen zu vermeiden.

Carl Jacob Burckhardt schrieb, daß »Metternich wie kein anderer die Gefährlichkeit der flüchtigen Zeitideen, die den dumpfen und ziellosen Leidenschaften der wechselnden Generationen entgegenkommen, um dann uralte Leistung, uralte Erfahrung zu zerstören, klar erkannte«. Er versuchte vor allem harten Auseinandersetzungen aus dem Wege zu gehen.

Diese Kunst des Verhandelns erweckte angesichts der herrschenden sozialen Zustände im Laufe des 19. Jahrhunderts tiefes Mißtrauen unter seinen Zeitgenossen. Trotzdem hat gerade dieser »Geist der Reise« zum Entstehen der längsten Friedenspe-

riode beigetragen, die den europäischen Völkern seit Jahrhunderten gegönnt wurde.
Das Geschichtsbild meiner »liberalen« französischen Erziehung hatte mich grundsätzlich gegen die Persönlichkeit des Staatskanzlers Fürst Metternich eingenommen. Die Erfolge seiner Politik wurden ausnahmslos Talleyrand zugeschrieben. Die russische Tradition war nicht viel anders, denn beide Kaiser, Alexander I. und Nikolaus I., fühlten sich von Metternich umgangen, fast verraten.
Das Schicksal hat es aber gefügt, daß es mir zufiel, inmitten seiner Besitzungen, seiner Sammlungen und seines schriftlichen Nachlasses zu leben. Ich lernte es, seinen Gedanken zu folgen, seinen Absichten nachzuforschen. So änderte sich diese vorgefaßte Meinung zu einer echten Sympathie für den Menschen und Verständnis für seine Ansichten, die in unserer von totalitären Mächten zerwühlten Zeit wieder so aktuell geworden sind.
Wie viele Staatsmänner seiner Zeit, schien Metternich oft wichtige Entschlüsse fast nebenbei zu fassen, um gesellschaftlichen Veranstaltungen seine ganze Aufmerksamkeit zu widmen. Aber in Wirklichkeit waren seine Geduld und sein Fleiß ebenso überwältigend wie die Reichweite und Vielfalt seiner Interessen. Seine Bibliotheken und Sammlungen füllten das Museum von Schloß Königswart, denn seine Häuser bewahrten seine Ausstrahlung. Sie waren gemäß seinem unfehlbar guten Geschmack zu anziehenden Landwohnsitzen ausge-

staltet. Umliegende Gärten oder Parks wuchsen zu einem Ganzen zusammen, so daß die Gebäude sich jeweils mit der Landschaft zu verschmelzen schienen. Es war alles sorgfältig geplant, jedoch mit einem Hauch von Zufälligkeit. Das Gleichgewicht wurde so vollkommen, daß das Schlagen eines Baumes, das Umhängen eines Bildes die wohlüberlegte Harmonie gefährden konnte.

Der Schriftsteller Varnhagen sagte einmal über den Kanzler: »Seine Gegenwart breitete Wohlbehagen aus.« So haben wir es auch ein Jahrhundert später noch immer empfunden.

Metternich muß jede Gelegenheit zum Schreiben ergriffen haben, und da er sich mit schönen Gegenständen umgab, waren die Schreibtische in jedem Zimmer ebenso verschieden wie ausgesucht schön. Er wollte alles um sich herum geordnet wissen. Im Archiv fanden sich zahlreiche Zettel und Memoranda, die sich auf jede kleine Einzelheit der Verwaltung seiner Güter, selbst auf das Pflanzen von Bäumen, bezogen. In Schloß Johannisberg am Rhein wurden auf seine Weisung hin Lackfarben statt Qualitätsstufen auf den Weinflaschen eingeführt, »als Höflichkeit gegenüber den Gästen, denen man nicht einen als ›gering‹ bezeichneten Wein vorsetzen könnte«.

Er fand aber auch Zeit, sich um die kleinsten Details des Lebens zu kümmern: Er traf Anordnungen für die Einrichtung der Kinderzimmer, schlichtete Streitfragen zwischen der Gouvernante und dem

Schreibzimmer Fürst Metternichs in der Staatskanzlei

Personal. Dabei ließ er jeden Menschen in seiner Eigenart gelten und scheint seiner Familie schmerzlich gefehlt zu haben, wenn er auf Reisen war. In einem Brief an seine Frau vom März 1814 aus Dijon – einer Station auf seinem Weg nach Paris bei der Verfolgung des geschlagenen Napoleon – beschrieb er ein »Kleidchen mit dazupassenden Pantaletten (Höschen)«, das die kleine Tochter seiner Wirtin trug und er eben kopieren ließ und seiner dreijährigen Tochter Léontine durch Kurier nach Hause senden würde. Er fügte hinzu, daß seine Lorel wohl wisse, sein wahrer Beruf wäre, »Kindsfrau« zu sein. Das Buch »Metternich und die Herzogin von

Sagan« von der amerikanischen Historikerin D. McGuigan schildert die oft stürmische Liebesgeschichte zwischen Metternich und der Herzogin vor und während des Wiener Kongresses. Metternich scheint dabei den Ausgleich zu den oft übermenschlichen Anspannungen dieser Zeit in seinem Vertrauen zu einer schönen, klugen und verständnisvollen Frau gefunden zu haben. Trotz des etwas emphatischen Stils kommt in seinen Briefen an die Herzogin ein ganz anderer Mensch zum Vorschein, als ihn die meisten Biographen des 19. Jahrhunderts haben wollten. Er zeigt sich warmherzig, nachsichtig, einfühlend. Er hilft mit Dienerschaft und besorgt Fehlendes, als Wilhelmine um seine Hilfe vor einem wichtigen Abendessen bittet. Er wußte, daß »Frauen die Scharniere des Lebens ölen«. Diese Erkenntnis machte ihn selbst zum angenehmsten Gastgeber und Mittelpunkt eines großen Freundeskreises.

In dieser Epoche seines Lebens war seine sowohl diplomatische wie politische Tätigkeit schwindelerregend, doch flößte seine Gegenwart Beruhigung und Zuversicht ein. So konnte Goethe 1813 schreiben: »Er gehört zu den Personen, die auf den obersten Stufen des irdischen Daseins der höchsten Bildung teilhaftig geworden sind und deren Eigenschaften uns die tröstliche Versicherung einflößen, daß Vernunft und Menschlichkeit die Oberhand behalten und ein klarer Sinn das vorübergehende Chaos bald wieder regeln wird.«

Mädchenzimmer der Prinzessin Léontine in der Staatskanzlei

In einem Brief an seine Tochter Marie vom 3. März 1814 aus Chaument schreibt Fürst Metternich: »Léontine muß mich für ein mythisches Wesen halten, denn sie hört von mir reden wie von Neptun oder Merkur ... Ich schreibe Euch zwischen einer Konferenz, die zu Ende geht, und einer anderen, die anfängt.« Drei Wochen später schrieb er seiner Frau aus Dijon, wo er von seinem Kaiser festgehalten war, da dieser nicht selbst seine Tochter vom Thron stürzen wollte: »... Ich wohne hier bei einer Frau, die zwei kleine Kinder hat: ein kleines vierjähriges Mädchen und einen dreijährigen Buben. Sie verbringen ihre ganze Zeit in meinem Zimmer – wir sind die besten Freunde. Ich habe für Léontine ein Kleidchen wie das von diesem kleinen Mädchen bestellt und glaube, daß sie es hübsch findet. Es ist ganz kurz und dazu von Pantaletten (kleine hervorstehende Höschen) begleitet. Das Kleidchen hat keine einzige Falte und trifft mit dem nächsten Kurier ein.«

Dieselbe kleine Léontine, zum Backfisch herangewachsen, wird nach dem Tode ihrer zwei reizenden Schwestern und ihrer Mutter zur Stütze und fast zur Freundin ihres Vaters, der sich seinerseits sehr um sie kümmert, sofern er sich von den Staatsgeschäften frei machen kann. Sie führt ein Tagebuch sowohl in deutsch wie auch in französisch.

In diesen Aufzeichnungen erscheint der »Kutscher Europas« als zärtlicher Vater, der sich viel in Gesellschaft seiner Kinder aufhielt, selbst in entscheidenden Momenten der europäischen Geschichte. Hierin notiert sie eifrig die kleinen Bälle, an welchen sie teilnimmt, ihre Tänzer – unter welchen sich der junge Herzog von Reichstadt befindet –, ihre Zwistigkeiten mit der Gouvernante und ihre große Liebe für den älteren Bruder Victor, für ihren Vater und ihre Freundin, die kleine Ida von Liechtenstein. Im Hintergrund spielt sich ein wahrer Roman ab zwischen der reizenden Antoinette von Leykam, ihrem Bruder und ihrem Vater, der letzten Endes die Antoinette heiratet.

Victor hatte sich in die reizende Antoinette von Leykam verliebt. Die Heirat war aber nicht standesgemäß, so wurde diese ihm vom Vater ausgeredet. Versetzt zur österreichischen Botschaft in Paris, entwikkelte Victor eine Zuneigung zu einer französischen Dame. Um die gesellschaftliche Stellung Antoinettes in Wien nicht zu gefährden, bestand inzwischen Metternich darauf, daß sie öfters von Léontine eingeladen wurde; bald verliebte er sich selbst in sie, und sie wurde zu seiner zweiten Frau. Zuvor fanden lange Gespräche mit Victor statt, denn Metternich hätte diesen Schritt nie gegen den Willen seines Sohnes getan. Léontine verfolgte die Entwicklung mit Spannung und hörte Antoinette dem Bruder sagen: »Ich werde nie vergessen, was Sie für mich getan haben.« Im Tagebuch kommentierte sie kurz: »Es ist bei uns wie in ›Don Carlos‹!«

Diese zweite Ehe wurde außerordentlich glücklich. Aber die entzückende Antoinette, die alle Herzen gewonnen hat, stirbt im Kindbett nach der Geburt des kleinen Richard, des späteren Botschafters am Hof Napoleons III. In der Familie bricht alles zusammen. Lungenkrank wie seine Schwestern und seine Mutter, der Herzog von Reichstadt und so viele junge Leute seiner Zeit, stirbt auch bald der schöne Victor im Kreise seiner verzweifelten Familie.

Hier hört das Tagebuch jäh auf, als ob Léontine nicht mehr die Kraft gehabt hätte, ihren fröhlichen Bericht von Bällen und Tänzen fortzuführen.

Der Sohn Napoleons, der Herzog von Reichstadt, Enkel des österreichischen Kaisers, war oft bei Metternich zu Gast. Als romantische Gestalt wurde der junge Prinz von Léontine und ihren Freundinnen tief verehrt. In einer Schublade entdeckte ich einen handgeschriebenen Brief der Kaiserin Marie Louise, Mutter des Herzogs von Reichstadt, der einige Andenken ihres verstorbenen Sohnes begleitete und worin sie Metternich dankte, »für alles, was er für ihn getan hatte«. Napoleons Sohn war für Metternich ein Pfand für die Zukunft. Er glaubte nicht an das Bestehen der bourbonischen Dynastie in Frankreich und meinte, daß nach dem Tode Napoleons sein Sohn eventuell wieder den Thron in Frankreich besteigen könnte und die Versöhnung mit der Vergangenheit verkörpern würde.

Metternich pflegte zu sagen, er sei zu früh oder zu spät geboren. Seine Persönlichkeit ist vielen lange unverständlich geblieben. Durch das Aufkommen des Nationalismus und des Liberalismus im 19. Jahrhundert haben sie in seinem großartigen Konzept des friedlichen europäischen Gleichgewichts nur Zensur und Repression gesehen. Und doch, wie Metternich selbst kommentiert: »So leicht, wie sich die Leut' das vorstellen, ist es doch nicht gewesen, Europa den Frieden zu bewahren.«

Besonders nach dem letzten Weltkrieg und dessen verheerenden Folgen für Millionen von Menschen war es für uns tröstlich zu wissen, daß er für unsere Probleme Verständnis empfunden hätte, denn wir waren Opfer derselben Übel, gegen die er damals verbissen kämpfte.

Tatiana Metternich

Eine Tochter Metternichs

Kein Geringerer als Carl J. Burckhardt hat darauf hingewiesen*, wie unsere Zeit immer wieder mehr oder weniger erfolgreich bemüht ist, das überpersönliche »Phänomen Metternich« zu ergründen. Der Fürst selbst hat übrigens diesen Gang der Dinge vorausgesehen, als er 1820, also ein paar Jahre bevor noch seine Tochter Léontine ihr nun vorliegendes Tagebuch begonnen hatte, erklärte, er sei eben zu früh oder zu spät auf die Welt gekommen: »Ich hätte um 1900 geboren werden und das 20. Jahrhundert vor mir haben sollen.«

Vorkämpfer einer europäischen Solidarität in einer Zeit, als Begriffe wie Pan-Europa den meisten Menschen kaum viel bedeuten konnten, viele Ideen eines Völkerbundes (der aber erst sehr viel später geboren werden sollte) vorausahnend, ist Clemens Metternich als einer der ganz großen Diplomaten aller Zeiten in die Geschichte eingegangen. Unbeirrt auf seiner »voie confidentielle« voranschreitend, hat er es verstanden – trotz Ungunst einer Zeit, die dazu eben noch nicht reif war –, in Europa ein

* S. Vorwort zu Breycha-Vauthier: »Maximen des Fürsten Metternich«.

politisches Gebäude kunstvoll und mühsam aufzurichten, worin über ein Menschenalter hindurch der Welt der Friede beschert war und selbst darüber hinaus kleinere Kriege lokalisiert werden konnten. Trotz dieser einmaligen Leistung wußten aber Historiker und besonders solche, die es zu sein vermeinten, des öftern ganz greuliche Dinge über den politischen Menschen Metternich zu berichten.
So ist es nicht verwunderlich, wenn nunmehr unsere Zeit bemüht ist, sein uns durch Generationen überliefertes Denkmal zunächst ein wenig abzustauben, um ihm unbeschadet aller Glossen, Kommentare und Urteile, welche die klare Sicht vielfach behindern, sein ursprüngliches Leuchten wiederzugeben. Ohne zu belehren oder ein politisches Buch sein zu wollen, vermitteln uns diese Tagebuchseiten hierzu vieles, denn sie zeigen in einfacher Unmittelbarkeit das Leben, das seine Tochter von ihrem 14. bis zum 18. Jahr an der Seite des Vaters verbrachte, wie sie ihn sah und was sie im Familienkreis miterlebte und all die Leute, die dort aus und ein gingen und die sie oft sehr treffend charakterisiert. Ein intimes Familienbild und diese kleine Geschichte bringt uns auch der großen Geschichte ein gutes Stück näher. Auf dieser Bühne des »theatrum mundi« agieren viele berühmte Figuren ihrer Zeit, ein Hauch vom Wien des Biedermeier bildet die Kulisse, indes die große Politik, unaufdringlich, aber stets präsent, den nachdenklichen Fond liefert.
Erst kurz bevor ihre Blätter beginnen, hat Clemens

Metternich seine Frau verloren, und nachdem ihm bereits 1820 seine beiden Töchter Clementine und Marie durch einen frühen Tod entrissen worden waren, blieben sein Sohn Victor und Léontine mit einer kleinen Schwester allein übrig. Mit ihren 15 Jahren zwar oft noch ein richtiges Kind geblieben, war sie sich aber doch bereits ihrer Verantwortung bewußt, wenn es hieß, im Haus des Vaters die Honneurs zu machen. Der Zusammenklang von kindlicher Frische und Weltgewandtheit tönt sympathisch aus allen Seiten dieses Jungmädchen-Tagebuchs, das von der großen Welt zur inneren Landschaft des Herzens wechselt und in dem Kunst und Musik über allem schweben. Sympathisch, aber auch ergreifend, wie der Vater ihr ankündigt, daß er ihre nur um fünf Jahre ältere Freundin, die Antoinette Leykam, heiraten werde. Sie hält es zunächst für unmöglich, daß der vergötterte Papa nun gerade dieses Mädchen, das sie doch dem Bruder Victor, der auch in sie verliebt war, nicht gewünscht hatte, nun selbst ehelichen werde, und glaubt, das nicht überleben zu können. Aber diese trübe Stimmung überdauert kaum den Tag. Die Sorge um das Glück des Vaters, der Gedanke an die Mutter, die eine Wiederverehelichung sicherlich gebilligt hätte, verdrängen alles andere. Léontine selbst ist es, welche die junge Braut, eine Außenseiterin, bei den alten Verwandten und all den Tanten einführt, dazu sie gut berät, damit nur alles ordentlich abläuft, bis sie nach kaum einem Jahr diese Stiefmutter, die ihr zur besten

Freundin geworden war, durch den Tod im Kindbett verliert.

Trotz all diesen Schicksalsschlägen fließt aber dennoch das Familienleben der Metternichs harmonisch weiter dahin, und mit Recht konnte Clemens einer großen Freundin schreiben: »Wenn Du wissen willst, ob ein Mann ein guter Freund sein kann, so frage Dich, wie er als Sohn, wie er als Vater ist.«

Gute Beobachter – die schönsten Zeugnisse kamen übrigens von solchen, die dem Fürsten politisch gar nicht sehr nahestanden, etwa von dem vielgereisten Varnhagen – konstatieren nach häufigem Beisammensein, daß seine Gegenwart »Behagen verbreite«. Solches Behagen spricht auch aus diesen Seiten, wo Triviales, Nachdenkliches, aber auch Tragik, so wie es das Leben eben bringt, abwechseln. Léontines geliebter Bruder Victor hatte in Paris, wo er als junger österreichischer Diplomat der Botschaft zugeteilt war, eine dort berühmt gewordene Freundschaft mit der Duchesse de Maillé, der späteren Marquise de Castries, und Léontine notiert besorgt: »Victor hat eine recht unangenehme Geschichte mit der Marquise. Sie hat nun ein Kind von ihm, und der Papa ist sehr böse mit ihm, wie natürlich.« Nun, das Bösesein hatte seine Grenzen; ein Jahr später stirbt Victor, wohingegen sein Sohn Baron Roger Aldenburg österreichischer Diplomat und später Geheimer Rat werden sollte, in der Metternichschen Familie, die er treu umsorgt, aufgeht

und nun in der Familiengruft zu Plaß neben seinem Vater, dem Fürsten gegenüber, ruht.
Ihrer Mutter Léontine hat Pauline Metternich in ihren Erinnerungen ein schönes Denkmal gesetzt, wenn sie von ihr als der weiblichsten unter den weiblichen Frauen spricht und deren stille, zurückhaltende Persönlichkeit, ihre ruhige Besonnenheit preist. Die Art, wie so ein Wesen heranwächst, welches keine Mutter mehr hatte, weist auf den Vater hin und die Atmosphäre, in der es groß wurde. Noch kurz vor seinem Tod hatte der alte Fürst dem Komponisten Rossini, seinem bewunderten Freund, geschrieben: »Die Welt braucht Harmonie, und ich liebe leidenschaftlich diese Macht, deren Reich ein weites ist, das viele Teile zählt.«
In jenem Reich war Léontine aufgewachsen, und aus diesen Seiten klingt noch heute etwas von dieser Harmonie zu uns herüber.

Dr. Breycha-Vauthier

Erster Teil

(Original in französisch)

7. März 1826
bis
21. Dezember 1826

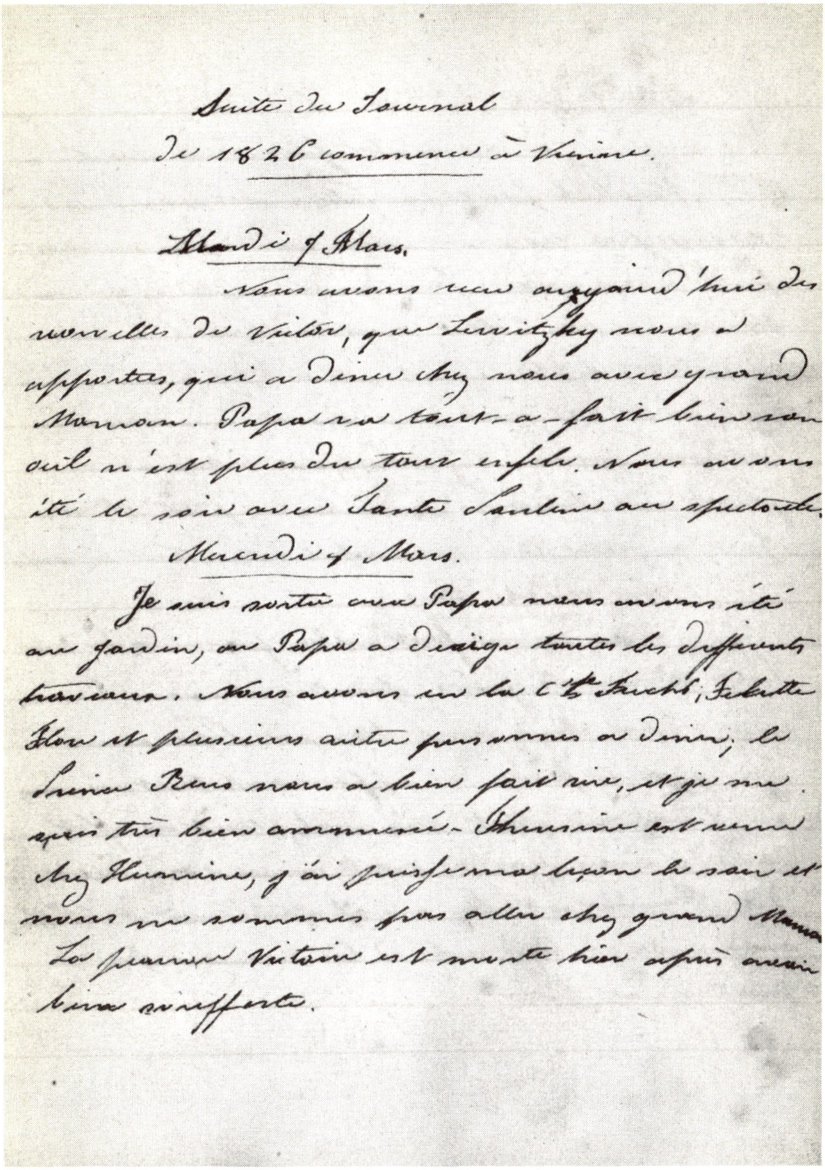
Suite du Journal
de 1826 commencé à Vienne.
Lundi 7 Mars.
Nous avons reçu aujourd'hui des nouvelles de Vilter, que Lewitzky nous a apportées, qui a diné chez nous avec grand Maman. Papa va tout-à-fait bien car il n'est plus du tout enflé. Nous avons été le soir avec Tante Pauline au spectacle.
Mardi 7 Mars.
Je suis sortie avec Papa nous avons été au jardin, où Papa a dirigé toutes les différents travaux. Nous avons eu la Ctss Fuchs, Félicité Flore et plusieurs autres personnes à diner; le Prince Reuss nous a bien fait rire, et je me suis très bien amusée. Thérèse est venue chez Hermine, j'ai pris ma leçon le soir et nous ne sommes pas aller chez grand Maman.
La pauvre Victoire est morte bien après avoir bien souffert.

Jeudi 9 Mars.

Nous avons voulu faire une visite à Mme Marchal pour sa fête, mais nous ne l'avons pas trouvée. Nous avons été au Prater, puis nous avons fait une visite à grand Maman, à 1 h. C'était aujourd'hui l'enterrement de Victoire, Sophie y est allée. Papa a diné à la maison seul avec nous, nous avons eu une soirée chez nous, où nous avons joué aux charades sur notre petit théâtre. J'ai eu aujourd'hui des crampes dans tout le corps.

Vendredi 10 Mars.

Nous avons fait notre promenade au Prater comme toujours, puis nous avons dîné avec Papa chez grand Maman, Papa a eu une grande peur en apprenant tout-à-coup que l'Empereur était très mal, il est en effet malade mais pas si mal comme on avait dit. Hermine est allée au spectacle avec les Wallm. mais moi je suis restée à la maison pour prendre ma leçon.

Samedi 11 Mars.

Il faisait superbe, nous avons été au Prater mais il n'y avait pas beaucoup de monde. La Princesse Coudenove, et les Lykow sont venu pour dîner, il y avait en tout 12 personnes. Nous avons été le soir chez grand Maman l'empereur va déjà beaucoup mieux. — Pépi est venu le matin chez moi. —

Dimanche 12 Mars.

La Comtesse Fuchs est venue le matin chez nous, ou elle est resté jusqu'à midi. Nous avons été au Prater ou il y avait beaucoup de monde j'ai été me promener avec Julie Dietrichstein. Papa n'a pas dîné à la maison je ne l'ai presque pas vu. — Le soir nous avons eu une soirée chez les Clary où je me suis très bien amusée. Mes crampes continuent toujours.

Lundi 13 Mars.

Nous avons été nous promener aux ~~Prater~~, remparts, où il n'y avait pas beaucoup de monde. Flore et son mari et la Ctesse sont

Dienstag, 7. März 1826
Levitzky hat uns heute Nachrichten von Victor gebracht. Er hatte bei uns mit Großmama diniert. Papa geht es wieder ganz gut, sein Auge ist nicht mehr geschwollen. Wir waren abends im Theater.

Mittwoch, 8. März
Ich bin mit Papa ausgegangen. Wir waren im Garten, wo Papa die verschiedenen Arbeiten anordnete. Wir hatten Gräfin Fuchs, Flora und einige andere zum Diner. Fürst Reuss hat uns recht lachen gemacht. Teresina ist zu Hermine gekommen, abends machte ich meine Lektion. Die arme Victoire ist gestern nach langem Leiden gestorben.

Donnerstag, 9. März
Wir wollten Mme. Marchal eine Visite zu ihrem Geburtstag machen, aber haben sie nicht daheim gefunden. Wir waren im Prater und haben dann um ein Uhr Großmama besucht. Heute war das Begräbnis von Victoire, und Sophie ist hingegangen. Papa hat allein mit uns zu Hause diniert. Wir hatten eine Soiree bei uns und spielten Charaden auf unserer kleinen Bühne. Ich habe heute Krämpfe im ganzen Körper.

Freitag, 10. März
Wir machten wie immer unsere Promenade im Prater. Papa hat einen großen Schreck bekommen, als er plötzlich hörte, daß es dem Kaiser sehr schlecht

geht. Er ist tatsächlich krank, aber nicht so ernstlich, wie man sagt. Hermine ist ins Theater gegangen, aber ich blieb, um zu lernen.

Samstag, 11. März
Ein magnifikes Wetter. Wir fuhren in den Prater. Fürstin Zouboff und die Leykam kamen zum Diner, es waren im ganzen zwölf Personen. Abends waren wir bei Großmama. Dem Kaiser geht es schon viel besser.

Sonntag, 12. März
Gräfin Fuchs ist heute in der Früh zu uns gekommen und bis mittag geblieben. Im Prater waren viele Leute. Ich habe mit Julie Dietrichstein promeniert. Papa hat nicht zu Hause diniert, so habe ich ihn fast nicht gesehen. Abends hatten wir eine Soiree bei Clary, wo ich mich sehr gut unterhalten habe. Meine Krämpfe dauern noch an.

Montag, 13. März
Wir waren promenieren auf der Bastei. Flora und ihr Mann und die Fürstin sind zum Diner gekommen. Ich bin sofort danach hinaufgegangen, um meine Lektion mit Mme. Tardiveau zu nehmen. Es war tödlich langweilig. Wir haben die ganze Zeit dieselbe Dictée kopiert und rekopiert.

Dienstag, 14. März

Wir hatten den ganzen Tag tödliche Sorgen wegen der Krankheit des Kaisers. Graf Dietrichstein ist dreimal in der Nacht zu Papa gekommen. Man hat S. M. um drei Uhr in der Früh versehen. Eine riesige Menge wartet immer im Hof von der Burg, um Nachrichten zu bekommen. Wir waren in der Kirche, wo seit gestern das Allerheiligste ausgestellt ist, und die Theater sind geschlossen. Die Zichys sind zum Diner gekommen; Papa ging um sechs Uhr zum Kaiser und hat ihn viel ruhiger gefunden, auch seine Ärzte sind zufriedener.

Abends waren wir bei Großmama, wo Tante Pauline den ganzen Abend nur weinte. Flora ist auch hingekommen. Alle sind fürchterlich konsterniert.

Mittwoch, 15. März

Wir haben allein mit Papa diniert. Vormittags sind wir in die Schloßkapelle gegangen. Dem Kaiser geht es viel besser, abends war er ganz ohne Fieber und er ist außer Gefahr. Abends bei Großmama.

Donnerstag, 16. März

Es gab ein Diner, wir haben allein in unserem Zimmer diniert. Wir verbrachten den Abend bei Clary, wo es ein kleines Konzert gab. Die Féstétics sind auch gekommen. Herr Czerny hat sehr gut gespielt, sowie auch die Gouvernante von der kleinen Féstétics. Wir haben per Kurier Nachricht von Victor erhalten. Es geht ihm gut.

Freitag, 17. März
Wir haben nachmittags eine Stunde gehabt und sind dann ins Theater, wo man »Cougier« gab und wo man »Gott erhalte« zur Genesung des Kaisers gesungen hat. Das Stück war recht langweilig, und wir haben alle geschlafen.

Samstag, 18. März
Wir fuhren in den Prater, wo ein Rennen war und viele Menschen, trotz miserablen Wetters. Wir haben bei Großmama diniert und sind mit Papa hinterher zum Te Deum ins Oratorium gegangen und dann ins Theater, wo man »Gott erhalte« gesungen hat. Die Erzherzöge waren da, allein ich mußte nach dem ersten Aufzug weg, um eine Lektion bei der kapriziösen Tardiveau zu nehmen. Sie hat das ganze Getu' erfunden, um mich zu sekkieren, und ennuyiert mich manchmal fürchterlich.

Sonntag, 19. März, Karwoche
Heute ist der Todestag unserer lieben und guten Mama. Wir waren in der Michaelerkirche, wo wir einen Teil der Messe gehört haben. Nachher waren wir in der Kapelle, wo Fürstin Kaunitz und Caroline hingekommen sind. Wir haben im Prater promeniert, wo viele Leute waren, aber mußten bald zurück, weil Mme. Tardiveau eine Pest ist.
Wir haben allein mit Papa diniert.

Montag, 20. März, Karwoche
Wir waren in der Kirche, um eine Messe für Mama zu halten.

Dienstag, 21. März, Karwoche
Flora, Clam und Gentz sind dinieren gekommen, und ich habe mich sehr ennuyiert. Wir waren wieder bei Großmama. Ida Liechtenstein hat mir ein entzückendes Armband aus ihren Haaren geschenkt, was mich ordentlich freute.

Mittwoch, 22. März, Karwoche
Wir waren in der Kirche und haben von unseren Lehrern Abschied genommen. Wir haben mit Papa diniert, und ich bin allein bei ihm geblieben. Dann sind wir zu Großmama gegangen.

Donnerstag, 23. März, Karwoche
Um neun Uhr in der Früh waren wir bei der Zeremonie der Fußwaschung. Wir haben befürchten müssen, daß Mme. Marchal uns plantiert hätte, und sind allein weggegangen. Der reizende Baron L. hat uns so gut beschützt, daß wir exzellente Plätze bekamen, eine Tribüne für uns allein. Aber wir hatten das Pech, zwei geschlagene Stunden warten zu müssen. Nachher waren wir in der Kirche und dann bei Großmama. Zu Hause haben wir die Liechtensteins vorgefunden, weil sie abends nicht kommen konnten. Mme. Hitroff ist mit Catisch zum Diner gekommen. Wir sind den ganzen Abend zu Hause geblieben.

Freitag, 24. März, Karwoche
Wir waren wieder in der Michaelerkirche heute. Es waren viele Leute, und obgleich wir im Oratorium waren, haben wir viel Mühe gehabt, Plätze zu finden. Nachher sind wir die Gräber in vier Kirchen besuchen gegangen. Die von St. Stephan und von St. Michael sind die schönsten. Den Abend verbrachten wir zu Hause und haben ein deutsches Buch der Hermine vorgelesen.

Samstag, 25. März, Karwoche
Wir waren wieder in der Michaelerkirche. Ich habe gut für meine englische Lehrerin gearbeitet. Wir sind zum Priester, wo es nicht zu garstig war, obgleich es viel geregnet hatte. Wir waren zum Diner allein mit Papa und Floret. Zur Auferstehung saßen wir in der Michaelerkirche in Großmamas Tribüne und sind mit ihr bis acht Uhr geblieben. Dann sind wir nach Hause gekommen, und ich habe die Preise für unsere Lotterie vorbereitet.

Sonntag, 26. März
Heute ist Ostersonntag. In der Früh waren wir in der Kirche zum Hochamt und sind dann im Prater im Wagen promenieren gefahren. Die Liechtensteins sind zu uns gekommen, und wir haben eine Lotterie arrangiert, bei welcher ich mehr verloren als gewonnen habe. Zum Diner waren wir bei Großmama, wo wir den Osterkuchen gegessen haben. Dann gingen wir in den Salon.

Montag, 27. März
Wir hatten befürchtet, daß die Liechtensteins uns nicht einladen, aber dann haben sie es doch getan. Gräfin Fuchs und die Prinzessin von Kurland kamen mit Prinz Reuss zum Diner.

Dienstag, 28. März
Unsere Lektionen haben seit einigen Tagen wieder angefangen. Wir haben im Prater mit den Leykams und Fürstin Therese promeniert. Die Zichys sind zum Diner gekommen. Henriette hat angefangen, das Zimmer von Papa zu zeichnen. Wir waren in der Burg zum Debüt von Mlle. Löwe, die nicht schlecht spielte. Ich finde, sie ist Marie Kinsky ähnlich.

Mittwoch, 29. März
Wir waren zum Diner allein mit Papa, und ich bin lange mit ihm allein geblieben.

Donnerstag, 30. März
Ich bin zum Spektakel mit Antoinette gegangen: Es war ein sehr hübsches Stück, das mich sehr unterhalten hat. Wir gingen dann zum Rennen.

Freitag, 31. März
Wir haben eine »Fête« arrangiert für morgen, den ersten Abend, den Ida bei uns verbringt. Der Prinz Emil von Darmstadt ist zum Diner gekommen mit den Leykams und Frau von Tettenborn.
Ich sollte zum Ball bei Hatzfeldt gehen, aber Papa befürchtete, er würde zu lange dauern.

Samstag, 1. April
Wir haben den ganzen Tag gearbeitet, um unser Theater vorzubereiten. Auf der Bühne haben wir von Warson schreiben lassen: *»Es lebe hoch unsere wiedergeschenkte Ida.«* Wir haben eine Allegorie gespielt: Ich war die Freundschaft, Louis die Freude, Léontine (Clary) der Eifer, Hermine das Verdienst und Tini die Güte. Ida hat es sehr hübsch gefunden. Sie schaut nicht schlecht aus, und ich bin froh, sie wiederzuhaben.

Sonntag, 2. April
Ida ist gekommen, mich zur Promenade abzuholen. Wir waren in den Straßen, und dann bin ich zu ihr gegangen, und wir blieben in den Zimmern der Fürstin. Ich habe mich sehr gut unterhalten. Wir haben dann bei Großmama diniert und sind bis sieben Uhr geblieben. Wir hatten keine Soiree, weil wir morgen zur Beichte gehen, Hermine zum ersten Mal.

Montag, 3. April
Abends waren wir bei Großmama und haben mit den Württembergs Gänsespiel gespielt. Wir haben viel gelacht.

Dienstag, 4. April
Wir waren im Theater, um »Drei Gefangene« zu sehen – ein recht blödes Stück.

Mittwoch, 5. April
Abends bei Großmama. Zum Diner waren nur Herren, was fürchterlich langweilig war. Der Herzog von Béjar ist nach dem Diner zu Papa gekommen.

Donnerstag, 6. April
Fürstin Therese und die Leykams haben bei uns diniert. Dann sind wir zum Ball Esterhazy gegangen, wo wir uns sehr gut unterhalten haben. Es waren nicht viele Tänzer, aber wir haben dem Mangel abgeholfen, indem wir untereinander getanzt haben. Es dauerte bis halb zwölf.

Freitag, 7. April
Hermine hat heute Namenstag. Sie bekam viele Präsente. Ich habe ihr zwei bemalte Schnupftücher gegeben. Großmama und Mme. Hitroff sind zum Diner gekommen. Wir haben abends ein kleines Fest für sie arrangiert. Wir machten eine Charade mit dem Wort Namenstag. Zuerst »Name« mit dem Wort »Hermine« in Gold auf rosa Crêpe geschrieben.
Das zweite: »Tag«, haben wir mit einer Darstellung von dem Tag und von der Nacht gemacht und dazu ein Ballett mit Blumenbouquets getanzt. Wir mußten es zweimal für Papa wiederholen. Die Liechtensteins und wir haben uns sehr gut miteinander unterhalten. Das Ganze hat bis zehn Uhr gedauert.

Sonntag, 9. April
Es ist magnifikes und warmes Wetter. Der Kaiser ist heute zum ersten Mal ausgegangen, es war eine enorme Menge auf der Bastei, um ihn vorbeifahren zu sehen, und wir waren gerade zur Messe unterwegs. Wir haben ihn im Prater gesehen, wo viele Leute waren. Nachmittags bin ich wieder hin mit Papa. Ich bin abends mit Tante Pauline in der Kalesche ausgefahren, denn die Stadt war schönstens illuminiert.

Montag, 10. April
Wir sind zum ersten Mal in der Kalesche im Prater gewesen. Es war recht heiß. Teresina ist zum Diner gekommen. Papa war nicht zu Hause. Wir haben abends die Mazurka getanzt.

Dienstag, 11. April
Vormittags waren wir im Prater, wo wir mit Leykams Veilchen gepflückt haben. Zichys kamen zum Diner mit Caraman und Floret.

Donnerstag, 13. April
Heute war ein enormes Diner nur für Herren. Flora war die einzige Dame, und ich habe mich gut unterhalten. Ich sehe sehr viel von Ida. Heute haben wir eine Soiree bei ihr. Heute früh hat man die Messe über dem Burgtor gelesen. Leider war das Wetter miserabel, was viel von der Schönheit des Anblicks wegnahm. Es waren viele Leute bei uns.

Freitag, 14. April
Wir hatten ein großes diplomatisches Diner für die englische Botschafterin. Miß Charlotte war sehr aimable, aber sie ist nur zeitweise komisch. Abends war ich bei Großmama, wo ich schon lange nicht gewesen war.

Samstag, 15. April
Wir sind in der Rossau mit Ida promenieren gegangen, um Veilchen zu pflücken. Ich mag Ida so gern leiden; sie ist so gut für mich. Die Leykams, Fürstin Marie und Louis der Jüngere sind zum Diner gekommen. Nach dem Diner sind wir die Tiere anschauen gegangen und blieben lange davor stehen. Dann habe ich zu Hause meine Lektion genommen, und wir gingen zu Großmama.

Sonntag, 16. April
Wir sind abends zu Clary gegangen und haben uns sehr gut unterhalten. Die Féstétics waren auch dort.

Montag, 17. April
Gräfin Fuchs ist zum Diner gekommen, aber Papa war bei der Botschafterin. Lori blieb bei uns bis sechs Uhr. Sie war wieder ganz traurig, was oft bei ihr der Fall ist. Wir haben das Hochzeitskleid für Nani gekauft.

Dienstag, 18. April
Wir haben allein diniert und sind dann zum Spektakel, um »Aufruhr« zu sehen. Ein hübsches Stück, das mir sehr gefallen hat. Ich habe Papa nur kurz gesehen.

Mittwoch, 19. April
Papa hat immer noch nicht zu Hause diniert. Teresina ist zu uns gekommen. Wir haben bei unserer Soiree getanzt, wo Papa mir erlaubt hatte zu sein. Es war sehr unterhaltend, aber ich hatte das Unglück, mich zuerst in Weiß anzuziehen, und mußte mich dann umziehen. Wir haben bis ein Uhr nachts getanzt.
Meine Tänzer waren: 1 – Wellesley, 2 – Bussier, 3 – Taxis. Cottillon mit Carlo Liechtenstein und 4 – Spencer.

Donnerstag, 20. April
Wir haben wieder allein diniert. Wenn Papa einmal anfängt draußen zu essen, so hört das nimmer auf. Die Liechtensteins sind zu uns gekommen: Wir haben Charaden gemacht und uns recht gut unterhalten. Ich habe gestern entzückende Kleider von meinem lieben Victor erhalten. Ich glaube, daß es keinen besseren Bruder auf dieser Welt gibt.

Freitag, 21. April
Großmama und Tante Pauline sind zum Essen gekommen, und nachher sind wir mit Papa in den

Garten gegangen. Dann haben wir gelesen und sind nicht ausgegangen.

Samstag, 22. April
Hermine ging nicht aus, weil sie einen enormen Schnupfen hat.

Sonntag, 23. April
Ich habe den Abende bei Féstétics verbracht, wo wir Charaden spielten. Bei ihnen ist es immer in großer Aufmachung. Man hat uns unten in den Salon gesteckt. Ich habe mich fast mit Ida bronilliert, weil sie immer alles machen will.

Montag, 24. April
Wir haben heute früh eine Visite bei der Léontine Clary, die ein sehr wehes Auge hat, gemacht. Nachher ging ich im Prater spazieren. Die Zichys sind zum Essen gekommen. Ich bin zur Prüfung von Christine gegangen, aber wir kamen zum Schluß. Der Tanz war recht amüsant.

Dienstag, 25. April
Wir sind zu Fuß zur Messe gegangen, und ich mußte die Führerin machen, denn weder Christine noch Mlle. Tardiveau wußten den Weg. Heute war ein Essen mit Tanz im Wintergarten vom Kaiser. Papa hat nicht erlaubt, daß ich teilnehme, und ich war darüber recht verärgert.

Mittwoch, 26. April
Abends wurde bei uns getanzt. Der Ball dauerte nur bis zwei Uhr, und es gab auch ein Souper. Mein Lieblingstänzer ist Louis Liechtenstein. Ich habe den ersten mit Taxis, den zweiten mit Lobkowitz, den dritten mit Fridberg, den vierten mit Louis Karoly, den Sturm mit Charles Hügel, die französische Quadrille mit Taxis und den Cottillon mit Spencer getanzt.

Donnerstag, 27. April
Wir hatten keine Soiree, worüber ich sehr faschiert war. Ich bin erst um zehn Uhr aufgestanden, was den ganzen Tag durcheinandergebracht hat. Wir haben allein gegessen mit Papa und Floret, und sind dann abends zu Großmama gegangen.

Freitag, 28. April
Wir waren in der Burg, wo man »Pauline« gab, ein neues, nicht sehr gutes Stück. Ich habe dort Ida gesehen. Wie gern ich sie habe, diese gute, liebe Ida. Ich mache keinen Unterschied zwischen ihr und meiner Schwester.

Samstag, 29. April
Wir haben den ganzen Tag im Garten gearbeitet. Das Theater eröffnete heute, und es gab eine schlechte Oper. Papa hat uns verboten hinzugehen. Er ist unpäßlich und hat einen starken Schnupfen.

Kalesche des Grafen Sandor

Sonntag, 30. April

Wir waren heute abend bei Clarys und haben »Tableaux vivants« (lebende Bilder) gemacht. Das Wetter ist miserabel.

Montag, 1. Mai

Man kann sich nicht vorstellen, daß man im Monat Mai ist. Es regnet in Strömen, und es ist entsetzlich kalt. Ich sollte ins Theater gehen und war sehr enttäuscht, es nicht zu können. Ich bin zu Ida mich trösten gegangen.

Dienstag, 2. Mai

Wir sind mit Tante Pauline zu den Leykams, wo man eine Messe probte. Graf C., begleitet von Schönstein, sang in der Perfektion. Wir waren zum ersten Mal im Kärntnertheater, wo man ein Ballett gab.

Mittwoch, 3. Mai
Dr. Götz kam zum Essen. Wir waren sehr erstaunt, ihn zu sehen. Abends waren wir bei Großmama, wo ich sehr witzig war.

Donnerstag, 4. Mai
Wir waren den ganzen Tag draußen. Vormittags haben wir in St. Peter die Messe gehört, und sie war wunderbar. Teresina ist bei uns geblieben, und nach dem Essen sind wir auf der Bastei spaziert. Abends waren wir bei Ida. Ich habe sie immer lieber, wenn ich allein mit ihr bin, als wenn viele Leute da sind.

Freitag, 5. Mai
Ich bin mit Papa in den Prater, und wir sind dann zu Fuß vom Stephansplatz nach Hause gekommen.

Samstag, 6. Mai
Wir waren heute beim Rennen. Carl Liechtenstein hat dreimal gewonnen. Wir sind so spät nach Hause gekommen, daß wir uns in Eile umziehen mußten. Der Kaiser ist zum ersten Mal ins Theater und wurde mit überwältigendem Applaus empfangen.

Sonntag, 7. Mai
Gräfin Karoly kam zur Messe bei uns. Sie ist sehr leidend und zu taub, um sich selber zu hören. Ich bin mit Papa ausgegangen, aber wieder so spät, daß ich mich in Eile zurechtmachen mußte. Großmama ist zum Essen gekommen. Wir haben eine Charade – »Arthémise« – gespielt.

Montag, 8. Mai

Wir spazierten im Prater in einem Regenguß und haben dort Caroline Trauttmansdorff zu Pferd getroffen und sie dann in unseren Wagen genommen. Die Leykams sind zum Diner gekommen, und wir gingen Kakulas anschauen: ein Mann mit weißen Haaren und roten Augen. Er ist sehr häßlich. Wir sind dann die Tiere von Acken anschauen gegangen, die mich schon zu langweilen anfangen. Ich war bei Großmama, wo wir Flore und Sedlnitzky gefunden haben, und während der ganzen Zeit waren wir wie auf Nadeln, um wegzugehen, weil wir fühlten, daß wir störten. Ida hatte einen großen Schreck: Ihr Bruder Louis ist vom Pferd gefallen. Unter allen Leuten, die man mir zum Heiraten vorschlagen könnte, würde ich ohne Zögern Louis wählen. Ich finde ihn sehr liebenswürdig, und er müßte ein excellenter Ehemann werden.

Mittwoch, 10. Mai

Wir haben bei Großmama mit Pepi und Papa gegessen und sind dann abends in die Oper. Sie haben alle entsetzlich gesungen. Ich habe schon lange keine Nachricht von Victor.

Donnerstag, 11. Mai

Nach dem Essen bin ich mit Papa auf die Bastei spazierengegangen. Es war ganz angenehmes Wetter. Wir hatten eine Soiree bei Moritz Liechtenstein und machten eine Charade, »Adieu«. Ida sagte mir, daß der junge Chorinsky Rondi Wrbna heiraten wird.

Freitag, 12. Mai
Nach dem Essen sind wir in die Synagoge gegangen. Es hat mich sehr interessiert, denn sie haben herrliche Stimmen. Wir haben dort die geschriebene Gesetztafel gesehen.

Samstag, 13. Mai
Wir haben heute früh unsere Jubiläumsstation angefangen, was ungefähr eine Stunde dauerte, und wir waren gar nicht müde.

Sonntag, 14. Mai (Pfingsten)
Wir waren zur Hauptmesse um zehn Uhr in der Michaelerkirche. Georgine Karoly ist zur Messe zu uns gekommen. Dann gingen wir im Garten vom Rennweg spazieren. Wir hatten eine Menge Leute zum Diner für die Herzogin von Sagan. Sie ist noch sehr schön, und ich finde sie wenig verändert. Abends sind die Liechtensteins gekommen, und wir haben das Stück, das wir für Papa geben wollen, geprobt. Es geht ganz gut.

Montag, 15. Mai (Fest)
Es ist Papas Geburtstag. Wir haben ihm beide ein Fest gemacht. Gräfin Fuchs ist in der Früh zu ihm gekommen. Wir haben bei Großmama gegessen mit Flora, Sepi und Floret, aber sind gleich nach dem Essen weg, um unser Theater und die Kostüme vorzubereiten. Das Stück ist sehr gelungen. Ich hatte mich als Barbier zurechtgemacht, und meine Haare

Kutsche der Herzogin von Sagan

»en coup de vent« frisiert. Unser Stück hat Papa sehr amüsiert, und er mußte viel lachen. Gräfin Fuchs, Großmama und Euphemie schauten auch zu. Den Rest des Abends haben wir discouriert.

Donnerstag, 18. Mai
Ich habe heute bei den Johannes Liechtensteins gegessen, wo ich mich recht gut unterhalten habe. Sie haben mich alle sehr sekkiert. Wir hatten eine Soiree bei uns für Helene Féstétics, die gottlob in einigen Tagen verreist, denn sie langweilt mich fürchterlich.

Freitag, 19. Mai
Wir haben dem Herzog, der vor kurzem angekommen ist, eine Visite gemacht. Er hat uns hübsche, vom Papst gesegnete Rosenkränze gegeben. Abends waren wir im Theater. Die Schröder spielt recht gut, sowie auch die Fichtener.

Samstag, 20. Mai
Wir promenierten im Garten und haben Teresina in ihrem Lobkowitz-Haus besucht. Wir sind einen Moment hineingegangen, aber haben alles recht schmuddelig bei ihnen gefunden. Abends war ich bei den Schwarzenbergs zu einer Komödie, wo ich mich gut unterhalten habe. Es gab »Jean qui rit et Jean qui pleut«. Es war um zehn Uhr zu Ende. Fritzi Liechtenstein war dort. Ich glaube, er kann mich nicht leiden, denn er meidet mich, wo er kann.

Sonntag, 21. Mai
Ich fürchtete schon, daß man uns abends nicht einladen würde, aber dann waren wir bei Clary. Ich habe diese arme Ida sehr sekkiert, und sie hat sich fast mit mir faschiert, aber sie ist so gut, daß eine Kleinigkeit sie das Vergangene vergessen läßt, und ich war so kapriziös, daß ich nicht einen Moment mit ihr aimable sein sollte.

Montag, 22. Mai
Wir haben heute erfahren, daß dieser arme Ingestre ins Wasser gefallen ist und tot ist. Ich bin mit Papa im Garten promeniert. Die Leykams sind auch gekommen. Die Hochzeit von Nani hat um sechs Uhr abends stattgefunden. Sie war schön zurechtgemacht und schien sehr zufrieden. Wir waren abends bei Großmama, die im Bett war.

Dienstag, 23. Mai
Wir haben unsere fünfte Jubiläumsstation gemacht. Nach dem Essen gingen wir mit Papa spazieren und dann zu den »Englischen Weibern«, was mich sehr amüsierte. Sie reiten sehr gut. Ich meine, von weitem Viktor Zichy gesehen zu haben. Ich weiß nicht warum, seit Preßburg, wo ich ihn soviel gesehen habe und er mir keinesfalls gleichgültig war, kann ich ihm nicht ohne eine gewisse Erregung begegnen. Ich weiß nicht, ob es vor Freude ist. Aber obgleich ich ihn längst vergessen sollte, hoffe ich immer, ihn zu sehen, und traue mich nicht, von ihm zu sprechen.

Mittwoch, 24. Mai
Ich bin mit Papa nach dem Essen im Garten spaziert. Wir waren im Theater zur »Schweizerfamilie«. Ida war auch da, und ich konnte mit ihr während der Pausen schwätzen.

Freitag, 26. Mai
Im Garten mit Ida spaziert und den Abend miteinander bei uns verbracht. Der arme Papa mußte allein in den Prater fahren, was mir sehr leid tat.

Samstag, 27. Mai
Siebte Jubiläumsstation. Ich wäre so gern zum Ballett gegangen, aber es sollte nicht sein. Wir waren bei Großmama, wo wir uns sehr ennuyiert haben. Gute Nacht, ich gehe schlafen.

Sonntag, 28. Mai
Ich bin heiser und habe es mir im Garten geholt, wo wir heute zum ersten Mal aßen. Wir hatten eine Soiree bei Ida, wo auch die Clarys waren. Da sie morgen verreisen, nahmen sie von uns Abschied. Wir waren morgens im Prater.

Mittwoch, 31. Mai
Wir waren im Garten mit Lori Fuchs und einigen anderen. Nach dem Essen bin ich mit ihr in den Prater, wo keine Katze war, weil das Wetter so miserabel war. Die Zichys sind schon auf das Land gefahren, und ich habe Viktor Zichy nicht mehr gesehen, was um so besser ist, denn da kann ich ihn gänzlich vergessen. Bei unserer Soiree schaute Lori recht schlecht aus.

Freitag, 2. Juni
Wir hatten eine Soiree bei meiner lieben Ida, zu welcher ich alle Tage gehe, weil sie bald wegfährt. Ich unterhalte mich am besten mit ihr allein. Wir waren bei Nani. Sie ist gut logiert, vor allem sehr sauber.

Samstag, 3. Juni
Ich habe in Dorbach bei den Schwarzenbergs gegessen. Wir waren bis zum Dorf, wo eine herrliche Aussicht ist. Ich bin mit Eleonore Windisch-Graetz und ihren Kindern hin und bin erst um neun Uhr zurück, wo ich Ida vorfand, schon im Weggehen, als ich ankam, was mir außerordentlich leid tat, weil

ich Ida über alles gern habe. Wir sind wie zwei Schwestern.

Sonntag, 4. Juni
Die Herzogin von Sagan hat im Garten mit Gräfin Potocka gegessen. Wir gingen dann lang spazieren. Ida kam abends zu Maries. Sie verreist in einigen Tagen, was mich sehr betrübt.

Dienstag, 6. Juni
Die Leykams sind im Garten essen gekommen. Wir kehrten zurück und fingen die Lektion an, als Ida ganz unerwartet erschien, obgleich ich fort durch die Tür schaute, um zu sehen, ob sie kommen würde. Sie erzählte mir, daß ihr Bruder Franzi immer ein Armband mit den Haaren der schönen Fürstin trägt.

Mittwoch, 7. Juni
Wir haben heute bei Großmama mit dem Herzog gegessen. Er ist langweiliger denn je. Dann gingen wir zum Prater, wo nicht viele Leute waren. Abends ist Ida wie immer zu uns gekommen.

Donnerstag, 8. Juni
Heute haben wir die 13. Station unseres Jubiläums gemacht. Wir wollten zum Ballett, aber die böse Kleine wollte nicht. Wir hatten Leute zum Diner, unter anderen Schönfelds, Nandine und Ch. Nachher ging ich spazieren im Prater mit Nandine. Ida ist abends zu uns gekommen, und wir haben die ganze Zeit discouriert.

Freitag, 9. Juni
Die glückliche Zeit, wo Ida zu mir kam, ist vorbei. Sie hat noch heute früh von mir Abschied genommen. Ich kann nicht sagen, wie sehr ich davon getroffen war, besonders jetzt, wo ich sie alle Tage gesehen habe.
Ich bin in der Früh mit Papa in den Straßen spaziert und habe viele Sachen gekauft. Er hat mir ein entzückendes Armband geschenkt. Nach dem Essen sind wir im Garten gewesen und abends in »Zaire und Azar«, einem neuen Ballett. Wir haben gefastet für unser Jubiläum, das Sonntag oder spätestens Montag zu Ende sein wird.

Samstag, 10. Juni
Nach dem Essen haben wir eine reizende Promenade nach Nußdorf und Heiligenstadt mit Dr. Jäger gemacht. Dann sind wir zu Großmama, wo wir Eis gegessen haben. Als ich zurückkam, bin ich noch mit Papa zum Volksgarten.

Sonntag, 11. Juni
Ich war im Prater, wo wir die Tiere angeschaut haben. Es waren kleine Löwen, die sehr herzig waren.

Dienstag, 13. Juni
Wir sind heute früh zur Beichte gegangen. Es gab ein langweiliges Essen mit Italienern. Wir sind nachher mit Leykams spazierengegangen zur Brigittenau.

Nandine Karolyi

Mittwoch, 14. Juni
Wir hatten M. de Cast zum Essen, was sehr langweilig war. Nachher ist Gräfin Spiegel gekommen. Dann bin ich mit Papa im Prater spaziert.
Wir gingen wieder um Mitternacht spazieren und aßen im Garten. Es war so dunkel, wir haben uns fast den Hals gebrochen.

Donnerstag, 15. Juni
Wir hatten schon einen Tag ohne Soiree. Wir waren in Schönbrunn, wo ich mich nicht sehr unterhalten habe.

Samstag, 17. Juni
Morgen ist mein Geburtstag. Ich stelle mich schon darauf ein. Wir haben allein mit Papa gegessen.

Sonntag, 18. Juni
Es ist heute mein Geburtstag. Ich habe schöne Präsente bekommen. Ida ist abends zu mir gekommen und bleibt morgen wegen dem Ball. Ich habe also heute mein 15. Lebensjahr erreicht. Ich hoffe, daß das nächste Jahr so glücklich wie mein 14. sein wird.

Montag, 19. Juni
Wir sollten heute einen Ball haben, aber er hat nicht stattgefunden wegen dem schlechten Wetter, so daß wir in der Stadt getanzt haben. Ida ist auch zum Ball

gekommen, und ich hatte gute Tänzer. Der erste Tanz mit Rossi, der zweite mit Edouard, der dritte mit Taxis, Cottillon mit Louis, Quadrille mit Henry und der sechste mit Edouard Stadion.

Mittwoch, 21. Juni
Wir haben Nachricht von Victor bekommen. Wir waren wieder im Ballett. Die Leykams machten eine kleine Visite abends um zehn Uhr, bevor sie hinunter in den Salon gingen.

Donnerstag, 22. Juni
Das Wetter ist immer noch miserabel, es regnet noch in Strömen, und wir waren essen bei Tante Pauline, deren Namenstag heute ist. Es war ein pompöses Diner, die Dienerschaft in großer Livree und der Herzog in Strümpfen und Escarpins. Beide Württembergs waren aufgetakelt wie für eine Hochzeit. Ich bin sehr intriguiert von dem Gerede über Victors Hochzeit und möchte gern wissen, ob sie zustande kommt.

Freitag, 23. Juni
Das Wetter ist leidlicher. Es gibt ein Herrenessen, und wir sind ein wenig zur Seite geschoben. Wir waren im Prater spazieren und dann im Burgtheater, wo man zwei hübsche Stücke gab.

Sonntag, 25. Juni
Wir sind heute früh mit Fiakerpferden nach Liechtenstein losgefahren. Wir sind vorher zur Messe gegangen und um halb elf angekommen. Ich bin sofort mit Ida zum alten Schloß gegangen. Es war herrlich. Zum Diner war nur die Familie; wie gern würde ich in dieser Familie bleiben. Fritzi ist ein hübscher Bursche. Nach dem Essen sind wir mit allen Buben zur alten Burg hinaufgestiegen. Dann haben wir in einem reizenden Pavillon, der mitten in einem Blumenfeld steht, gejausnet. Die Berge in der Umgebung sind sehr schön. Hermine ist nicht mit uns gekommen, und wir sind erst um neun Uhr zurückgekommen mit Pepi, der uns hier eingeholt hat.

Dienstag, 27. Juni
Antoinette ist zum Essen gekommen. Ich weiß nicht, wie ich diese Gnade verdient habe. Wir gingen dann in Heiligenstadt spazieren. Ich glaube nicht, daß wir meine Freundin Ida vor unserer Abfahrt nach Ischl wiedersehen werden, was mir außerordentlich leid tut. Wir haben am Grünberg bei Großmama diniert. Der reizende Andlau ist auch gekommen.

Sonntag, 2. Juli
Wir haben im Garten mit einigen Personen gegessen, unter anderem der Gräfin Fuchs. Es war ein fürchterlicher Sturm, wie man seit Menschengedenken nicht erlebt hat. Abends waren wir bei Tante Pauline, wo wir köstliches Eis aßen. Der Herzog gab uns Erklärungen über Pompeji.

Montag, 3. Juli
Die Leykams sind dinieren gekommen, und nachher haben wir, Papa, Antoinette und ich, eine Promenade nach Heiligenstadt gemacht. Dann habe ich den Abend mit Antoinette verbracht. Sie gefällt mir, ohne mir zu gefallen.

Dienstag, 4. Juli
Die Zichys sind zum Diner gekommen. Caroline ist einer der Menschen, die mir am meisten convenieren. Nach dem Essen waren wir im Garten von Charles Hügel, der reizend ist. Abends blieben wir zu Hause, wie immer im Sommer.

Mittwoch, 5. Juli
Wir hatten wieder ein besonders langweiliges Diner. Herr und Frau von Lebzeltern haben bei uns gegessen. Sie ist sehr garstig, klein, mit einer schlechten Figur, aber sonst ganz aimable. Es gab eine Soiree im Garten, aber ich wollte nicht dort nur unter Männern verweilen.

Abends hatte ich eine große Überraschung, als ich Ida ankommen sah. Henriette hat glücklich einen Sohn zur Welt gebracht.

Sonntag, 9. Juli
Es war ein schrecklicher Sturm, und ein enormer Hagel fiel herunter. Ida ist wieder zu uns gekommen, um Abschied für vier Monate zu nehmen. Mein Gott, ist das lang! Wir stecken im Packen, denn morgen früh sollen wir verreisen.

Montag, 10. Juli
Wir sind um sieben Uhr in der Früh abgereist. Ich war recht traurig, diesen guten Papa zu verlassen. Die Hitze ist enorm, und dazu staubt es schrecklich. Wir haben in St. Pölten gefrühstückt und in Amstetten übernachtet, wo man nicht zu schlecht untergebracht wurde.

Dienstag, 11. Juli
Wir haben in Gmunden in einem sehr guten Gasthof geschlafen, weil wir nicht wieder bei den Schillers bleiben wollten, aber die Gräfin und ich haben dann bei ihnen eine Visite gemacht, um den ihnen verursachten Schmerz zu reparieren, und haben proponiert, mit ihnen am nächsten Tag zu frühstücken.

Mittwoch, 12. Juli
Gefrühstückt bei Schillers. Wir sind in seinem Wagen bis Traunkirchen gefahren und haben dort

den Scc überquert bis Ebensee. Wir sind um Mittag in Ischl angekommen und waren außer der Gräfin gut logiert. Dann gingen wir eine Promenade am Fürstenplatz machen, und abends hat der Dr. Götz uns ein Feuerwerk in seinem Garten gegeben, wo unsere Namen graviert erschienen. Es war wirklich fabelhaft.

Donnerstag, 13. Juli
Ich habe an Papa geschrieben und dann eine Promenade zum Wolfgangsee gemacht. Es ist ein herrlicher See. Abends war die Stadt für den Erzherzog illuminiert.

Freitag, 14. Juli
Das Wetter ist nicht schön. Hermine ist auf ihrem Esel geritten in der Früh, und dann sind wir zur Milchfrau, wo wir nachmittags mit Kaffee jausten. Léontine Clary ist mich besuchen gekommen, sowie auch Mme. Stürmer. Abends blieben wir zu Hause, um zu arbeiten.

Samstag, 15. Juli
Ich habe einen Brief von Papa erhalten, in dem er mir sagt, daß Victor in Wien angekommen ist. Ich bin untröstlich, ihn zu verpassen.

Fürst Metternich aus Wien, den 12. Juli 1826

Ich erwische noch den letzten Moment, ehe die Post abgeht, um Dich, meine liebe Léontine, wissen zu lassen, daß Victor eben hier angekommen ist. Er wollte nicht in Karlsbad auf mich warten; ich habe ihn noch nicht gesehen, denn während ich aus dem Garten zurückkam, ist er dorthin gegangen, um mich zu suchen. Ich schreibe Dir sicher noch vorher, begnüge Dich also jetzt mit dieser Voranzeige.
Meine Abreise ist für Sonntag früh, dem 16. des Monats, bestimmt, direkt nach Plass, Victor wird das Vergnügen haben, den Weg zweimal zu machen. Ich bin sicher, daß es ihm eine große Enttäuschung bedeutet, Dich nicht hier zu finden.
Ich hoffe, daß Du glücklich angekommen bist und daß ich bald Nachrichten von Dir erhalten kann. Ich umarme Dich und Hermine recht von Herzen.
Leb' wohl, viele Grüße an Gräfin Fuchs und Mlle. Tardiveau.

Ich komme eben an, mein liebes Kind – ich bin hinter Papa hergelaufen, hier wie auf den großen Straßen. Ich habe ihn nun endlich, hoffentlich kann ich bald dasselbe von Dir sagen; derweilen umarme ich Dich zärtlich, ebenso Hermine.

Victor

Fürst Metternich aus Wien, den 16. Juli 1826

Ich schreibe Dir das letzte Mal aus Wien, mein gutes Kind. Wir wollen morgen um sechs Uhr früh aufbrechen. So Gott will, kommen wir am 19. zeitig in Plass an. Dort erwarte ich Deine Briefe. Schreibe mir, solange ich in Böhmen bin, mit dem Vermerk auf dem Briefumschlag: über Linz und Pilsen. Das geht nach Plass so gut wie nach Königswarth.
Victor ist bei bester Gesundheit und freut sich schon so, Dich bald zu umarmen.
Heute habe ich Deinen ersten Brief aus Ischl bekommen. Ich bin entzückt zu wissen, daß Du dort angekommen bist.
Hier nichts Neues, und es könnte auch schwerlich etwas Neues geben, denn Wien ist völlig leer. Das französische Theater hat mit seinen Vorstellungen begonnen, aber es ist so miserabel, daß der Saal schon bei der zweiten ganz leer war.
Bitte sage Frl. von Fuchs sehr viele Grüße von mir und daß ich ihr schreiben werde, sobald ich in Plass bin. Meine Empfehlungen an Mlle. Tardiveau und umarme Hermine recht zärtlich von mir, so wie auch ich Dich umarme.
Adieu, meine liebe Kleine

Montag, 17. Juli

Wir haben eine Promenade auf den Parasol gemacht. Die Aussicht ist reizend und der Weg sehr gut zum Steigen. Vor allem ist das Wiershorn schön. Hermine ist den Berg hinauf auf ihrem Esel. Nach dem Essen gingen wir nach Laufen. Es ist ein hübsches Dorf. Bei einem Bauern haben wir ausgezeichnete Milch getrunken.

Ich bin untröstlich, bei dem ersten Treffen zwischen Victor und Antoinette nicht dabeigewesen zu sein. Ist sie noch mit ihm beschäftigt? Das quält mich alles sehr. Ich befürchte sehr, sie könnte ihm gefallen.

Dienstag, 18. Juli

Wir haben bei den Schmalnauers Milch getrunken. Dann gingen wir zum Sophienplatz, zur herrlichen Aussicht, die schönste von Ischl. Von einer Seite sieht man die schneebedeckten Berge und von der anderen die Traun, die Vegetation ist die schönste, die man sich vorstellen kann, auch das Malfatishäuserl ist reizend. Nach dem Essen sind wir in der Richtung von St. Gilgen gegangen. Erst sind wir in einen Wald eingedrungen und dann auf einen sehr hübschen Berg gestiegen. Abends sind wir um neun Uhr zurück.

Léontine an ihren Vater: Ischl, 20. Juli 1826

Mein lieber guter Papa!
Ich habe zwei Briefe vom 12. und vom 16., sowie auch einen von Victor und bedanke mich bei Euch beiden von ganzem Herzen, denn sie haben mich außerordentlich gefreut. Ich war verzweifelt, daß ein unglücklicher Zufall es so bestimmte, daß Victor zwei Tage nach unserer Abfahrt ankam und daß wir somit die Freude, ihn früher zu sehen, entbehren mußten; aber da aus Unglück auch Gutes kommt, habe ich in diesem die bessere Seite gesucht und meine, daß, wenn Victor uns in Wien gesehen hätte, er von Johannisberg aus wieder nach Paris gefahren wäre, da er schon in der Nähe war. Gebt zu, daß meine Idee nicht schlecht ist!
Unser Leben in Ischl verläuft sehr regelmäßig; wir gehen früh schlafen und stehen auch früh auf. Wir machen alle Tage zwei Spaziergänge, morgens zu Fuß und nach dem Essen im Wagen; wir sehen die Fünfkirchens viel und machen Ausflüge mit ihnen, aber bis jetzt war uns das Wetter zuwider, und wir kommen seit vier Tagen nicht zu dem geplanten Ausflug nach Wolfgang ...
Ischl ist noch so animiert dieses Jahr, wie es letztes war, und ich hoffe, daß Du erlaubst, daß wir nach Wien zurückkehren, wenn Du es auch tust, denn wir brennen vor Ungeduld, den Victor zu sehen ...
Bitte, lieber Papa, sage Victor, daß ich ihm so bald wie möglich schreiben werde und ihn vorerst von ganzem

Herzen umarme; Hermine schreibt ihm auch zwei Worte.
Adieu, mein lieber Papa, liebe mich immer ein wenig.

Deine Léontine

Wir haben heute unsere Bäder angefangen. Der Esel benimmt sich gut, und Hermine bittet um Deine Erlaubnis, ihn nach Wien mitzunehmen.

Samstag, 22. Juli
Das Wetter ist nicht so schön, und wir sind in der Früh zum Fürstenplatz und zum Staudenheimer gegangen, wo wir hinfanden, nachdem wir recht im Kot herumgepirscht sind. Nach dem Essen sind wir zum Ateliersitz, nachdem wir über Berg und Tal, durch Barrieren und Hindernisse, und nachdem wir fast heruntergepurzelt sind, haben wir uns alle wieder dort gefunden. Abends waren wir im Café vor dem Hause der Fünfkirchens.

Montag, 24. Juli
Wir waren morgens bei den Schmalnauers. Die Gräfin und ich wurden unterwegs zu Fuß von einem schrecklichen Gewitter erwischt. Der Donner war erschreckend, und wir hatten sehr Angst. Der Weg war sehr hübsch. Gestern haben wir einen Brief von Papa bekommen.

Fürst Metternich aus Plass, den 19. Juli 1826

Meine liebe Léontine,
wir haben nun das erste Ziel unserer Reise erreicht. Wir sind heute zwischen zwölf und ein Uhr hier angekommen, und ich schreibe Dir nach einem Gang durch die verschiedenen Teile, aus denen dieses sogenannte Schloß besteht. Dieses ist eine Zusammenstellung von Häusern, die niemals ein angenehmes Ganzes bilden werden – viel besser wäre es gewesen, sie für alle Zeiten ihrer ursprünglichen Bestimmung zu erhalten. Aus einem prachtvollen Kloster wird nie eine angenehme Wohnung; die Bedürfnisse der Welt sind verschieden von denen der guten Mönche, und je mehr ein Kloster ein Kloster ist, desto weniger ist es ein Schloß und kann zu einem solchen werden.
Die Gegend ist sehr abwechslungsreich, und was ich davon gesehen habe, ist recht erfreulich. Plass liegt in einem breiten, von einem kleinen Fluß durchzogenen Tal, man sieht hauptsächlich Wiesen. Am bemerkenswertesten sind die Wälder, die von vollendeter Schönheit und ebensolcher Pflege sind.
Dies ist alles, was ich Dir vorläufig sagen kann, meine liebe Kleine. Wenn ich mehr gesehen habe, werde ich Dir mehr berichten!
Umarme Hermine und richte viele Grüße an Frl. von Fuchs und Mlle. Tardiveau aus. Ich umarme Dich, wie ich Dich liebe – also aus ganzem Herzen.

Ich kann nur alles unterschreiben, was Papa Dir über unseren gegenwärtigen Aufenthalt sagt, und ich bin voll einverstanden mit seiner Idee, nichts zu bauen und nichts zu verändern, da wo es Millionen kosten würde, wollte man diese Veränderungen der ehemaligen Pracht würdig gestalten, die man übrigens nur mehr ahnen kann. Der Besitz ist schön, sehr groß, und man sagt, sehr ertragreich, das ist das Gute an dieser Sache und das einzige, woran man sich halten sollte. Königswarth schön gerichtet, Wiezemiersitz möbliert, und unser herrlicher Johannisberg könnte uns wohl als Landsitz genügen, besonders was wir davon benützen.
Ich sehne mich sehr, Dich bald wiederzusehen, mein liebes Kind, und ich werde versuchen, die Phasen unserer Reise zu beschleunigen. Bleib gesund und komme fröhlich, groß und pausbäckig zurück.
Tausend Liebes an Hermine, die ich ebenso wie Dich umarme, cara sorella

Victor

Mittwoch, 26. Juli

Das Wetter ist so miserabel, daß wir gar nicht ausgehen konnten. Wir hatten heute eine große Überraschung, als wir die Teresina in ihrem Fenster sahen. Sie sind nach dem Essen gekommen und haben uns reizende Präsente von Victor gebracht, unter anderem Sonnenschirme. Mme. Stürmer kam uns besuchen, und ich spielte mit ihr »Volant«. Antoinette scheint mir weniger in Victor verliebt zu sein. Sie spricht viel von ihm, was ein Zeichen der Abkühlung ist.

Léontine an ihren Vater: Ischl, den 27. Juli 1826

Ich habe, lieber Papa, Deinen Brief vom 19. erhalten; er hat mich sehr gefreut, und ich habe ihn gleich kopiert, um ihn Großmama zu schicken, damit sie eine Idee von Plass bekommt; ich habe von ihr noch keine Nachricht und erwarte solche mit Ungeduld. Wir sind hier seit 15 Tagen und haben nur sechs Bäder genommen, da das Wetter so schlecht ist, daß wir alleweil sie unterbrechen mußten; fast jeden Tag ist ein Gewitter, und für zwei schöne Tage sind vier wieder schlecht, so wie im Augenblick, wo es in Strömen gießt. Ich bedauere Dich sehr, wenn Du bei gleichem Wetter Plass besuchst ...

Ich habe vergessen, Dir zu schreiben, daß Hermine große Fortschritte im Gehen macht, denn seitdem wir hier sind, macht sie alle Spaziergänge zu Fuß mit und ermüdet nicht, zu unserem Staunen. Neulich stiegen wir am Salzberg, ohne daß sie sich hinsetzen mußte, was letztes Jahr ihr noch nicht gelang, und das ist um so beachtlicher, da sie sehr wächst ...

Adieu lieber Papa, ich umarme Dich, Hermine auch

Léontine

Freitag, 28. Juli
Wir haben eine reizende Promenade zur Wildnis gemacht. Man steigt in einen Abgrund ab, und unten ist ein magnifiker Wasserfall. Der Weg ist deliziös schattig und geht durch einen angenehmen Wald. Wir haben später gegessen und sind dann im Wagen nach Laufen gefahren.

Samstag, 29. Juli
Wir sind heute auf eine Alpe gestiegen, die Zwieselalpe heißt und dem Hofschmidt gehört. Er hat uns ein charmantes Frühstück gegeben. Die Aussicht ist nicht allzu weit, aber das Angenehme ist, daß man von allen Seiten von Wäldern umringt ist. Wir sind nachher zum Attersee, der meiner Meinung nach der schönste ist. Das Panorama ist so freundlich und erinnert mich an die Landschaft vom Johannisberg. Wir machten eine kleine Schiffahrt auf dem See. Das Wetter war uns favorabel, weil keine Sonne war. Als wir von Ischl wegfuhren, sind wir in die Gruben eingekehrt, aus welchen Eisen hervorgebracht wird. Wir haben um sieben Uhr abends diniert, und die Fünfkirchens und die Stürmers sind gekommen.

Sonntag, 30. Juli
Wir sind zu den Schmalnauers zum Kaffee, wo sie wunderschön gejodelt haben. Wir haben mit dem Erzherzog Rudolf gesprochen.

Montag, 31. Juli
Wir haben die Leykams zum Diner gehabt – ein Schwerttanz –, und nachher sind wir mit den Stürmers und Gräfin Kesselstatt auf eine sogenannte Alp gestiegen, aber sie war nicht höher als der Kalvarienberg.
Ich habe einen Brief vom 27. aus Plass bekommen.

Fürst Metternich aus Plass, den 27. Juli 1826

Ich weiß gar nichts von Dir, meine liebe Léontine! Ich bin ganz ohne Nachricht und befürchte, daß Ihr alle so viel darüber nachdenkt, wie Ihr mir Eure Briefe zukommen lassen könnt, daß ich am Schluß nicht einen einzigen erhalten werde. Ich hatte Dir meine Adresse gegeben, die muß jetzt geändert werden. Übermorgen fahre ich von hier nach Königswarth, wo ich bis zum 7. August bleibe. Am 10. werde ich in Johannisburg ankommen.
Unser Aufenthalt hier verläuft sehr angenehm. Das Wetter ist beständig schön, und dieser Besitz ist so groß, daß ich auch in einem Monat nicht alles sehen könnte, trotz der sieben- bis achtstündigen Ausflüge, die wir täglich unternehmen.
Wir sind ganz allein, nämlich Victor, Mercy, Sieber und ich. Alle Karlsbader Freunde kommen nach Königswarth, das wird eine Überschwemmung geben. Obwohl ich hier über 250 Zimmer verfüge, wüßte ich nicht, wo ich jemanden wohnen lassen könnte.
Floret kommt nicht. Er hat mir gestern geschrieben, daß er nach Wien zurückkehrt; er ist völlig geschwächt, und ich fürchte sehr, daß er den Herbst nicht überleben wird.
Ich hoffe, daß es Dir gutgeht und daß die Heilquellen Dir wohltun; und ich hoffe auch, daß Du mir bald von Deiner und Hermines Gesundheit berichten wirst. Herzliche Grüße an Lori und Mlle. Tardiveau.

Wir werden hier Ausflüge machen, die denen von Ischl nur durch die Qualität der Straßen gleichen; sie sind ausgezeichnet auf dem ganzen Plasser Gebiet. Die Gegend ist hübsch, aber nicht so schön wie da, wo Du bist. Sie ist meist eben, teilweise hügelig; endlose Wälder, gepflegt wie Gärten, bedecken die Anhöhen, so daß immer wieder malerische Ausblicke entstehen. Die Gebäude sind riesig und in sehr gutem Zustand; was aber nicht verhindert, daß ich kaum einen Gast außer unserer kleinen Zahl unterbringen könnte; bei dem jetzigen Zustand der Zivilisation wollen die Menschen ja sitzen und liegen können. Ich würde gerne zwei oder drei der hier völlig überflüssigen Säle nach Wien bringen können. Einige davon sind sehr schön. Ich habe jetzt die frühere Bibliothek als Hausarchiv bestimmt; ich glaube nicht, daß irgendwo eines besser untergebracht sein kann.

Ich überlasse es Victor, Dich über die Familie Griesbeck zu unterrichten, eine Familie, die seit 300 Jahren ausgestorben ist und die es fertiggebracht hat, sich so zu erhalten, daß man sie für eine Art Schlafende halten könnte.

Die Bürger der kleinen Stadt Kralowitz lieben sie so, daß sie, um mich zu feiern, alle diese Toten der jetzigen Mode entsprechend neu kleiden wollen, denn was sie jetzt anhaben – alles ebenso erhalten wie ihre Körper –, stammt natürlich auch aus dem 16. Jahrhundert.

Sage dem Frl. von Fuchs, daß ich ihr einen Griesbeck schenken kann, wenn sie es wünscht. Es gibt da einen

Dicken, den Victor besonders gern hat. Es sind übrigens die ersten Toten, die ich gesehen habe, welche die Lebenden zum Lachen bringen können!
Adieu, meine schweigsame Léontine. Versuche Dich zu bessern. Nach Erhalt dieses Briefes schreibe mir noch einmal nach Königswarth, über Pilsen in Böhmen, und dann adressiere Deine Briefe direkt nach Frankfurt, in doppeltem Umschlag an

S. Exz. den Herrn Baron von Münch
Vorsitzender der Bundesversammlung in
Frankfurt

Ich umarme Dich, wie ich Dich liebe

Mittwoch, 2. August
Nach dem Essen haben wir eine reizende Promenade nach Strobl mit den Stürmers gemacht und gingen bis St. Wolfgang am Wolfgangsee, wo wir die Kirche anschauten, und kamen erst um halb zehn nach Hause. Große Beunruhigung. Stürmer hat meinen Schal angezogen, da er ohne Redingote war. Essen, ohne die Domestiken zu stören.
Diese arme Gräfin Kesselstatt hat eine »fausse-couche« gemacht.

Freitag, 4. August
Wir haben in unserem Garten einen hübschen Fleck entdeckt, wo wir uns jetzt aufhalten werden. Nach dem Essen sind wir ausgegangen und haben den Erzherzog getroffen, dann sind wir mit Benikoff zu Schloß Wildenstein gegangen. Herrliche Aussicht. Ich habe durch die Post an Papa geschrieben.

Léontine an ihren Vater: Ischl, 4. August 1826

... dürften wir glauben, lieber Papa, daß Du mit Victor einige Tage nach Ischl kommen wirst? Das würde uns die größte Freude machen ...
Die Fünfkirchens wollen ein Volksfest geben, aber wir werden Hermine nicht mitnehmen, um sie nicht zu peinigen, obwohl sie dieses Jahr etwas mutiger ist ...
Wir haben gelegentlich die Bekanntschaft eines gewissen Bartels gemacht. Er ist ein Bauer von ungeheurer Kraft. Wir nehmen ihn jetzt mit, und er trägt Hermine an den Stellen, wo der Esel nicht gehen kann, so nennen wir ihn unseren zweiten Samson ...

Samstag, 5. August

Es regnete und stürmte. Frau L. ist zu uns gekommen, und sie und Antoinette haben gesungen. Ich habe einen Brief von Victor bekommen, wo er mir sagt, daß er mit mir eine Intrigue vorhat. Für was? Ich weiß es nicht. Ich muß Papa bitten, bald nach Wien zurückzukehren, aber vorerst bin ich selbst intriguiert. Was kann das nur sein? Könnte das etwas mit seiner Heirat zu tun haben?

Fürst Metternich aus Königswarth,
den 3. August 1826

Ich will dieses Land nicht verlassen, mein liebes Kind, ohne Dir noch ein Wort zu sagen. Ich fahre morgen früh weg und werde in Bayreuth schlafen, am 10. in Würzburg, am 11. in Frankfurt oder Johannisberg, je nachdem, ob ich den König von Bayern in Aschaffenburg finde oder nicht.
Ich war mit meinem Aufenthalt hier sehr zufrieden, ebenso Victor. Wir haben viele, sogar zu viele Leute gesehen, aber das macht nichts – wir haben durch diesen Aufenthalt alles, was nur möglich war, gewonnen.
Heute früh waren Victor und ich allein in Königswarth, wo noch die sterblichen Reste Deiner armen Mutter, von Großvater und Clementine ruhen. Ich habe für Ihre Seelen eine Messe lesen lassen, und Victor und ich haben recht geweint. Du, meine liebe Léontine, hättest es auch getan, und wenn Mama sich mit uns beschäftigen könnte, hätte sie sich davon überzeugt, daß die Ihren sie nicht vergessen haben. Wenn die Sache richtig ist, hat sie wohl das erste Recht darauf.
Hoffentlich hast Du in Ischl ebenso schönes Wetter wie wir in Königswarth. Es ist das erste Mal, daß ich hier einen ungetrübten Aufenthalt verlebt habe. Es ist weniger heiß. Vor drei Tagen hatten wir ein Gewitter, seitdem ist es weniger heiß, aber der Himmel ist klar und die Temperatur sehr angenehm.

Ich gebe Dir Nachricht, sobald ich am Rhein angekommen bin.
Umarme Hermine von mir, und ich lasse Gräfin Fuchs und Mlle. Tardiveau sehr viel Schönes sagen.
Ich hoffe, Du kannst in Ischl über die einzige Klavizimbel verfügen, die es dort gibt. Wenn es der Fall ist, solltest Du Antoinette bitten, mit dir zu spielen. Sie ist so gut wie ein guter Lehrer.
Adieu, meine liebe Kleine, ich umarme Dich aus ganzem Herzen.

Sonntag, 6. August
Das Wetter ist abscheulich. Die Leykams kamen zum Essen und blieben den ganzen Abend, was Gräfin Fuchs nicht allzusehr freute.

Dienstag, 8. August
Wir gingen zum Gosauer Zwang, einer großen Brücke, die zwei Berge verbindet, die von einem Abgrund getrennt sind. Dann haben wir eine Tour zum Hallstättersee gemacht, und Hermine und ich sind fast ins Wasser gefallen und sind zu Tode erschrokken. Wir sind über den Gosauer Zwang gegangen, aber Gräfin Fuchs hat der Mut dazu gefehlt.

Mittwoch, 9. August
Nach dem Essen haben die Stürmers uns eine reizende Jause auf dem Carolinenplatz mit Kolowrats und Fünfkirchens gegeben. Wir waren im ganzen 24 Personen. Dann hat das Volk getanzt für uns, und wir sind nach Hause marschiert, von einer reizenden Musik begleitet. Das Fest war sehr hübsch, und Toni Kolowrat ist eine sehr aimable Person.

Léontine an Victor: Ischl, 9. August 1826

Ich habe Deinen Brief bekommen, lieber Victor, und schreibe Dir jetzt nur nach Johannisberg in der Hoffnung, daß Du dort nicht zu lange bleibst. Man sagt, daß Papa dort einen Monat bleiben will. Ich hoffe, daß dies nicht der Fall ist, denn dann geht die ganze Zeit, die wir zusammen verbringen würden, mit Reisen vorbei, und obwohl ich Ischl sehr gern habe, wäre es doch traurig, da zu sein, wenn keine Katze mehr da ist ... In der Kanzlei (in Wien) soll alles so drunter und drüber sein, daß eine Verzögerung eingetreten ist, und ich meine, daß unser Appartement nicht fertig wird für unsere Rückkehr, was Deine und unsere Ankunft sicher verspäten wird. Ischl ist jetzt ganz brillant. Götz hat einen Treffpunkt im Kaffeehaus organisiert, aber bis jetzt hat er noch keinen Erfolg aus mangelnder Kerzenbeleuchtung, die wir jetzt in die Hand genommen haben, so ist Papa als erster auf der Subskriptionsliste, was ihn zu einem monatlichen Betrag von 1 Fl. zwingt – ich hoffe, es ist nicht zu teuer. Götz ist ein Engel, er rast hin und her, um von allen Seiten Kerzen und Leuchter und Möbel zu finden, da alles fehlt. Die Leykams wohnen vis-à-vis, so daß Hermine und Teresina den ganzen Tag über die Straße hinweg miteinander reden und Zeichen machen, aber es ist verboten worden, weil die ganze Bevölkerung Ischls sich aufhielt, um diese Konversation mit anzuhören. Ich umarme Papa, Hermine auch. Sage ihm bitte von mir, daß wir ihn bitten, bald nach Wien zurückzukom-

men, sonst erklären wir ihm den Krieg! Ich schreibe ihm dieser Tage, um ihn um die Erlaubnis zu bitten, auf dem Heimweg nach Salzburg zu fahren, das wir gerne sehen würden; wir möchten dort zwei Tage bleiben, um die Umgebung auch gut zu sehen. Adieu, mein lieber Victor, die Gräfin Fuchs hetzt mich zum Spazierengehen, da komme ich nicht mehr zur Ruhe ...

Deine Léontine

Bitte sage Papa, daß die Pferde wohlauf sind und daß wir sie bestens pflegen ... Ich komme gerade von einem Fest bei Stürmers, was reizend war. Wir haben eine schöne Jause gehabt, die Bauern haben getanzt, und nachdem wir reichlich zugesprochen haben, fingen wir auch an zu tanzen und kehrten in Prozession nach Ischl zurück, hinter einer reizenden Musik, die jeden einzelnen nach Hause begleitete. Wir waren im ganzen 24 Personen. Hermine kam nicht mit, es hätte sie zu sehr erschrocken.

Donnerstag, 10. August
Abends hatten wir eine herrliche Soiree bei der Gräfin Fünfkirchen. Ein Ventriloque (Bauchredner) und verschiedene Sänger haben uns nacheinander amüsiert. Das Ganze dauerte bis halb elf.

Sonntag, 13. August
Prinz Hohenlohe hat eine wunderschöne Predigt gehalten, in der er sagte, daß die Einwohner von Ischl sich für glücklich halten sollten, fern der Laster der großen Städte dank ihrer Berge zu leben, und daß sie sich in acht nehmen sollten, sich nicht korrumpieren zu lassen.

Montag, 14. August
Ich habe einen großen Ausflug mit Gräfin Kolowrat gemacht. Wir sind um sechs Uhr früh losgegangen. Wir waren zehn Wagen, mit denen von Stürmers, Fünfkirchens, Sternbergs usw. Wir haben uns am Hallstättersee eingeschifft und sind bis zum Gosauer Zwang gegangen, den ich im Laufen mit Louise überquert habe. Dann sind wir zum Rudolfsturm, wo wir uns in Tragsesseln bis hinauf tragen ließen. Dort ist eine wunderschöne Aussicht über den ganzen Hallstättersee, der ganz zu sehen ist, umrahmt von riesigen Bergen. In einem noch höher gelegenen Haus steigt man zu den Salinen. Wir zogen ein weißes Hemd und einen runden weißen Hut an, und man hat uns durch Schläuche hineingeführt. Die Salinen waren beleuchtet. Wir sind den Berg in Schlitten heruntergerutscht, was sehr lustig war, da

es außerordentlich geschwind ging. Dann haben wir in Hallstatt gegessen, und nachher haben wir den Kessel und den Hirschbrunnen besucht. Das erste ist ein riesig tiefes Loch, mit Wasser gefüllt und von Felsen umringt. Man weiß nicht, wo dieses reine Wasser die Quelle hat, aber eine Magd hat ihren Butterfirst auf einer Alp verloren, und er kam im Loch wieder zum Vorschein, was sehr komisch ist. Das zweite, als wir es sahen, befand sich ohne Wasser und bot daher nichts Besonderes. Der Brunnen trägt diesen Namen, weil das Wasser aus der Erde mit einem mächtigen Satz quillt. Dann sind wir wieder auf unserem großen Schiff über den See bei Mondschein gefahren. Ich bin um halb zehn zurück, und Gräfin Fuchs wartete schon auf mich.

Mittwoch, 16. August
Louise Kesselstatt sollte weg, aber blieb dennoch. Ich habe von ihr Abschied genommen, was mir sehr leid tat. Die Sänger sind abends gekommen.

Ischl, 16. August 1826
Ich habe nur Zeit, ein paar Worte zu schreiben, mein lieber Papa, denn die Post geht in einer Viertelstunde ab ... Es geht uns gut ... Wir haben hier auch einen Bauchredner und vier ausgezeichnete Sänger, die in Wien waren und für Dich gesungen haben. Du wolltest den einen Medizin studieren lassen, aber er scheint sich nicht viel daraus gemacht zu haben. Sie spielen hier im Café, wo wir gestern abend waren ... Adieu, mein lieber Papa ...

Fürst Metternich aus Johannisberg,
den 16. August 1826

Wir sind hier sehr glücklich am 12. um ein Uhr nachmittags angekommen. Die Nacht vom 11. auf den 12. haben wir in Frankfurt verbracht, wegen des kurzen Aufenthalts in Aschaffenburg, um dem König von Bayern eine Aufwartung machen zu können.
Hier habe ich alles sehr verschönert gefunden. Die Anpflanzungen, die sich heute auf dem Platz der Schlacht von Valmy befinden, sind sehr hübsch und ausgezeichnet gehalten. Eine prachtvolle Chaussee führt von Winkel zum Schloß. Der Hof ist offen, und der häßliche Eingang ist durch ein prächtiges Gittertor ersetzt worden. Der Hof ist groß und schön. Geradezu beeindruckend durch ihre Schönheit sind die Terrassen und der frühere Obstgarten unter meinen Fenstern. Man muß diese letzten Änderungen sehen, um sich einen Begriff von ihrer Wirkung machen zu können. Die ganze Gegend scheint dadurch gewonnen zu haben, und das Verschwinden aller Mauern um die Weinberge gibt ihr einen ganz besonderen Reiz.
Deine Schäflein leben, und es geht ihnen ausgezeichnet, ebenso den weißen Tauben, die weiter den Balkon besetzt halten; sie sind aber so zahlreich geworden, daß man ihnen wohl einen eigenen Taubenschlag wird einrichten müssen.
Ich bin seit drei Tagen hier und habe schon eine Unmenge Menschen gesehen. Nichts könnte einem Landaufenthalt unähnlicher sein, und das ist die un-

günstige Seite von Johannisberg. Wenn der erste Ansturm abgewehrt worden ist, werden wir hoffentlich ruhiger leben können. Ich erwarte Flora und ihre charmante Freundin in acht Tagen. Ich bin entzückt, erstere zu sehen, und könnte ebenso gern auf letztere verzichten.

Vorläufig ist die Dauer meines Hierseins noch unbestimmt. Das hängt von verschiedenen Umständen ab, wird sich aber jedenfalls bis in die ersten Septembertage ausdehnen, dadurch werde ich selbst bei frühester Abreise verhindert sein, nach Ischl oder in dessen Nähe zur Mitte des Monats zu kommen. Warte also nicht auf mich, sondern richte Deine Rückkehr nach Wien so ein, wie es mit Deinen Bädern am besten paßt, auch je nachdem, wie sich das Wetter gestaltet. Hier ist es noch sehr schön, und man erwartet sich eine Weinlese, ebenso hervorragend in der Qualität wie in der Quantität. Die Hoffnungen gehen sogar über die Ergebnisse von 1822 hinaus, ein Jahr, von dem man jetzt noch spricht in dieser Gegend, wo alles sich um die Kellereien dreht.

Adieu, meine liebe Kleine, es geht uns bestens, Victor ist glücklich über die Anwesenheit seines Freundes Maurice, den ich mir von Paris habe herkommen lassen.

Umarme Hermine, und denkt liebevoll an mich, wie ich an Euch beide! Adieu!

Samstag, 19. August
Wir sind um zehn Uhr losgegangen, um zwei Seen zu besichtigen. Zuerst haben wir in Ebensee gegessen, dann gingen wir zum ersten See, der nicht groß ist. Er ist umrahmt von großen Bergen, aber bietet nichts Besonderes. Man kann sich nur eine Idee von der Größe der Berge machen, wenn man den zweiten See sieht, der umringt ist von Felsen wie von steilen Wänden. Es gibt ein gutes Echo, das dreimal widerhallt. Dann haben wir eine excellente Jause bei dem Confiseur von Ebensee genommen, wo wir die Leykams vorfanden. Wir sind erst um halb zehn zu Hause gewesen und waren recht froh, unsere Betten wiederzufinden, um uns von den Strapazen des Tages auszuruhen.

Sonntag, 20. August
Wir machten eine schöne Promenade um den Berg. Die Aussicht ist freundlich, und der kleine wilde Pfad, den man nehmen muß, um den Rundgang zu machen, trägt viel zum Spaß des Spaziergangs bei. Ich war so geschickt, meinen Fuß in ein Loch voll Kot zu stecken.

Montag, 21. August
Ich bin in der Früh um neun Uhr mit Gräfin Kolowrat nach Aussee losgefahren. Der Weg ist herrlich, und die schöne Aussicht ließ uns die bergige und langweilige Steigung vergessen. Auf einer Seite sind frische, grüne Felder, auf der anderen in der Ferne

der Hallstättersee, der seine hellen Gewässer durch einen schönen Wald, der sie zum Teil versteckt, durchblicken läßt. Wenn man weiter steigt, erblickt man zwischen Bergen, die so frisch und grün sind wie im Frühling, einen großen, schneebedeckten Berg. Wir haben ihn durch ein Teleskop angeschaut und entdeckten einen kleinen Pfad zwischen riesigen Gletschern. Wir konnten uns von dem zauberhaften Anblick nicht losreißen. Der Schneeberg befindet sich acht Stunden von uns, und die Bauern besteigen ihn, um sich den Weg zu verkürzen, wenn sie auf die fernere Bergseite kommen wollen. Endlich sind wir nach sieben Stunden Reise in Aussee angekommen. Die Stadt ist viel hübscher als Ischl. Es sind einige große Häuser dort, aber eines hat uns ganz besonders frappiert. Das Haus hat nur ein Fenster im ersten Stock, und eins im zweiten über der großen Einfahrt im Erdgeschoß. Es ist zwischen zwei Häusern und scheint keinen Platz mehr gefunden zu haben.

Während man das Essen vorbereitete, sind wir in kleine Postwagen gestiegen und sind eine halbe Stunde weit zum Grundlsee gefahren. Der See ist klein und wunderhübsch. Die Berge rundherum sind zwar groß, aber verdüstern ihn nicht, und am Ende machen ihn zwei kleine, schön bewaldete Berge besonders pittoresk.

Léontine an ihren Vater: Ischl, 22. August 1826

Mein lieber Papa!
Das Wetter ist sehr schön und die Hitze groß. Warst Du mit Johannisberg zufrieden? Ist es durch die Veränderungen, die Du gemacht hast, verschönert?
Ich hoffe, daß das Wetter auch Dir favorabel ist ... Wir freuen uns, Victor wiederzusehen, und hoffen, daß es bald sein wird, aber leider befürchte ich, daß die Kanzlei uns vergißt, denn alles soll nach wie vor drunter und drüber gehen.
Der Baron Leykam ist gerade angekommen. Die Leykams waren bei uns, und da kommt unser Joseph herein und schreit: »Der Papa ist da.« Gräfin Fuchs, in ihre Gedanken versunken, steht auf und läuft nach unten in der festen Überzeugung, daß sie Dich aussteigen sehen würde.
Du kannst Dir vorstellen, wie wir über sie gelacht haben. Sie läßt Dir vieles sagen und vor allem, daß sie sehr bedauert, dem Leykam entgegengelaufen zu sein, anstatt Dir.
Alles Liebe dem lieben Victor. Wir umarmen ihn beide, sowie auch Dich, lieber Papa,

Léontine

Mademoiselle Tardiveau empfiehlt sich Dir.

Donnerstag, 24. August
Die Stürmers haben eine schöne Jause bei den Schmalnauers gegeben. Dann bin ich zur Fanny gegangen, und mit ihr und der ganzen Prager Gesellschaft haben wir uns auf der Traun eingeschifft und sind bis Ebensee gefahren, durch die Schleusen, die man geschwind passiert, was sehr angenehm war. Das Schiff macht keine unangenehme Bewegung. Wir sind in Ebensee an Land gegangen, wo die Gräfin Fuchs uns erwartete. Dann gingen wir ganz gut in einem Gasthof essen, aber verweilten dort sowenig wie möglich, um weiter zum Offensee zu fahren. Man hat uns Kühe gezeigt, die geschmückt waren wie am Tag, als sie von den Alpen herunterkommen. Sie haben Panaschen von frischen Blumen auf dem Haupt und ein Heiligenbildnis auf der Stirn. Wir haben sie nicht alle sehen können. Die Gesellschaft bestand aus Lobkowitzs, Sternbergs, Kesselstatts, uns und Stürmers.
Gräfin Kesselstatt hat uns Karten-Zauberstücke gemacht.

Montag, 28. August
Gräfin Wiefeld und ich haben abends vierhändig gespielt.

Dienstag, 29. August
Wir machten eine schöne Promenade in die Wildnis durch den Wald. Der Schatten ist dort so angenehm. Man geht lange zwischen Felsen und hat eine herrliche Aussicht und eine Kaskade. Wir waren mit den Stürmers und den Wiefelds.

Mittwoch, 30. August
Wir hatten eine Soiree bei Fürstin Lobkowitz, wo ich mich recht ennuyiert habe, da nur die Gesellschaft von Prag, die ich wenig kenne, dort war.

Donnerstag, 31. August
Wir haben einen herrlichen Ausflug zum Waldbach-Strub gemacht. Wir haben ein mediokres Frühstück in Hallstatt genommen, dann haben die Damen Tragsessel genommen und haben sich bis zum Waldbach-Strub tragen lassen. Ich wollte zu Fuß steigen, aber eine plötzliche Nasenblutung zwang mich, mich auch tragen zu lassen.

Freitag, 1. September
Es ist Hermines Geburtstag. Wir haben ihr alle Blumensträuße gegeben. In der Früh sind wir zum Rudolfsbrunnen gegangen, der sich zu seinem Vorteil verbessert hat. Die L. haben bei uns diniert, und wir hatten Abschiedsvisiten von Sternbergs und Lobkowitzs. Abends kam die Musik, wir haben getanzt und uns sehr gut unterhalten.

Samstag, 2. September
Stürmer hat uns von seinen Reisen erzählt. Ich habe mit Antoinette über Victors Heirat gesprochen. Ich weiß nicht, ob ich gut getan habe, und mache mir darüber Vorwürfe. Sie scheint mir aber sehr diskret zu sein, und ich habe es getan, damit – falls sie ihn noch liebt – sie jede Hoffnung aufgibt.
Wir machten dann eine Visite bei Nani Wiefeld und bei Mme. Schiller. Sternbergs und Lobkowitzs sind abgereist. Ich habe mich nicht diesen Damen annähern können und fand sie kalt und langweilig. Die Mutter ist eine sehr aimable Person, sie spricht gut und muß, als sie jung war, sehr schön gewesen sein. Von den Sternbergs ist Christiane, die Älteste, eine reizende Person, von einer perfekten Freundlichkeit. Ich versuche sie auch in verschiedenen Sachen nachzumachen. Sie ist jemand, der sich ganz für andere vergißt und nur daran denkt, so affabel wie möglich zu sein. Obwohl sie sehr häßlich ist, übersieht man das gleich, wenn man mit ihr spricht. Man fühlt sich wohl in ihrer Gesellschaft. Erwine ist ganz nett, gutmütig und recht freundlich. Aber Franziska ist so kalt und reserviert, daß man sich ihr gar nicht annähern kann.
Sie scheint Fürst Lobkowitz sehr zu gefallen, obgleich ich nicht weiß, ob er nicht zu Erwine neigt. Er macht beiden die Cour.

Fürst Metternich aus Johannisberg,
den 30. August 1826

Ich weiß nicht, meine liebe Kleine, ob dieser Brief Dich noch in Ischl erreicht. Ich habe demgemäß dem Kurier, der ihn bringt, beauftragt, sich bei seiner Durchfahrt darüber zu informieren.
Meine Abreise steht für den 7. September fest. Ich werde allerdings erst am 20. in Wien eintreffen, da ich große Umwege mache und mich an einigen Orten aufhalten muß. Ich hoffe, Euch alle gesund und ruhig in Euren Zimmern installiert zu finden. Alles, was Eure Wohnung betrifft, wird – ich bezweifle es nicht – fertiggestellt sein. Jedenfalls empfehle ich es den Herren Architekten.
Victor wird Euch alles über unseren hiesigen Aufenthalt berichten. Hätten wir etwas mehr allein sein können, wäre es uns lieber gewesen. Aber es ist mein Schicksal, nie ganz mir selber oder meinen wirklichen Freunden überlassen zu sein. Wir sind nie weniger als 15 bis 18 Menschen zu Tisch, und oft steigt die Zahl auf 30 oder 40 Gäste. Das Wetter bleibt von seltener Schönheit, so werden die Weine nicht nur reichlich, sondern hervorragend. Man verspricht sich eine noch bessere Ernte als die vom Jahre 1822.
Du fragst, ob die Änderungen, die ich schon vorgenommen habe, gelungen sind. Victor wird Dir Einzelheiten erzählen. Sie haben meine Erwartungen übertroffen, und wenn ich hierher zurückkehre und Du mich begleitest, wirst Du die Örtlichkeiten nicht wie-

dererkennen. Man braucht noch vier Jahre, um alles sowohl innen wie außen fertigzustellen. Dann entsteht im Ganzen ein herrlicher Wohnsitz. Nichts ist schöner als der Altan, und das ehemalige Valmy ist ein reizender Garten. Es ist so viel um das Schloß gepflanzt worden, daß das, was am meisten fehlte – der Schatten –, nicht mehr entbehrt wird. Man wird spazieren können bis zur vollen Befriedigung, ohne aus den Grenzen der Domäne hervorzutreten.
Adieu, meine liebe Léontine, bedanke Dich für mich bei der Hermine für ihren Brief. Er ist allerliebst, und wenn sie behauptet, daß sie Mühe hat ihre Gedanken auszudrücken, da ihr der Brief nicht diktiert wurde, so sage ihr, daß sie ihre Gedanken bestens wiedergibt.
Ich umarme Euch beide von ganzem Herzen.
Alles Gute Euren Damen.

Johannisberg

Léontine an ihren Vater: Ischl, den 4. September 1826

Ich weiß nicht, wohin ich diesen Brief schicken soll, mein lieber Papa, denn nach Deinem letzten Brief vom 30. hatte ich nicht mehr die Zeit, nach Johannisberg zu schreiben, so ziehe ich es vor, diesen nach Wien zu schicken, wo Stürmer immer weiß, wo Du Dich befindest. Es scheint, daß der Kaiser darüber nicht informiert ist, denn gestern haben wir diesen Brief erhalten:

(An Frau Baronin Wiefeld:)
Hochgeborene gnädige Frau!
S. Majestät dem Kaiser ist überaus viel daran gelegen zu erfahren, wie bald S. D. der Fürst von Metternich zurückkommen wird, und ich erhielt den s: S: Befehl, Euer Gnaden aufzufordern, gleich nach Empfang des gegenwärtigen Schreibens die Gräfin von Fuchs oder die jungen Fürstinnen von Metternich, die in Ischl sind und welche der Herr Fürst abholen will, zu befragen, was selbe für Nachrichten über die Ankunft des Fürsten haben.
Sobald Er: Gnaden diese Auskunft eingeholt haben, bitte sich solche oder mir oder unmittelbar Ihrer Majestät der Kaiserin mittels eigener Estaffette mitzuteilen.

Er Gnaden TTT
Kutschera

Ganz Ischl war in Aufregung über das Gerücht geraten, daß ein Kurier des Kaisers angekommen war ...

Ich erwarte keine Briefe mehr von Dir, weil ich vorhabe, in acht Tagen nach Wien zu fahren, und hoffe, Dich am 20. dort zu umarmen. Um Deine Befehle genau zu befolgen, sind wir am 18. dort.
Ich habe kaum Zeit, mein lieber Papa, Dir mehr zu erzählen, denn diese Damen warten auf mich zum Essen.
Die Leykams besuchen uns manchmal. Ich musiziere oft mit Antoinette, die beim Näherkennen außerordentlich gewinnt. Wir können sie nicht genug für ihre Güte und Freundlichkeit loben. Die Luft Ischls scheint ihr sehr gut zu bekommen.
Adieu, mein lieber Papa. Hermine umarmt Dich, sowie auch Lori (Fuchs). Man hetzt mich, um aufzuhören.

Léontine

Dienstag, 5. September
Wir waren bei der Milchfrau und nach dem Essen zur Capitels-Alpe, wo wir trotz heftigem Regen und Unwetter hinaufgestiegen sind. Der Aufstieg ist sehr penibel, wir mußten uns mit genagelten Stöcken helfen. Das Haus auf der Alpe ist sehr hübsch und besteht aus vier großen Zimmern, die recht gut eingerichtet sind.
Als wir herunterstiegen, wurde das Unwetter so stark, daß wir uns aufhalten mußten, und kehrten zurück in Begleitung von erschreckendem Geblitze und Gedonner. Als wir in Ischl ankamen, fanden wir alles zum Abschied vom Erzherzog illuminiert. Eine bizarre Idee, als Zeichen der Trauer alles zu illuminieren.

Donnerstag, 7. September
Wir haben in der Früh einen sehr schönen Spaziergang im Gemsental gemacht. Wir waren beim Hochamt.

Montag, 11. September
Wir haben die Veduten angeschaut. Sie waren recht hübsch. Abends waren wir im Theater, wo man »Dr. Krampe« gab. Ein recht blödes Stück, das uns aber gut unterhalten hat.

Dienstag, 12. September
Wir haben eine schöne Zeremonie gesehen. Ein junger Priester las seine erste Messe. Eine sehr

schöne Prozession hat ihn bis zur Kirche geführt, wo er eine tiefe Pietät zur Schau trug. Es war rührend, ihn zu sehen. Hinterher bekam ich seinen Segen. Die Hofschmitt war prachtvoll. Ich machte mein Gepäck, und nach dem Essen sind wir zum letzten Mal nach Wolfgang gefahren, denn wir verreisen morgen.
Als wir zurückkamen, sind wir zum Ball bei den ... hinaufgestiegen und haben viel Freude gemacht, indem wir mit allen aßen und tanzten.

Mittwoch, 13. September – Salzburg
Wir sind um sechs Uhr in der Früh von unserem lieben Ischl weggefahren. Ich war darüber untröstlich. Die Hofschmittin kam Abschied von uns zu nehmen. Die Straße ist von außergewöhnlicher Schönheit. Wir sind den Wolfgangsee entlanggefahren, aber leider hat der Nebel verhindert, die Landschaft zu sehen.
Um zwei Uhr waren wir in Salzburg – eine schöne, große Stadt, aber recht traurig und leer. Die Häuser sind denen von Paris ähnlich. Das erste, was wir anschauten, war die Sommer- und die Winterreitschule, ein schöner Bau. Im letzten sind die Decken al fresco bemalt. Die Sommerreitschule gefiel mir sehr. Sie ist im Freien, und die Logen sind im Felsen ausgehöhlt. Das Tor im Felsen ist aus einem Stück, so wie auch die Statuen und Inschriften aus dem Felsen herausgeschnitten. Eine nennt den Grafen Schonberg von B. Dann haben wir die Franziskaner-

kirche besucht, die sehr schön ist, deren Hauptaltar mit rotem Samt bedeckt ist. Die Muttergottes mit Kind ist aus Silber.
Die Universitätskirche ist schön und groß und war während des Krieges ein Pferdestall.
Wir sind um neun Uhr nach Aigen gefahren, ein Schloß, das Fürst Schwarzenberg gehört und eine halbe Stunde von Salzburg entfernt ist. Unterwegs haben wir die Antikensammlung von Roseneck, wovon die meisten Stücke in seinem Garten gefunden worden sind, angeschaut. Da sind Lampen, eine schöner als die andere, Büsten und viele schöne Ringe. In Aigen angekommen, sind wir lange im schönen und sehr gut erhaltenen Garten spaziert. Der Fürst scheint sehr betrauert zu werden. Seine Domestiken beweinen ihn noch.
Wie schön, so vermißt zu sein und zu den Besten gerechnet zu werden, und wie schwer es sein muß, dieses zu erreichen! Aber es scheint mir, daß in einem Land, wo alles so schön ist, dem Gott seinen Segen in solcher Vielzahl geschenkt hat, wo alle Menschen gut sind, man noch schuldiger wäre, böse zu sein.
Wir besichtigten die herrliche Aussicht von einem schönen Platz, der Kanzel, von welcher man den Watzmann sieht, dann eine Grotte, in welche man hineingeht und den Fall einer Kaskade sieht, einen reizenden Pavillon in einem Garten mit einem schönen, großen Zimmer und noch einem kleineren, wo das Gästebuch sich befindet.
Auf dem Rückweg haben wir Schloß Mirabell, die

Equipage des Fürsten Metternich

jetzige Residenz des Kaisers, angeschaut. Er hat es wieder aufbauen lassen, da es im Jahre 1818 durch die Unvorsichtigkeit zweier Frauen abbrannte. Der Garten schien mir auch schön, obzwar sehr alt. Er ist im Stil eines französischen Gartens.
Die St. Loretokirche, wo das Jesuskind große Wunder vollbringt, wurde auch angeschaut. Es ist ein Franziskaner-Frauenkonvent. Dann besuchten wir auch die Hlg. Sebastianskirche, aber verweilten dort nicht lange, obgleich sie sehr schön ist, denn wir waren am Verhungern, nachdem wir so lange herumliefen, ohne zu essen.
Ich war tot vor Müdigkeit, aber kaum hatten wir den letzten Bissen geschluckt, als Prinz Taxis und sein Bruder uns abholten, um uns zum Nonnberg zu führen, wo man schöne Aussichten, besonders die auf die Stadt, vor sich hat. Wir sahen ein sehr schönes Haus, wo ein alter Herr uns seinen Garten und sei-

nen Pavillon zeigte und von wo man eine Aussicht bis nach Bayern hinein hatte.
Sein Garten war recht scheußlich, ein Horreur, aber er war sehr stolz darauf. Ein grünes Bienenhaus war schön, und ein Pavillon, wo er Blumen und Schwammerl in den Fenstern hatte, was uns sehr amüsierte. Auf dem Nonnberg haben wir eine hübsche kleine Kapelle mit einem Glasfenster aus dem XIV. Jahrhundert gesehen. Die Farben sind gut erhalten, und die Figuren sind sehr schön.

Freitag, 15. September – Salzburg
Leider ist das Wetter so schlecht geworden, daß wir nicht nach Golling gehen konnten, aber es war unmöglich. Nach dem Essen sind wir zum Franziskanerkloster gegangen, und die Nonnen haben uns das ganze Haus gezeigt. Die Oberin, eine Frau von 72, ist von einer überraschenden Fröhlichkeit und Frische. Sie haben uns den Schatz des Jesuskindes gezeigt: schöne Kleider, mit Perlen bestickt, und Halsbänder aus Diamanten, sowie auch die Krone. Sie haben uns erzählt, daß sie während des großen Feuers vor einigen Jahren mit dem Jesuskind in den Hof geflüchtet sind. Sie waren untröstlich, weil es ganz zerschlagen war, aber am nächsten Tag haben sie es in der Kapelle wiederhergestellt gefunden, was ja einem Wunder zuzuschreiben ist. Die kleine Figur ist aus Elfenbein.
Diese armen Nonnen sind sehr schlecht dran. Sie schlafen ganz angezogen auf Stroh, und ihr Gewand

ist ein Wollkleid, welches sie ohne Unterhemd auf der Haut tragen. Auf dem Kopf haben sie ein kleines Leinentuch und einen schwarzen Schleier. Sie haben nur ein Schnupftuch in der Woche und als einzigen Schmuck einen großen Rosenkranz.

Samstag, 16. September – Salzburg
Wir sind in der Früh zur alten kaiserlichen Residenz, die neben unserem Haus ist, gegangen. Sie ist sehr schön, vor allem die Hauptstiege aus weißem Marmor. Die Räume sind groß, aber die Bayern haben die schönsten Ornamente weggenommen, sowie Leuchter, Uhren und einige Kleinigkeiten. Im ganzen Schloß sind 62 Herrenzimmer und noch viele für die Domestiken, aber am merkwürdigsten ist, daß man, ohne aus dem Haus herauszugehen, in drei Kirchen hineingehen kann: den Dom, St. Peter und in die Franziskanerkirche.
In der Früh haben wir lange diskutiert, um zu entscheiden, ob wir verreisen oder nicht, weil heute nacht ein Kurier, der uns die Ankunft von Papa für heute mitteilt, angekommen ist.
Am Ende haben wir beschlossen zu bleiben, und abends haben wir die Nachricht bekommen, daß Papa morgen um elf Uhr ankommt. Wir sind nach Schloß Klessheim gefahren, das sehr schön ist. Die Aussicht von der Terrasse ist eine der schönsten der Umgebung: Man sieht nur die Berge und die Stadt ganz in der Ferne. Der Erzbischof hat uns empfangen, und wir mußten mit ihm Kaffee einnehmen. Er

ist ein sehr aimabler Mensch, mit viel Geist, und spricht sehr gut. Er ist nicht mehr als höchstens 62 Jahre.

Sonntag, 17. September – Salzburg
Wir sind heute früh zur Messe in den Dom gegangen und nachher Papa entgegengefahren. Ein Commis ist heute, von ihm geschickt, angekommen. Wir sind zur halben Post gefahren, wo wir auf ihn gewartet haben. Endlich ist er gekommen mit meinem lieben Victor, der immer so gut und herzlich mit mir ist. Nach dem Essen im Gasthof sind wir in unserer Richtung weitergefahren, und Papa in seine. Er fährt zum Mondsee und wir nach Wien.
Wir haben in Vöcklabruck geschlafen, wo wir nicht zu schlecht untergebracht waren. Victor hat sich nicht verändert, er schaut gut aus, obgleich etwas mager geworden.

Montag, 18. September
Wir sind um sieben Uhr früh aufgebrochen und haben in Kemmebach geschlafen. Der Weg ist sehr langweilig. Gottlob sind wir morgen zu Hause.

Dienstag, 19. September – Wien
Wir sind um fünf Uhr nachmittags in Wien angekommen, erwartet von Mme. Marchal und Sophiechen. Wir waren recht froh, wieder in unserem alten Haus zu sein. Gräfin Fuchs hat bei uns gegessen,

und Baron Stürmer kam uns eine Visite machen, sowie auch Floret. Victor hat den Abend bei uns verbracht.

Mittwoch, 20. September
Papa ist um Mitternacht angekommen. Wir haben im Garten gegessen und sind dann abends in der Kanzlei geblieben. In der Früh haben wir Großmama am Grünberg besucht. Es geht ihr gut. Tante Pauline war auch da. Victor macht ihnen viel die Cour, um angenehm und aimable zu erscheinen.

Donnerstag, 21. September
Gräfin Fuchs hat bei uns mit Neumann gegessen. Wir haben noch nicht wieder angefangen zu lernen, erst ab kommender Woche. Es war beschwerlich, uns wieder in unseren Zimmern, trotz der Mühe von Mme. Marchal, einzurichten. Es war alles recht durcheinandergekommen.

Freitag, 22. September
Wir, Mlle. Tardiveau und ich, sind auf die Bastei spaziert. Wir haben Victor getroffen und er hat uns begleitet. Er ist wirklich reizend zu mir, ich weiß nicht, wie ich ihm dafür danken kann.
Die Leykams sind zum Diner gekommen. Victor war von einer Kälte und sogar Ungeduld zu Antoinette, die mich überrascht haben. Sie hat es bemerkt und mich nach dem Grund gefragt. Ich habe ihn ihr nicht gesagt, obgleich ich glaube, ihn erraten zu

haben. Er fürchtet, man könnte merken, daß er ihr die Cour macht, aber ich könnte wetten, daß er sie immer noch sehr gern hat, weil er nie im Leben ihren Namen ausspricht. Ich nehme mir auch vor, nie vor ihm von ihr zu sprechen. Vielleicht vergißt er dann, an sie zu denken.
Abends waren wir bei Papa und Victor, der uns eine Menge Kleinigkeiten schenkte, unter anderem ein kleines Buch, wo er auf jeder Seite Henriette de Castries und vieles andere hineingeschrieben hat.

Samstag, 23. September
Wir hatten die Visite von Großmama, die uns hinderte, unsere Promenade zu machen. Ich habe Commissionen für H. gemacht. Die Zichys kamen zum Essen. Ihr Ton schockiert mich immer, denn sie plappern so daher. Caroline ist die einzige Vernünftige. Sie ist immer sehr amüsant. Wir haben heute früh unsere Andacht gemacht. Ich habe noch nicht meine Regel, obzwar die Zeit schon längst vorbei ist.

Sonntag, 24. September
Wir waren in der italienischen Kirche zur Messe und sind dann promenieren gegangen auf die Bastei, wo wir Mme. Junot getroffen haben. Ich bin so glücklich, daß Victor bei uns ist, ich kann es nicht genug sagen, aber ich kann kaum an den Moment denken, wo er uns verlassen wird, es tut mir so leid. Er ist so

gut, so perfekt für mich. Er hat mir noch nicht von der Intrigue gesprochen, von der er mir schrieb, und ich wage es nicht, ihn danach zu fragen.

Montag, 25. September
Wir haben wieder unsere Lektionen mit Mme. Landstütz und dem kleinen Ringeldin angefangen. Das Wetter ist miserabel, und trotzdem sind wir zu Großmama auf den Grünberg zum Diner gefahren. Papa war so guter Laune und hat uns eine Menge Geschichten nach dem Diner erzählt. Wir sind nach Hause gefahren und haben den ganzen Abend gearbeitet.

Dienstag, 26. September
Chiny und Mme. Rutherford sind gekommen. Papa und Victor aßen nicht zu Hause. Der letztere ißt sonst immer mit uns.

Donnerstag, 28. September
Ich hoffe sehr, daß die Leykam diese Tage bei uns essen, denn ich hätte Antoinette viel zu erzählen. Papa und Victor haben nicht zu Hause gegessen.

Freitag, 29. September
Wieder allein gegessen. Abends sind wir ins Kärntnertheater gegangen, wo ich die ersten französischen Vaudevilles angeschaut habe. Sie sind abominabel. Im Ballett »Die Nachtwandlerin« tanzte Mme. Romée recht gut.

Victor Metternich

Montag, 2. Oktober
Wir haben mit Caraman und einem sehr schweigsamen Herren diniert. Abends ging ich mit Papa und Mme. T. zu einem Konzert bei Leykams. Wie diese sich dort verloren hat, weiß ich nicht. Das Konzert war ganz hübsch. Fontana hat schön gesungen: Seine Stimme ist mächtig. Man könnte meinen, das Dach stürzt ein.

Dienstag, 3. Oktober
Wir haben allein gegessen und sind dann zur »Weißen Frau«, einer Oper, welche eine schöne Musik hat, aber wo recht schlecht gesungen wurde. Es wurde für den Namenstag des Kaisers illuminiert, was einen schönen Effekt machte. Ich habe lange keine Nachricht von Ida.

Mittwoch, 4. Oktober
Wir hatten eine große Diskussion, um zu klären, ob wir ins Theater gehen sollten. Endlich hat Papa uns holen lassen.

Donnerstag, 5. Oktober
Wir machten eine Promenade im Prater mit Victor. Dieser liebe Victor wird bald wegfahren. Warum bleibt er nicht bei uns? Abends waren wir zu Hause.

Freitag, 6. Oktober
Das Wetter ist detestabel. Wir haben nicht den Fuß vor die Tür setzen können.

Sonntag, 8. Oktober
Ich habe Ida einen langen Brief geschrieben, aber was mich über alles agaciert, ist, daß ich meine Briefe vorher lesen lassen muß. Christine ist über den Tag gekommen, und wir entnahmen mit Schrecken, daß sie vorhat, alle Sonntage zu kommen. Wir waren im Garten. Abends haben wir verschiedene Spiele gespielt und Karten-Zauberstücke gemacht. Victor machte seinen Dienst am Hofe. Wir sehen ihn nur abends, wenn er zu uns hinaufkommt.

Montag, 9. Oktober
Wir waren im Theater an der Burg, wo man den »Lästerschub« gab – ein recht schönes und gut gespieltes Stück.

Dienstag, 10. Oktober
Victor hat mich zu Tränen gerührt, als ich den Wunsch aussprach, ins Theater zu gehen, gab er mir sofort Geld für die Loge. Ich bin ihm so dankbar. Er ist perfekt zu uns, Gott möge ihn uns erhalten! Ich habe Lebanier, diesen so starken Mann, gesehen. Er macht wirklich überraschende Sachen, und wir konnten es nicht lassen, ihn zu bewundern.

Donnerstag, 12. Oktober
Papa und Victor haben nicht mit uns gegessen. Wir waren im Burgtheater zum »Verleumder« – ein schönes Stück.

Samstag, 14. Oktober
Victor hat mir noch nicht gesagt, was er mit seiner Intrigue wollte, und ich habe nicht den Mut, ihn zu fragen. Wir waren im Ballett »Carnaval de Venise«, das, obzwar blöd, doch hübsch ist.

Sonntag, 15. Oktober
Ich war in der Früh in der Messe in der Michaelerkirche. Hermine war desolat, nicht ihre liebe Teresina zu sehen, und wir verblieben den ganzen Tag allein. Louis Karoly kam zum Essen. Ich glaube, daß er ein guter Junge ist, doch möchte ich nicht seine Frau sein, denn ich glaube, daß er sehr blöd ist. Schönfeld heiratet Rosalie Grüner; ich glaube nicht, daß sie eine gute Ehe machen werden. Sie ist mir unsympathisch und er, obzwar sehr aimabel, doch recht leichtfertig. Ich sehe Antoinette überhaupt nicht mehr. Die Leykams sind ein wenig in Ungnade gefallen. Ich mag sie gern leiden. Sie ist gut, und ich glaube, daß sie mich auch gern hat. Aber wie sind Victor und sie zusammen? Ich weiß nichts davon.

Montag, 16. Oktober
Wie gewöhnlich, Promenade auf die Bastei. Die Herzogin von Sagan, Gräfin Potocka und Marie kamen zum Diner. Sidonie war von geblasenem Gold (or soufflé) bedeckt, welches ihr ein komisches Aussehen gab. Die Herzogin ist in den letzten Monaten, seitdem ich sie gesehen habe, recht gealtert. Victor ist traurig heute abend. Er scheint sogar ge-

weint zu haben. Es ist sicher diese meschante Marquise, die ihn so sekkiert. Wie traurig war ich, nicht meinen lieben Victor fröhlich wie immer zu sehen! Ich liebe ihn so sehr, und er verdient es voll und ganz. Warum hat er nicht Vertrauen zu mir? Sogar als er es mir versprach, hielt er nicht Wort. Er kennt mich schlecht!

Dienstag, 17. Oktober
Sepi hat mir heute früh reizende Armbänder sowie einen blauen und goldenen Gürtel geschickt. Wir waren im Burgtheater, wo sie ein wirklich hübsches Stück gegeben haben. Es hieß: »Sophie von der Wasl ...«
Großmama ist auch mitgegangen.

Mittwoch, 18. Oktober
Endlich habe ich wieder Antoinette gesehen. Ich hatte sie sechs Wochen nicht mehr zu Gesicht bekommen. Sie ist einen Teil des Abends bei uns geblieben. Sie ist gut und nett mit mir. Ich liebe sie auch von ganzem Herzen. Wie der Mensch sich verändert! Denn es sind schon zwei Jahre, wo ich sie nicht so gern leiden mochte, und jetzt conveniert sie mir so sehr. Das Vertrauen macht viel aus. Ohne es hat die Freundschaft keinen Boden und kann nicht von Dauer sein.

Donnerstag, 19. Oktober
Wir hatten ein großes Essen für den Geburtstag des Herzogs. Er kam mit Großmama und Tante Pauline. Es war ein zeremoniöses Diner. Abends bin ich zum Konzert zu den Leykams gegangen. Ich war viel mit Mimi Buol und Athenaise Batthany zusammen. Federigotti sang in der größten Perfektion, sowie auch Antoinette. Der kleine Thalberg, Adoptivsohn von Fürst Dietrichstein, spielte Clavecin, fast so gut wie Mocheles. Dieses Konzert machte mir große Freude. Ich hatte meine geblasenen Goldperlen in den Haaren und trug ein Organdikleid. Victor ist nur kurz geblieben. Er geht so gern früh schlafen und konnte dem nicht widerstehen. Antoinette war hübsch wie immer. Wir hatten uns vorgenommen, uns gleich zurechtzumachen, was wir auch machten. Athenaise war auch sehr hübsch. Wellesley machte ihr viel den Hof.

Freitag, 20. Oktober
Wir haben nichts Besonderes gemacht. Felix Schwarzenberg kam zu uns dinieren. Ich hatte ihn mir sehr schön vorgestellt, und er ist nichts dergleichen und nicht in der ersten Jugend.

Samstag, 21. Oktober
Wir waren im Kärntnertheater, wo Mocheles mit der größten Perfektion spielte. Es gibt in der Tat keinen großen Unterschied zwischen dem kleinen Jungen und ihm.

Sonntag, 22. Oktober
Die Clarys sind uns besuchen gekommen. Sie sind seit kurzem vom Land zurückgekehrt. Victor soll sehr bald wegreisen, ich bin darüber untröstlich. Christine ist wieder gekommen, sie ist recht fad. Wir haben allein gegessen, da Papa ein großes diplomatisches Diner hatte.

Montag, 23. Oktober
Papa hat nicht zu Hause gegessen. So sehe ich auch Victor kaum, denn in der Früh kann ich selten hinunter, und er kommt nur einen Moment hinauf zum zweiten Frühstück.

Dienstag, 24. Oktober
Papa hat wieder nicht mit uns gegessen, aber dafür wenigstens Victor. Wir hatten ein Konzert zu Hause, wo Federigotti und Fontana in der größten Perfektion gesungen haben. Antoinette hat auch schön gesungen, und Mme. Lebzeltern spielte Clavecin, aber sie ist nicht so talentiert, wie man es sagt, und ich finde nichts Außerordentliches an ihr. Victor hielt es bis zum Schluß aus, was er gewöhnlich nicht tut und sich meistens um neun Uhr spätestens zurückzieht.

Mittwoch, 25. Oktober
Wir waren im Spektakel in der Burg. Die Leykams kommen nicht mehr essen, seitdem sie mit Papa

brouilliert ist. Er findet sie recht komisch. Abends gingen wir ins Kasperltheater.

Samstag, 28. Oktober
Wir hörten von der Verlobung von Don Miguel mit der kleinen brasilianischen Prinzessin. Wir lesen »Die kleinen Emigrierten«, die ich zum dritten Mal lese.

Sonntag, 29. Oktober
Ich machte mit Hermine eine Visite bei Baronin Stürmer, die immer recht affektiert ist. Sie ennuyiert mich. Dann gingen wir in den Prater, anschließend zu Miß Charlotte. Sie ist aimable, wenn sie guter Laune ist. Flore ist gekommen, uns zum Burgtheater abzuholen, wo wir »Die Tochter der Luft« von Frau Müller anschauten.

Dienstag, 31. Oktober
Ich habe ein häßliches Wimmerl im Auge, das, ohne mich zu sehr zu belästigen, geschnitten werden muß. Das macht mir recht angst. Wir sind ausgegangen, auf die Bastei zu spazieren. Abends war niemand da. Victor muß in einigen Tagen weg, was mich verzweifeln läßt. Ich wollte gern ins Theater, aber die ekelhafte Mlle. Tardiveau hat es nicht erlaubt. Sie ist unausstehlich.
Victor soll Samstag verreisen. Ich fürchte mich vor diesem Tag. Felix Schwarzenberg kam uns eine Visite machen.

Freitag, 3. November
Wir sind im Prater spaziert. Das Wetter war ziemlich schön. Wir hatten Felix Schwarzenberg zum Diner mit dem jungen Fries. Sie reisen bald beide nach Amerika. Victor soll Montag abreisen. Das ist bald. Ich bin zu »Balboa« gegangen, einer rührenden Tragödie, und ich habe wie ein dreijähriges Kind geweint. Mme. Müller und Korn spielten in der größten Perfektion.

Sonntag, 5. November
Papa hat nicht zu Hause gegessen, obzwar Victor mit uns diniert hat. Seine Abreise ist auf Dienstag verschoben. Ich bin recht froh, wenigstens so viel gewonnen zu haben.

Montag, 6. November
Victor sollte vorgestern abreisen, aber es wurde auf morgen fixiert: Er ist recht verspätet.

Dienstag, 7. November
Es gab abends ein schönes Konzert. Es waren eine Menge Leute, und mein lieber Federigotti hat wie ein Engel gesungen. Obgleich er etwas verschnupft war und nicht so schön gesungen hat wie gewöhnlich.
Die Batthanys haben auch gesungen, aber nicht so gut. Sie haben spitze Stimmen, sowie auch Fanny Hügel, die unangenehm singt.

Mittwoch, 8. November
Der erste Schnee ist heute gefallen, und es war ein detestables Wetter. Wir haben den Clarys eine Visite gemacht, sowie auch Großmama, um zu sehen, wie es ihr nach ihrem Konzert geht.
Es waren viele Leute zum Diner: Caraman, die Gräfin O'Donnell und Apraxine. Victor blieb noch, da er Zahnweh hatte, und ließ sich drei Blutsauger auf das Zahnfleisch setzen.

Donnerstag, 9. November
Gräfin Dietrichstein machte uns heute früh mit Julie eine Visite. Nun ist Victor abgereist: Ich habe wie eine Unglückliche geweint und bin noch recht schweren Herzens. Er ist weg, und das für sieben Monate, und ich erlebe, daß bei solchen Gelegenheiten diejenigen, die bleiben, mehr leiden als die, die verreisen. Die ersten sehen überall den Menschen, den sie verloren haben, während die anderen ihre Lebensweise verändern. Ich sehe Victor überall, beim Diner ist sein Platz mir gegenüber leer. In der Früh, wenn ich zu Papa heruntergehe, finde ich ihn allein und ohne den, den ich so sehr liebe und der es so verdient.

Freitag, 10. November
Victor fehlt mir so sehr, ich kann es nicht genug sagen! Ich wollte fast beim Essen weinen, als ich seinen leeren Platz gesehen habe, aber man muß vernünftig sein und nicht sich grämen über etwas, das man nicht ändern kann.

Wir sind ins Kärntnertheater gegangen, wo man ein recht blödes Ballett gab. In der Früh sind wir auf der Bastei spaziert und auch in der Stadt. Die Heirat, die für Victor geplant wurde, findet nicht statt. Man hat zu viele Bedingungen gestellt.

Samstag, 11. November
Ich habe Victor ein paar Zeilen in Begleitung eines Briefes geschrieben, der von Paris kam und entweder von dem »Amico« oder von der Marquise ist. Wir haben ganz allein gegessen.
Victor kommt gut vorwärts, er wird schon sehr weit weg sein. Dann haben wir abends Bilder für unseren Wandschirm ausgeschnitten.

Montag, 13. November
Ich bin ins Burgtheater gegangen, wo wir ein hübsches Stück, das »Die Mädel« heißt, angesehen haben. Rethy spielte zum ersten Mal, und sehr gut im Vergleich zu früher.

Mittwoch, 15. November – Feiertag
Detestables Wetter. Gräfin Fuchs und Antoinette sind uns besuchen gekommen. Ich habe mich sehr gefreut, letztere zu sehen.

Freitag, 17. November
Das Wetter war schön, und wir waren im Prater. Ich bin abends im Theater gewesen, wo man ein schönes Stück gab: »Delphine und Arnulph«. Rethy hat gut gespielt.

Samstag, 18. November
Wir haben allein gegessen und dann Großmama besucht, wo wir die Zichys vorfanden. Ich habe Ida zum ersten Mal wiedergesehen: Sie ist viel dicker geworden und sehr embelliert. Sie ist immer so nett.

Sonntag, 19. November
Wir haben zum ersten Mal unsere Soiree gehabt, und wir waren recht fröhlich und zufrieden.

Montag, 20. November
Wir hatten die Zichys zum Essen. Viktor (Zichy) war auch da und sprach viel mit mir, aber er gefällt mir nicht mehr. Er kommt mir recht frech vor.

Dienstag, 21. November
Ich gehe morgen zu einem Ball bei Tatitcheff, was mir nicht ganz angenehm ist, da ich heute meine Regel bekommen habe.

Mittwoch, 22. November
Tante Pauline ist wieder mit dem Herzog gekommen und hat bei unserem Diner assistiert. Abends bin ich zum Ball, wo ich mich ungemein gut amüsiert habe. Ich habe viel getanzt und bin erst um drei Uhr früh nach Hause gekommen. Morgens bei Großmama.

Donnerstag, 23. November
Ich bin erst um neun Uhr aufgestanden. Es war der Namenstag Papas. Großes Diner bei Großmama für Papa. Sie war krank, sogar ernstlich, und hatte ein kleines Fieber. Abends ist Ida gekommen.

Freitag, 24. November
Wir haben eine Menge Leute bei uns empfangen: die Clarys, Liechtensteins und Féstétics. Wir wollten mit ihnen spazierengehen, aber es war ein zu starker Wind. Abends waren wir bei Clarys.

Montag, 27. November
Ich war den ganzen Tag am Zögern, ob ich zum Hofball gehe oder nicht. Endlich haben die Zichys mir ein Kleid, ganz in Silber gestickt, borgen wollen. Aber es war zu pompös, und da habe ich ein altes und garstiges angezogen. Ich habe mit sehr guten Tänzern getanzt: die drei Stadionen, Trauttmansdorff, Taxis, F. Liechtenstein, Ch. Hügel. Ich bin mit der Fürstin Johannes hingegangen.

Mittwoch, 29. November
Heute gab es eine Sonnenfinsternis, aber sie war nicht vollständig, nur partiell. Die Leykams haben bei uns gegessen. Antoinette ist kühler mit mir. Ich suche auch nicht so sehr ihre Freundschaft. Ich habe genug mit Ida.

Freitag, 1. Dezember
Wir sind mit Ida den kleinen Janos anschauen gegangen. Er ist sehr herzig. Dann haben wir die Appartements gesehen, die sehr schön sind und mit viel Luxus möbliert. Wenn Victor Henriette geheiratet hätte, so hätte er schon einen kleinen Buben. Papa hat nicht zu Hause diniert. Abends zu Hause.

Sonntag, 3. Dezember
Wir hatten eine große Soiree bei Helene Féstétics, wo Hermine Hatzfeldt enorm aufgetakelt war, was uns für die Charaden störte. Am Ende haben wir nur die erste Silbe gemacht.
Ich habe einen Brief von Victor bekommen und ihm geschrieben.

Dienstag, 5. Dezember
Wir hatten ein großes und langweiliges diplomatisches Diner. Abends waren wir im Burgtheater in einem schönen Stück. Ida ist während eines Akts in unsere Loge gekommen.

Mittwoch, 6. Dezember
Papa hat ein Herrendiner. Wir waren allein und haben uns mit unserem Zimmer begnügt und haben den Abend recht traurig verbracht.

Samstag, 10. Dezember
In der Früh sind die Stürmers gekommen. Dann haben wir den Vormittag bei Großmama verbracht.

Abends zu Hause, und Helene Féstétics ist gekommen. Sie ennuyiert mich zu Tode. Ich habe einen Brief von Victor bekommen und ihm geschrieben.

Mittwoch, 13. Dezember
Ich war zu einem Konzert bei Flore, wo Federigotti in der größten Perfektion gesungen hat. Man sagt, er wäre in Aglae Batthany verliebt.

Freitag, 15. Dezember
Wieder allein gegessen. »Johann von Finnland«, das im Burgtheater gegeben wurde, und wo wir hingingen, gefiel uns sehr. Korn und Frau Müller spielten vortrefflich gut.

Sonntag, 17. Dezember
Die Leykams sind zum Essen gekommen, sowie auch Federigotti und Visconti. Abends bin ich ins Theater in der Leopoldstadt gegangen, um den »Bauer als Millionär« zu sehen. Es ist wirklich ein hübsches Stück, und ich habe mich gut unterhalten. Raimund spielt mit der größten Perfektion.

Donnerstag, 21. Dezember
Die Zichys und der Prinz Gustav von Schweden haben bei uns gegessen. Er ist sehr aimable, und wir waren von ihm entzückt. Abends in der Burg zu »Hedwig«.

Sonntag, 24. Dezember
Heute war ein Konfusionstag. Wir haben ein Paket von Victor aus Paris bekommen mit unseren Präsenten. Sie waren herrlich: ein rosa Ballkleid und eins aus weißem Organdi. Sie sind reizend und haben uns riesig gefreut. Dann waren noch viele schöne Sachen. Victor hat uns so viel geschickt und uns ein sehr schönes Weihnachten gemacht. Abends waren wir bei Clarys.

Montag, 25. Dezember – Feiertag
Wir waren abends bei Ida, und in der Früh haben wir Tante Pauline eine Visite gemacht, um uns für ihre Ohrringeln zu bedanken.

Dienstag, 26. Dezember – Feiertag
Wir waren in der Messe in der Minoritenkirche und sind nachher auf die Bastei spazierengegangen. Wir haben noch eine Soiree gehabt. Wir haben gespielt und uns sehr gut unterhalten.

Mittwoch, 27. Dezember
Unsere Stunden haben wieder angefangen, was mir sehr gegen den Strich geht. Abends zu Hause.

Freitag, 29. Dezember
Pepi hat bei uns gegessen. Ich habe von Victor einen so guten und lieben Brief bekommen, genau wie er es auch ist. Abends zu Hause.

Samstag, 30. Dezember

Wie gewöhnlich gelesen und gearbeitet. Wir sind den ganzen Tag zu Hause geblieben. Um überaus glücklich im Lauf meines Lebens zu sein, hätte ich gewünscht, daß Victor Henriette heiratet, oder ich einen Liechtenstein, weil es die Familie ist, die ich allen vorziehe. Sie sind so glücklich, und das ist doch so selten! Daß ich Kinder nur nach einem Jahr Ehe bekomme: ein Mädchen und einen Buben, aber nicht mehr. Daß mein Mann Victor ähnlich sei, sowohl im Gesicht als auch in den Manieren. Daß er eine zahlreiche Familie habe und mich so gern wie möglich habe. Daß ich nie Wien verlasse, oder nur im Sommer zu einem schönen Landsitz wie Eisgrub ... Aber der heißeste Wunsch meines Herzens ist schon mit der Heirat von Henriette gescheitert. Ich wollte über alles, daß Victor sie heiratet, und ich kann sie nicht sehen ohne ein Gefühl der Trauer. Aber der Mensch proponiert, und Gott disponiert. Ich finde, daß alles, was ich hier gesagt habe, recht blöd ist, außer was Henriette betrifft.

Zweiter Teil

(Original teils in deutsch, teils in französisch)

1. Januar 1827
bis
29. August 1829

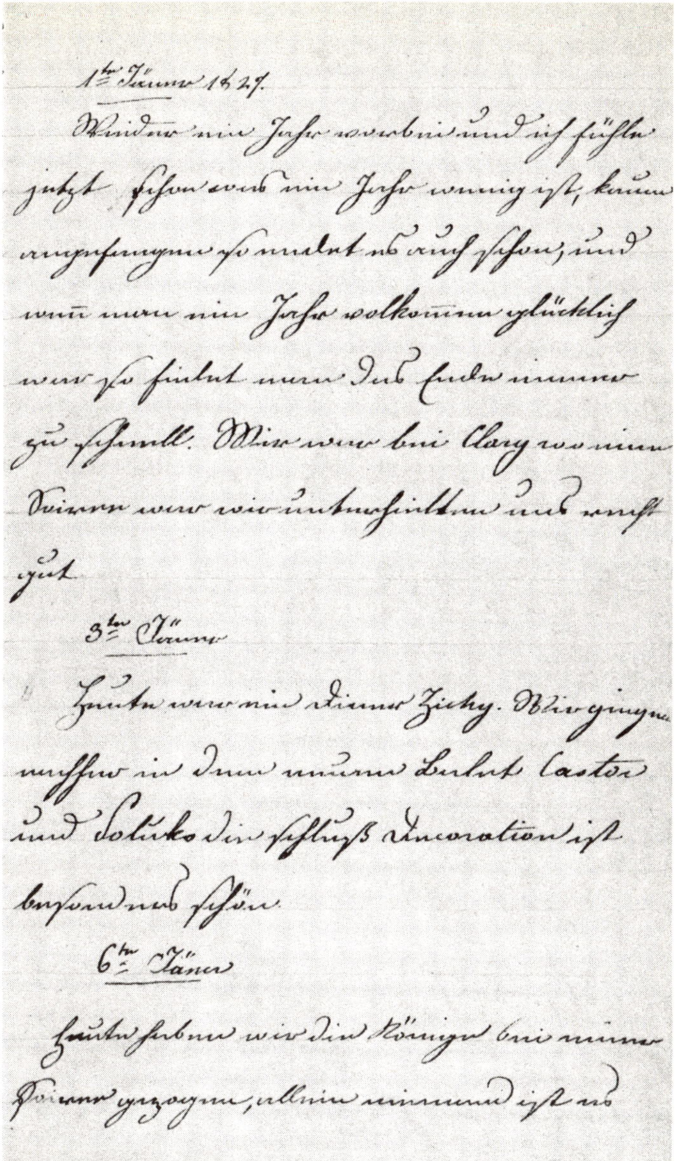
1ten Jänner 1827.

Wieder ein Jahr vorbei und ich fühle jetzt schon was ein Jahr wenig ist, kaum angefangen so endet es auch schon; und wenn man ein Jahr volkommen glücklich war so findet man das Ende immer zu schnell. Wir waren bei Clary wo eine Soiree war wir unterhielten uns recht gut.

3ten Jänner

Heute war ein Diner Zichy. Wir gingen nachher in den neuen Ballet Castor und Pollux die Schluß decoration ist besonders schön.

6ten Jäner

Heute haben wir die Könige bei einem Diner gezogen, allein niemand ist es

geworden denn man hat gemacht die Bonn
gefunden, wir haben nichts gespielt und haben
den Abend mit Schwatzen zu gebracht

7ten Jänner

Heute war wieder eine Soiree aber bei
Ida wir haben mit die Gouvernanten gespielt
und haben uns sehr gut unterhalten
wir spielten blinde Kuh und verschiedene Menge

11ten Jänner

Der Madame Rutherford ist bei uns
übel geworden es war sehr kränklich und
den ganzen Tag haben wir nichts lernen
können so waren wir dessen degoutiert. - Ab-
lernen bei der großen Mama. -

16ten Jänner

Ich ging auf meinen ersten Ball zu
der Gräfin Salawitzing ich habe mich sehr gu
unterhalten und habe alles getanzt. -

ich hatte ein Organdin Kleid welches unten gestickt war und auf dem Kopf Blumen ich ging mit der Fürstin [illegible] und mit der [illegible]

18ten Jänner.

Die [illegible] waren heute beim Essen und die Ida ist zu mir gekommen wir blieben den ganzen Abend beisammen und haben discurirt

22ten Jäner

Sepi aß bei uns gleich nach dem Essen kam die Tante. Wir gingen in's Burg Theater wo man zum ersten Mahl die Flitterwochen gab der Löwe und die Mme Anschütz spielten vortrefflich gut.

24ten Jänner

Wir waren heute bei der groß Mama zu essen sind aber gleich weggegangen um uns für den Ball von [illegible] anzuziehen. Hermine war auch mit sie hat getanzt und hat sich recht gut unterha,

1. Jänner 1827
Wieder ein Jahr vorbei, und ich fühle jetzt schon, wie wenig ein Jahr ist. Kaum angefangen, so mahnt es auch schon, und wenn man ein Jahr vollkommen glücklich war, so findet man das Ende immer zu schnell.

3. Jänner
Heute war ein Diner bei den Zichys. Wir gingen nachher in das neue Ballett »Castor und Pollux«. Die Schlußdekoration ist besonders schön.

6. Jänner
Heute haben wir die Könige bei einer Soiree gezogen. Allein, niemand ist es geworden, denn man hat gar nicht die Bohne gefunden.

7. Jänner
Heute war wieder eine Soiree bei Ida. Wir haben mit den Gouvernanten blinde Kuh und noch eine Menge anderes gespielt und haben uns sehr gut unterhalten.

11. Jänner
Der Madame Rutherford ist es bei uns übel geworden. Es war sehr grauslig, und den ganzen Tag haben wir nichts essen können, so waren wir davon degoutiert.

16. Jänner
Ich ging mit der Fürstin Leopoldine und Lori auf meinen ersten Ball bei der Gräfin Pallavicini. Ich habe mich sehr gut unterhalten und habe alles getanzt. Ich hatte ein Organdikleid an, unten bestickt, und Blumen auf dem Kopf.

20. Jänner
Wir gingen in das Burgtheater, wo man zum ersten Mal »Die Flitterwochen« gab. Der Löwe und die Mme. Anschütz spielten vortrefflich gut.

21. Jänner
Wir waren heute bei der Großmama zum Essen, sind aber gleich weggegangen, um uns für den Ball von Féstétics anzuziehen. Hermine war auch mit. Sie hat getanzt und hat sich recht gut unterhalten. Ich habe wirklich nicht geglaubt, daß sie je hätte tanzen können. Mein geliebter Rudolf war da. Er ist dieses Jahr viel hübscher als voriges.

26. Jänner
Die ganze Casa Leykam war bei dem Essen. Ich ging auf einen Hofball, wo ich ein neues Kleid aus Gaze mit einem Bouquet Rosen und dasselbe in den Haaren anhatte. Ich habe zum ersten Mal die Marie Lobkowitz als Frau gesehen. Sie sieht ganz imposant aus und hatte eine Menge Diamanten. Sie ist aber immer noch so freundlich mit mir wie vor ihrer Heirat, und es hat mich gefreut, sie wiederzusehen.

Sidie Fuchs ist einfach bucklig, aber schön. Er, der gute Mann, hat krumme Füße. Sie tanzen immer fleißig miteinander.

Mittwoch, 30. Jänner
Papa und ich waren heute bei einem Konzert von der Batthany. Lablach sang zum ersten Mal, und man empfing ihn mit immer größerem Applaus.
Schönstein sang ebenfalls. Viele finden seine Stimme schöner als die von Federigotti, welches ich aber nicht finden kann. Die schöne Athenaise hat auch gesungen. Sie hat eine angenehme Stimme, und sie embelliert sehr im Singen.

1. Februar
Ich hatte einen sehr hübschen Ball bei der Erzherzogin Sophie. Es war der erste, den sie in diesem Jahr gab. Ich habe mein rosenfarbiges, schwarz lithographiertes Kleid angehabt. Es hat sehr viel Effekt gemacht und war aber auch recht hübsch. Der Graf Kinsky ist wirklich mein Freund in der Not. Sooft ich glaubte sitzenzubleiben, kam er mir helfen.

2. Februar
Heute war eine Soiree bei uns. Helene kam auch. Wir haben Komödie gespielt. Der arme Floret ist heute gestorben. Er war schon recht gebrochen und er konnte kaum gehen. Mir tut es sehr leid, denn er war meiner ganzen Familie sehr attachiert.

8. Februar
Auf dem Hofball waren ich und Ida gleich angezogen, welches uns sehr unangenehm war, da es alle Leute merkten.

3. März
Die Madame Schoberlachner hat heute zum ersten Mal gesungen. Die arme Person wurde fürchterlich ausgepfiffen. Man gab hierauf »Castor und Pollux«. Lata Wrbna, welcher sehr der Gräfin Potocka die Cour macht, ging ihr nach, als er sie vom Parterre sah, und wartete auf sie bei der Stiege.

21. März
Wir gingen mit der kleinen Stolberg ins Theater in der Kärntnerstraße. Agnes sah ein Ballett zum ersten Mal. Sie hatte auch nicht genug Augen, um zuzusehen. Man gab »Die Fee und den Ritter«. Mlle. Brignoly tanzte wieder zum ersten Mal. Allein ich liebe nicht sehr das »genre« von ihr, immer auf die Spitzen zu gehen und zu tanzen.

24. März
Ich war in einer sehr hübschen Komödie bei Tatitcheff. Man gab zwei Stücke. Das erste war »Le Valet d'emprunt« und das zweite »Des Femmes romantiques«. Zum ersten kannten sie ihre Rollen nicht sehr gut, und der Fürst Taxis ist einmal steckengeblieben. Die Gräfin Apraxin spielte ungemein gut, besonders aber war das zweite sehr amüsant. Die

Equipage Tatitcheffs

Gräfin Mischak sah unglaublich aus. Ich war neben der Antoinette und der Ida, und bei dem Souper habe ich mich sehr amüsiert, denn die meisten Leute sind weggegangen, und wir mußten noch bis zwei Uhr bleiben. Nandine Karoly spielt fürchterlich schlecht, sowie auch die Louise Schönburg. Aber sie waren gut angezogen und sahen recht hübsch aus. Wir wollen nun auch ein Stück spielen. Ich freue mich sehr darauf. Es heißt: »Être et paraître«.

30. März

Wir gingen heute mit Papa in die Leopoldstadt, wo man den »Bauer als Millionär« gab. Raimund spielte vortrefflich, und Krännes, welche sonst immer sehr applaudiert wurde, wird es jetzt gar nicht mehr, seit der Geschichte von Jawginsky. Antoinette war mit uns und auch Teresina.

3. April
Wir waren bei Ida, wo wir eine Probe von unserem Stück hatten. Es ging recht gut, und wir wollen es schon Donnerstag geben. Nachher ging ich mit dem Papa zu Tatitscheff zu einem »spectacle de Société«. Man gab zwei hübsche Stücke. Das erste war »L'Oncle«, in welchem die Nany Esterhazy spielte, und sie sprach ein »espèce de patois« in der größten Perfektion und war überaus hübsch. Das zweite, »L'Ambassade«, wurde ebenfalls von der Louise Schönburg sehr gut gespielt. Sie machte eine kleine »marchande de modes«, Taxis – den Botschafter, Nandine – seine Tochter und Gravin – den Geliebten. Er hat aber wenig Talent zum Komödienspiel und verdirbt alle Rollen. Wir blieben beim Souper, welches gewalttätig langweilig war. Zum Glück blieben auch die Schwarzenbergs. Folglich habe ich mich ennuyiert. Die Zichys gingen zum ersten Mal wieder in die Welt seit ihrer Trauer.

5. April
Abends hatten wir unser Stück. Vorher hatten wir noch zwei Repetitionen, und die Vorstellung selbst ging recht gut. Es waren ziemlich viele Zuschauer: die Großmama, die Tante, Papa, Mme. Marchal und die Gouvernanten, außer Tardiveau und Bodi, welche mit uns spielten. Ida hatte die Hauptrolle. Sie machte eine junge Witwe, welche sehr kokett ist, wünscht auf einen Ball zu gehen, wird aber daran durch mehrere Besuche gehindert. Ich machte eine

»maîtresse de Grammaire« und eine Malerin. Ich hatte sehr wenig Zeit zwischen zwei Rollen, um mich umzuziehen. Lorli war sehr herzig als Soubrette und spielte ebenfalls gut. Wir hatten ein so kleines Goûter, daß ich mich schämte für die Menge Leute, welche da waren. Ich habe mich folglich gevierteilt, um das Fehlende durch meine extreme Freundlichkeit vergessen zu lassen. Die Gouvernanten, dessen nicht gewohnt, waren überaus erstaunt.

7. April
Wir gingen wieder zu einer Komödie bei Tatitcheff. Ich finde, daß die Fürstin Rasumofsky sehr schlecht gespielt hat. Sie sah so alt aus und hatte ganz die Tournure von der Therese Jablonofsky, ihre Schwester Loulou Thürheim verstand man nicht einmal. Die Gräfin Apponi war recht herzig. Man gibt dieses Stück in der Burg. Im Französischen heißt es »Les deux ménages«. Hubert war der einzige, welcher wirklich gut spielte. Ich kam mit der Fürstin Johannes zurück. Heute war der Namenstag von Hermine. Ich habe ihr ein Tintenfaß geschenkt. Von den Leuten bekam sie eine Menge Blumen. Sonst hat aber die arme Kleine gar wenig erhalten. Ich habe sie sehr bedauert, denn ich habe viel mehr bekommen bei meinen Festen. Die Tante gab ihr gar nichts.

17. April

Im Burgtheater gab man zwei neue Stücke. Das erste war die »Heirat aus Vernunft«. Ein sehr hübsches Stück. Es war so ganz für mich und hat mir auch sehr den Kopf montiert. Es ist nämlich ein junger Mensch, welcher die Kammerjungfer seiner verstorbenen Mutter liebt, welche mit ihm aufgezogen wurde. Die junge Person teilt seine Gefühle, die noch in der Pflege, welche sie ihm in einer Krankheit erweist, zunehmen. Der Baron wartet ab und beschließt, seinen Sohn von ihr zu trennen. Er findet kein besseres Mittel, als sie zu verheiraten, welches Marianne mit Widerwillen tut.
Doch sie erfährt durch eine Bäuerin, daß der junge Baron ihr auch kurz die Cour machte und hernach noch mehrere andere liebte. Sie sieht ein, daß er ein leichtsinniger Mensch ist, trachtet, ihn zu vergessen, und fängt an, in ihrem Mann die Eigenschaften zu finden, welche zur häuslichen Glückseligkeit notwendig sind. Das zweite Stück war so ziemlich dumm. Es wurde sehr gut von dem Müller und vom Korn gespielt. Der Papa sagte mir, daß Victor für einige Zeit in England ist. Ich glaube, er wird darüber nicht sehr erfreut sein.

22. April

Wir waren mit Lorli Fuchs in der Früh im Prater. Der Graf Sandor war wieder wie närrisch, und der Fürst Taxis ist vom Pferd gestürzt. Er hat sich nichts getan.

25. April
Heute hat der David zum ersten Mal gesungen. Es war eine große Menge Menschen. Allein er hat sehr viel von seiner Stimme verloren, und alle Adoratrizen waren in einer völligen Verzweiflung. Die Großmama konnte sich gar nicht trösten. Überhaupt wurde die ganze Oper »Moses« nicht gut exekutiert, und außer Lablach und der Lulandi singen die anderen nicht besonders. Die Antoinette war mit, und ich fürchte nur, daß, wenn sie immer so mit uns geht, man glaubt, daß der Papa in sie verliebt ist.

29. April
Wir gingen am Abend einen Augenblick zur Ida, aber ich mußte früh nach Hause, um meine Toilette zu machen zu einem kleinen Ball, welcher bei uns war. Ich habe mit Ida gewartet, daß der Graf Chorinsky bei uns sein wird und ich mit ihm tanzen würde, denn sie tun mich alle quälen, daß ich in ihn verliebt bin. Aber eigentlich liegt mir gar nichts an ihm. Unser Ball war recht unterhaltend. Allein es waren zu wenig Leute, und der Cotillon bestand nur aus fünf Paaren. Es dauerte aber auch nicht lange, und um ein Uhr war alles schon aus. Ich tanzte mit dem Fürst Paar, Taxis, Conningham und Louis Liechtenstein. Ich habe den Papa betteln müssen, dabei zu sein.

30. April
Wir hatten ein großes Picknick mit der Fürstin Esterhazy. Ich fürchtete, daß es langweilig sein würde, habe mich aber doch recht gut unterhalten, denn der Orsini hat uns wirklich lachen gemacht. Er ist ein Spaßmacher, der wenigstens die Gabe hat, einen gelegentlich zu amüsieren. Ich und Antoinette haben völlig kokettiert mit Caraman. Ich fuhr dann mit Papa im Prater, wo eine Menge Menschen waren. Der Graf Sandor ist wütend über die Barriere gesprungen. Antoinette und ich gingen abends ins Theater.

3. Mai
Ich ging abends zu der Gräfin Mara, wo eine recht hübsche Komödie und ein Kinderballett war. Die Kammerjungfern tanzten mit und schauten wirklich sehr nett aus. Das kleine Fest wurde für die Comtesse Marie gegeben, denn es war ihr Geburtstag. Die Dekoration stellte Hütteldorf vor. Die Kleinen waren als Bäuerinnen angezogen, und besonders die ganz Kleine war deliziös. Sie warf der Fürstin ein großes Bouquet zu.

7. Mai
Ich mußte schon in aller Früh aufstehen, um mich von dem Coiffeur frisieren zu lassen, und dann zog ich mich geschwind an, um fertig zu sein, wenn die Fürstin Johannes kommt, um mich zum Déjeuner zu Hof zu nehmen. Wir kamen schon ein wenig zu

spät an, denn wir gingen sogleich zum Essen, welches ungefähr zwei Stunden dauerte, und man fing erst um zwölf Uhr zu tanzen an, welches auch machte, daß man nur drei Deutsche und einen Cotillon tanzte. Ich blieb bei dem zweiten Deutschen sitzen, welches mich sehr unglücklich machte. Ich hatte frische Blumen in der Hand und Rhododendron in meinen dicken Locken. So wurde meine Frisur gar nicht ruiniert. Es waren recht hübsche Toiletten. Besonders war alles sehr frisch. Die Gräfin Szapary war eine der Hübschesten.
Ich tanzte den ersten mit dem Louis Karoly, den zweiten nicht, den dritten mit dem Herzog v. Reichstadt, den Cotillon mit Franzl Taxis, Quadrille mit Felix Schwarzenberg.
Des Abends ging ich mit Papa in »Moses«.

12. Mai
Heute waren in der Früh die Liechtensteins bei uns. Sie werden einen dieser Tage aufs Land gehen. Wir sprachen im Garten, wo eine Menge Menschen waren, die Amélie, die Fürstin Kaunitz, Palffy und Lebzeltern. Wir gingen zu Fuß nach Hause, denn es war ein magnifikes Wetter. Wir müssen jetzt wieder Schwarz gehen für den König von Sachsen.

15. Mai
Heute war der Namenstag von Papa. Wir hatten keine Minister und unterhielten uns sehr gut, aber wir hatten ein fürchterliches Diner beim Herzog von

einer Steife, von der man sich keinen Begriff macht. Es dauerte auch anderthalb Stunden, und ich glaubte, ich müßte vor Langeweile vergehen. Wir gingen dann ins Burgtheater, wo man ein neues Trauerspiel gab, welches sehr gut gespielt, aber sehr skandalös ist. Es heißt »Isidor und Olga«, Zorn und Müller sind vortrefflich. Heute kam die Anzeige der Vermählung von der Sophie Fürstenberg mit dem Öttingen.

16. Mai
Ich hatte heute einen sehr liederlichen Tag. Ich ging in der Früh zu Leykams, um Tableaux zu wiederholen. Von da gingen wir zu Liechtensteins, wo wir Abschied nahmen, und dann zog ich mich geschwind um, um im Schüttel zu fahren mit dem Papa, wo wir aßen. Des Abends hatten wir eine Soiree und Konzert bei Leykams, welches man für den Papa gab. Ich figurierte auch mit und machte einen »heiligen Johannes«. Ich war die ganze Zeit mit der Caroline Trauttmansdorff, welche eine der amüsantesten Personen ist, welche es gibt. Unter den Tableaux war das letzte, welches Jakob vorstellte, wie er seine Kinder segnete. Dieses war das hübscheste nach meinem Geschmack.

1. Juni
Es war ein großes Diner im Garten. Das geschieht jetzt beinahe alle Tage. Die Herzogin von Württemberg, geborene Taxis, ist eine überaus steife Person.

Sie sieht ein wenig der Fürstin Therese ähnlich, aber sehr »en laid«. Es war ein gewisser Genitran bei dem Essen. Er ist ein schöner Mensch. Er spricht aber so spießig französisch, daß immer die kuriosesten Sachen hervorkommen. Wir haben heute Früh im Schwarzbergischen Garten gefrühstückt mit der Ida. Wir konnten aber nicht lange bleiben, weil wir schon einen Minister um neun Uhr hatten. Ich habe einen Brief von Victor bekommen, in welchem er sich fürchterlich ausmacht, daß ich ihm so lange nicht geschrieben habe.

2. Juni

Wir waren heute in der Früh einkaufen in der Stadt. Der Neumann ist von Brasilien gekommen. Er hat sehr viel von der kleinen Königin von Portugal, Maria di Gloria, gesprochen. Sie ist erst sieben Jahre alt und sieht aus wie eine Person von 16.

Die Liechtensteins und die Clarys sind in den Garten gekommen. Wir haben eine Menge gespielt, und dann haben wir uns eine Schaukel gerichtet, auf welcher wir uns puschten, und haben uns ungemein gut unterhalten.

6. Juni

Wir gingen heute in der Früh in das brasilianische Naturalienkabinett. Die Leykams waren mit uns. Ich komme ganz von Antoinette ab. Wir sprechen uns gar nicht mehr. Sie will immer die Gescheite machen. Ich bin heute abend zum letzten Mal bei

Liechtensteins gewesen. Gestern bin ich mit ihnen in die Bildergalerie gegangen. Mir tut es ungemein leid, daß Ida morgen in der Früh weggehen soll. Ich glaube, sie läßt sich für mich malen für meinen Namenstag. Es würde mich sehr freuen.

15. Juni
Wir waren heute auf dem Cobenzlberg essen. Das Wetter war sehr schön, nur zum Hinfahren war es überaus heiß. Wir gingen dann auf dem Himmel und von da durch die Dörfer nach Hause und kamen sehr spät zu Hause an. In ein paar Tagen ist mein Geburtstag. Ich glaube, ich werde nicht viele Präsente bekommen. Es ist aber sehr sonderbar, daß alle zwei Jahre jemand aus meiner Familie stirbt. Ich fürchte sehr, daß ich in meinem 16. Jahr die Großmama verlieren werde. Leider habe ich mich fast an diese Sachen gewöhnt.

18. Juni
Es war heute mein Namenstag und 16. Geburtstag. Ich habe nie so viele und so schöne Sachen bekommen wie dieses Mal. Erstlich von Sepi ein sehr schönes Ding, um die Bleistifte mit allen notwendigen Utensilien auf dem Schreibtisch zu halten. Von Papa ein magnifikes Bracelet von Stimmerer. Von der Großmama einen schweren Voile, welchen ich mir immer sehr wünschte. Vom Herzog einen Ständer für Papier aus weißem Holz, von Hermine ein Tintenfaß, von der Tardiveau eine passende Vase und

von der Antoinette einen weißen Basthut, welcher sehr hübsch ist. Die Ida hat sich für mich malen lassen, und es ist sehr ähnlich. Das Porträt ist von meinem kleinen Ringaldin. Ich war des Abends im Theater, wo man »Gabriele und Peter« und »Der Ring« gab. Zwei recht hübsche Stücke. Ich wünsche nur, daß das 16. Jahr ebenso glücklich sein wird wie mein 15., wo ich gar keinen unglücklichen Tag hatte und es bestimmt zu dem glücklichsten Jahre meines Lebens rechnen kann.

22. Juni
Wir waren bei einem großen Diner in Hatzdorf für den Namenstag von der Tante. Es dauerte zwei Glockenstunden. Ich wäre beinah eingeschlafen. Es waren sehr viele Leute, erstlich schon die ganze hohe Familie, und dann war noch der Neumann, Hohenzoller und Salis da. Ich habe mich seit langem nicht so bei einem Diner ennuyiert. Mir tut es überaus leid, daß die Ida schon fort ist. Ich habe ihr immer so viel zu sagen und fühle mich immer so allein, wenn sie nicht da ist. Ich hoffe doch, einen dieser Tage ihr meinen Besuch zu machen.

27. Juni
Ich habe eine Landpartie nach Liechtenstein mit der Fürstin Kaunitz gemacht. Was für eine glückliche Familie, denn sie sind alle so innig miteinander. Mein heißester Wunsch wäre, auch einmal in diese Familie zu kommen. Ich finde sie beneidenswert.

Mir hat es völlig wohlgetan, die Ida zu sehen und mit ihr recht frei reden zu können. Ich habe so viel auf dem Herzen, und es tut oft so wohl, mit jemandem sprechen zu können wie mit sich selbst. Besonders wenn man sicher ist, daß man dasselbe Zutrauen zu einem hat, denn das Vertrauen macht die Freundschaft teurer, und der Gedanke, daß man eine wahre Freundin wie ein zweites Selbst gewonnen hat, welche einem Rat und Beistand gibt, ist angenehm.

6. Juli
Wir haben eine enorme Promenade gemacht mit den Leykams, dem Papa und Caramans. Wir gingen nach Mauzer und von da zu Fuß nach Hatzendorf. Es ist ein göttlicher Weg. Ich habe aber nur ein starkes Milzstechen gehabt, welches mich so ziemlich leiden machte. Wir kamen erst um zehn Uhr nach Hause.

8. Juli
Die gute Christine ist gekommen und von Liechtenstein auch die Ida. Sie ist den ganzen Tag bei uns gewesen. Wir sind in den Garten gegangen und haben geschwätzt von mancherlei. Die Henriette soll bald niederkommen. Ich glaube, es wird mit einem Buben sein, denn sie befindet sich sehr wohl dabei. Die Ida geht in einigen Tagen wieder nach Liechtenstein zurück. Mir tut es sehr leid, denn wir wissen nicht, wann sie wiederkommt.

14. Juli

Wir hatten ein Diner bei der Fürstin Marie Esterhazy, von wo wir eine große Promenade gemacht haben. Das Haus in Hütteldorf ist recht hübsch. Der Garten, obwohl nicht groß, ist doch soigniert, und der Weg von da zurück ist charmant. Antoinette und ich sind allein in einem Wagen gefahren. Sie hat mir unter uns gesagt, daß die Aglaia Batthany in Federigotti verliebt ist. Es ist wirklich närrisch, denn es liegt ihm gar nichts an ihr. Folglich sollte sie sich doch eine Raison machen. Die Athenaise hat wieder ihren lieben Henri. Ich gäbe was, daß jemand in mich verliebt wäre. Es muß sehr unterhaltend sein.

16. Juli

Wir – Papa, Antoinette und ich – gingen eine Promenade auf die Felder machen. Nachher war ein Konzert bei ihnen, wo die Mademoiselle Tosi sang, welche mir aber doch nicht sehr gefiel. Wir haben nach demselben noch ein wenig getanzt. Der Herzog von Braunschweig war da. Man findet ihn sehr schön. Mir kann er aber nicht gefallen. Er tanzt recht gut und sieht auch soweit ziemlich aimable aus. Mir ist aber der Don Miguel viel lieber. Ich habe schon sein Gesicht lieber und finde, er hat auch mehr Verstand und Lebhaftigkeit.

20. Juli

Ich erinnere mich nicht, mich so gut wie heute unterhalten zu haben. Wir waren in unserem Gesellschaftswagen, wo wir nach Carlsburg zu dem roten Stübl fuhren. Die Gegend ist göttlich. Man könnte sich in Ischl glauben, denn es gibt hohe Berge ringsum. Wir waren ziemlich viele Leute, L. Fontana, Sepi, Felix Schwarzenberg, Neumann. Ich bin neben dem Felix gesessen. Er ist recht unterhaltend. Wir haben die ganze Zeit gelacht, und das Diner in freier Luft, wo eine Menge Menschen um uns Kaffee trinken kamen, war äußerst angenehm. Wir setzten dann unseren Spaziergang weiter fort. Wir machten große Dummheiten mit der Frau v. Leykam. Ich habe mich mit Felix Schwarzenberg wieder versöhnt und finde, daß er recht angenehm ist. Die Mlle. Fontana schreit mir ein wenig zuviel, und ich kann sie weder so hübsch noch angenehm finden, wie man es sagte. Der Sepi macht sehr einer Batthany die Cour, ich weiß aber nicht welcher, denn ich habe ihn noch nicht mit ihnen gesehen. Ich glaube aber, es ist die Aurora, denn die anderen sind schon alle besetzt, und die Isa ist zu garstig.

22. Juli

Wir hatten heute die Antoinette bei Tische, und nach demselben gingen wir in die Brigittenau, wo der Kirchtag war. Es waren eine Menge Menschen. Ich habe aber diese gewissen Späße nicht sehr gern. Die Henriette ist mit einem kleinen Buben niedergekommen. Ich habe mich sehr gut bei der Soiree unterhalten, und der Herzog von Braunschweig machte uns recht lachen, und er machte ganz meine

Conquête. Er hat ein schönes und etwas zerstörtes Gesicht, welches ich ganz gern habe.

27. Juli
Heute bin ich vom Erzbischof mit der Christine in der Kapelle gefirmt worden. Acht Geistliche standen dabei. Gräfin Fuchs und Madame Marchal waren gegenwärtig. Tardiveau war unser Pate und hat mir einen goldenen Ring geschenkt. Ich habe dann bei der englischen Botschafterin essen müssen, und die Miß war überaus aimable mit mir. Ich habe sie gar nicht erkannt, und sie hat mich sogar einmal gebeten, zu ihr in der Früh zu kommen.

2. August
Wir sind alle beim Einpacken, um morgen nach Königswarth abzureisen. Wir haben noch eine Menge Visiten gemacht, bei der Fürstin Nani Liechtenstein und bei der kleinen Marie, welche immer noch so herzig wie früher ist. Sie ist aber garstiger geworden. Die Ida ist zu mir gekommen, und sie hat bei uns gefrühstückt. Vorher war sie böse auf mich, weil ich gestern abend nicht bei ihr war und anstatt dessen in den »Barbier von Sevilla« gegangen bin. Ich freue mich recht, aufs Land zu gehen.

5. August – Königswarth
Wir kamen um zwölf Uhr nachts nach einer Reise von drei Tagen hier an. Ich erinnere mich nicht, so müde gewesen zu sein. Die Wagen waren alle sehr

schlecht, und wir glaubten alle Augenblicke umzuwerfen. Das Schloß ist abscheulich von außen, aber von innen ist es sehr hübsch, und wir wohnen in heimlichen, hübschen Zimmern. Das Klima ist aber sehr unangenehm, und wir leiden ordentlich an der Kälte. Der Victor soll morgen ankommen. Ich freue mich sehr, ihn wiederzusehen. Wenn er nur länger bliebe!

6. August
Victor kam heute glücklich hier an, und nachdem wir ihn lange erwarteten, kam er, ohne daß wir es nur vermuteten. Er ist ein wenig mager geworden, und ich glaube, es ist aus lauter Verliebtsein. Wir machten einen Spaziergang nach dem Essen, es war aber so kalt und garstig, daß wir nicht lange bleiben konnten. Ich glaube, Victor wird sich hier sehr mit uns ganz allein ennuyieren, denn ich habe keinen Begriff, was man machen kann.
Er brachte uns hübsche Sachen mit. Unter anderem Ketten, ein Bracelet und Ohrringe von einem neuen Material, welches gerade wie Gold aussieht. Dann gab er uns noch Bänder, ein Spiel und Schokolade. Ich hoffe, Papa kommt bald, denn ich ennuyiere mich schon sehr hier ganz allein.

7. August
Wir waren heute und alle diese Tage sehr allein. Doch ist Papa endlich mit Sepi angekommen. Ich war sehr froh, denn der arme Victor hatte sehr

Königswarth

Langeweile, welches ich auch recht gut verstehe, denn ich selbst fand, daß es so ziemlich langweilig war. Wir machen jetzt alle Tage große Spaziergänge. Und was ich sehr gern habe, sind die Soupers, welche wir jetzt alle Tage haben. Es sollen wieder Leute herkommen. Ich hoffe, die Leykams kommen auch. Es unterhält mich immer, zu sehen, wie Antoinette mit dem Victor ist. Er ist noch sehr verliebt und sieht sehr schlecht aus. Er will nicht nach Wien kommen, was mir leid tut wegen der Großmama, die es wünscht.

14. August
Das Wetter ist jetzt immer so schlecht, daß man gar nicht ausgehen kann. Wir haben gestern eine Glasfabrikation gesehen, welche uns sehr interessiert. Es war der Fürst Windisch-Graetz für zwei Tage bei uns und der Adolf Schwarzenberg. Der Graf Görtz ist vor ein paar Tagen angekommen. Er scheint aber sehr unzufrieden zu sein und klagt über alles, was er hier findet. Die Stadions sind heute zum Essen gekommen. Der Rudolf hat sich die Haare schneiden lassen, daß er ganz geändert ist. Er sieht nicht mehr so gut wie früher aus. Ich spiele jetzt nachmittags mit Sepi »Volant«.

16. August
Wir gingen nach Marienbad, wo wir den Tag verweilten. Es ist eine der hübschesten Städte, die ich je gesehen habe, und die Badeanstalten sind charmant. Die Bäder müssen aber sehr unangenehm sein, besonders das Kotbad, welches grauslig nur zum Ansehen ist.
Wir kamen durch den Tiergarten nach Hause. Man arretierte in Marienbad einen Mann, der einen Dolch bei sich trug und dem Papa nachging. Zum Glück hat man ihn zeitig genug ertappt. Es ist jetzt recht angenehm hier, und ich unterhalte mich gut.

18. August
Sepi und ich sind heute brouilliert miteinander, weil er mich immer so ennuyiert, darauf wurde er böse.

Jetzt spricht er nicht mehr mit mir. Er war bei dem Souper sehr kalt und unfreundlich. Morgen reist er fort, und er hat mir gesagt, daß er nicht mehr herkommen wird, weil ich zu unfreundlich mit ihm bin. Mir würde es leid tun, denn er ist wirklich sehr gut, und ich bin sicher, daß er mich gern hat. Wenigstens sollte man es glauben. Mein armer Victor ist immer so melancholisch.

19. August
Es war in der Früh sehr schlechtes Wetter, und wir konnten nicht ausgehen. Alle Damen von Marienbad waren bei dem Essen. Sie waren sehr geputzt und sind alle äußerst höflich. Besonders die Mutter von der Fürstin Linar. Ich mußte die Honneurs machen, et bon gré mal gré mußte ich auf dem Kanapee sitzen und in einem Stück Konversation machen. Jetzt in diesem Augenblick fühle ich mehr als je, wie mir die Mama abgeht. Ich muß alle Avancen machen in meinem Alter, wo man noch nicht gut weiß, wie man sich mit allen Leuten betragen soll, und habe niemanden, den ich befragen könnte. Morgen reist der Papa nach Dresden und Töplitz ab, und wir bleiben zurück mit allen Herren der Staatskanzlei. Ich fürchte, wir werden während dieser Zeit sehr viel Langeweile haben. Wenn nur wenigstens die Gräfin Fuchs da wäre. Aber so werde ich mich wieder mit allen diesen Leuten abgeben müssen. Es ist wirklich schrecklich!

23. August

Wir machten gestern eine sehr hübsche Promenade auf das alte Schloß, von welchem man eine schöne Aussicht hat. Wir waren heute in Eger und Franzensbrunn, wo wir aßen. Die Stadt ist ganz freundlich. Sie ist von drei Alleen durchschnitten, und die Häuser sind alle so ziemlich komfortabel. Von Franzensbrunn gingen wir nach Eger, wo wir das alte Schloß von Wallenstein ansahen. Man sieht noch das Fenster, aus welchem die Rebellen gestürzt wurden, und die Kapelle, in welche sich die Tochter Tekla flüchtete. Wir waren dann bei dem Scharfrichter, welcher eine sehr merkwürdige Sammlung von einer Menge kleiner Gegenstände hat, besonders aber Münzen, von welchen die älteste bis Abraham zurückgeht. Im Zurückfahren war es so kalt, daß wir Mäntel umnehmen mußten. Murray hat mich wirklich geärgert, als er durchaus alle Schergen von Eger und Franzensbrunn von unserer Ankunft benachrichtigen ließ, welche sich dann alle auf seinem Weg befanden. Ich habe sie ihm auch geliefert, und er konnte sie allein unterhalten. Ich habe mich gar nicht darum gekümmert.

25. August

Endlich ist unsere Einsamkeit zu Ende. Papa ist heute angekommen mit Victor und Neumann. Ich bin sehr froh, denn alle die guten Herren sind mir nun so zuwider. Ich habe mich völlig satt an ihnen gesehen.

Wir aßen wie immer um fünf Uhr, um in der Früh ausgehen zu können. Wir waren gestern in Königswarth, wo wir eine Totenmesse für die Mama lesen ließen. Ich empfing einen Brief von der Ida und von Madame Marchal. Ida schrieb mir, daß es ihrem Bruder August schlecht sein soll von einer Lungenentzündung. Jetzt soll es ihm aber besser gehen.

6. September
Wir fuhren den Leykams entgegen, welche einige Tage mit uns zubringen wollen. Victor ist sehr verlegen mit Antoinette. Er spricht nie mit ihr und wird immer feuerrot, wenn sie ihn nur ansieht, welches mir zeigt, daß sie ihm nicht indifferent ist, denn sonst wäre er mit ihr wie mit allen anderen Leuten. Sie ist hübscher als je, und ich habe sie schon seit langem nicht so »en beauté« gesehen. Wir machen immer große Spaziergänge. Der Fürst Schönberg ist auf einmal wiedergekommen.
Der Mensch ist mir so zuwider, daß ich gar nichts dagegen tun kann. Ich bin aber sicher, daß er mich heiraten will, und ich könnte wetten, daß er mich begehren wird. Nie werde ich ihn aber annehmen.

16. September
Heute ist Victor wieder nach Paris zurück. Wir haben ihn bis über Sandau begleitet. Ich kann gar nicht sagen, wie es mir leid tut, daß er schon weg ist, und ich kann mich nicht darüber trösten. Die Leykams schienen ein Geheimnis mit ihm zu haben,

denn sie sprechen immer mit ihm geheim und allein, und die Antoinette sagte ihm: »Nie werde ich vergessen, was Sie für mich getan haben, mein lieber Victor, und mein Leben lang ...« Ich konnte nichts weiter hören. Sie sprachen dann sehr leise. Aber als der Victor von ihr Abschied nahm, so sagte er ihr noch: »Vergessen Sie nicht, was ich Ihnen gesagt habe.« Wenn sie ihm nur nicht wieder von ihrer Liebe zu ihm erzählt hat, und wenn er die Antoinette heiraten würde, so wäre ich ganz in Verzweiflung, denn die ganze Familie ist mir äußerst zuwider, und sie ist so fein und so sicher, ihn durch Vertrauen zu gewinnen.
So würde es mich gar nicht wundern, daß sie dahinkäme. Ich fahre mit Papa morgen nach Plass und dann wieder nach Wien. Ich möchte schon lieber dort sein und nicht mehr reisen. Mir tut es aber leid, Königswarth zu verlassen.

18. September – Plass
Papa und ich kamen hier gestern an, und der Weg war so schlecht, daß wir alle Augenblicke glaubten, wir müßten umwerfen. Ich wurde sehr durch die Schönburgischen Wälder überrascht, und ich wurde es noch mehr, als ich das Großkloster mit all seinen Gebäuden erblickte. Es gleicht einer ganzen Stadt, und die Zimmer sind alle sehr groß. Wir haben heute das alte Schloß angeschaut, mit sehr schönen Stiegen, auf welchen Springbrunnen sind.
Nachmittags gingen wir nach Maria-Teinitz, mit

Schloß Plass

einem alten Schloß und einer Kirche, die aber zerstört sind. Wir waren dann auch in einem kleinen Ort, wo man die Körper einer ganzen Familie Griesbeck aufbewahrt. Sie sind sonderbar zu sehen, und obgleich sie vor 300 Jahren gestorben sind, so sieht man doch die Haut und die Finger des Fleisches. Es sollen viele Räuberbanden in den Umgebungen sein, und man hat schon 400 gefangengenommen.

30. September – Wien

Wir kamen den 27. hier an nach einer beschwerlichen Reise, denn das Wetter war sehr schlecht, und der Regen drang von allen Seiten in den Wagen. Wien ist noch ganz leer. Wir gehen alle Tage ins

Theater, um uns zu zerstreuen. Wir haben unsere Lektionen noch nicht angefangen, und wir werden sie erst wieder am 1. Oktober nehmen. Die ersten Tage, als wir hier waren, haben wir eine Menge Visiten bekommen, aber jetzt sind sie schon alle aus. Es läuft noch immer ein Geheimnis herum, denn neulich war der Papa bei der Großmama und nahm uns nicht mit, weil er mit ihr zu reden hatte, was noch nie geschehen ist, und ich habe gar keinen Begriff, was in diesem Augenblick vorgeht. Wenn Victor die Antoinette heiraten soll, so sterbe ich am Tag der Hochzeit.

7. Oktober

Der Papa ließ uns heute morgen rufen und sagte uns, er hätte die Intention, die Antoinette zu heiraten. Ich war wie vom Blitz getroffen und wußte nicht, ob ich wirklich wach sei oder nicht. Der Papa heiraten, und nun die Antoinette, nein, das kann ich nicht erleben, das wäre zu schrecklich, sagte ich vor einigen Zeiten. Jetzt muß ich es wohl ertragen. Ich ging mit dem Papa zu ihr hin, und sie kam dann auch zu uns zum Essen, und ich kann sie nicht genug loben, denn sie war so freundlich, und ich bin ganz überzeugt, daß sie uns recht liebhat. Allein ich möchte nur, daß man nicht mehr gar soviel in der Stadt davon redet und daß die Sache schon ein wenig vergessen wäre. Heute bin ich sehr traurig.

9. Oktober

Sophie will weggehen. Man sollte nicht glauben, daß eine Hochzeit vollzogen werden soll, denn alles weint um uns herum. Ich habe heute die Antoinette zu der Großmama geführt, welche sie gut empfangen hat, was übrigens auch gut für sie war. Sie haben bei uns gespeist, und ich habe aufrichtig mit der Antoinette gesprochen über ihre ganze Haltung in der Welt, und ich hoffe, es wird gutgehen, denn sie ist eine liebe Närrin. Die Flora soll sehr wider sie sein, welches aber mehr ihr als allen anderen schadet. Meine lieben Liechtensteins waren wieder besser als je für mich, und ich habe heute einen Brief von der Ida bekommen, wo sie wirklich excellent für mich ist und solchen Anteil an mir nimmt, daß es wirklich wohl im Herzen tut. Nein, das kann ich sagen, daß das größte Glück auf Erden für mich wäre, in diese Familie zu kommen, dann hätte ich nichts mehr zu wünschen.

13. Oktober

Die Leykams kommen nun alle Tage zu uns zum Speisen und auch des Abends, seitdem der Papa Augenweh hat. Ich habe neulich auch die Antoinette zu Tante Pauline geführt, welche sie sehr angenehm fand und mit ihr zufrieden war. Der Pepi Esterhazy hat sich aber in dieser Gelegenheit sehr schlecht betragen, und ich kann gar nicht sagen, wie ich mich über ihn geärgert habe. Der Papa hatte auch eine große Konversation mit der Sophie, welche durch-

aus weggehen wollte, jetzt aber doch zu bleiben entschlossen ist, worüber wir recht froh sind, denn es würde uns sehr leid getan haben, sie zu verlieren. Antoinette scheint nicht so sehr verlegen zu sein, die Honneurs zu machen, aber was ich unglaublich finde, das ist, daß der Victor bestimmt ihr die Cour machte und sie ihn auch gerne hatte. Daran zweifle ich nicht, und nun wird sie seine Stiefmutter. Das gibt am Ende noch einen *»Don Carlos«*, und ich freue mich schon auf einige touchante Szenen. Sie nimmt den Namen von Gräfin von Beilstein an, und die Eltern gehen nach Italien.
Die Stadt schreit sehr über den Namen von Beilstein, weil man findet, man habe die Eltern zuviel erniedrigt, welches wohl auch möglich ist, da es aber der Kaiser wollte, so findet man gar nichts darüber zu sagen.

28. Oktober
Wir waren jetzt lange in großer Angst, weil uns der Victor schrieb, er wäre sehr krank von einem kalten Fieber, und er blieb dann acht Tage, ohne uns zu schreiben. Gestern habe ich aber doch einen Brief bekommen, wo er mir sagt, daß er wieder wohl ist. In dieser Gelegenheit habe ich die Macht der Heiligen Jungfrau recht merklich empfunden, denn ich habe alle Abende drei Vaterunser und drei englische Grüße gebetet, und so oft ich es tat, so fühlte ich mich leichter, und wie eine Stimme, welche in mir ruft: »Er wird euch bleiben«! Dann hatte ich eine

Antoinette

solche innerliche Freude, daß ich aus meinem Bett hätte springen können. Die Heirat ist wieder um acht Tage verschoben, weil die Tante einen Rotlauf im Gesicht hat. Ich glaube, es könnte nicht mehr zustande kommen.
Ich habe gestern einen Brief von der Ida bekommen, wo sie mir schreibt, daß sie sich köstlich in Felsburg unterhält und daß der Sandor ihr die Cour macht. Ich finde das sehr unterhaltend, und ich möchte sehr gerne, daß er sie ihr den Winter fort macht, denn ich möchte gerne sehen, wie sie sich daraus zieht. Es muß sehr embarassant sein. Der Villa-Real, vormals Susa, ist hier. Er war in seiner Jugend in die Mama verliebt.

3. November
Die Hochzeit soll am 5. sein, und ich hoffe, es wird nicht mehr geändert, obgleich die arme Teresina seit einigen Tagen im Bett ist. Die Zimmer sind recht hübsch gerichtet. Sie bestehen aus einem Schlafzimmer, welches grau mit Mousseline austapeziert ist, und dem Salon, welcher blieb wie vormals.
Ich war im Burgtheater, wo ein neues Stück für den Namenstag der Kaiserin, welches sehr applaudiert wurde, gegeben worden ist. Korn und Müller spielten in der größten Perfektion, und obwohl das Stück nicht viel heißt, so fand ich es doch recht unterhaltend.
Der Vormund, der ein Malteserritter ist, wird von seinem Mündel geliebt, welches ihm endlich ihre

Leidenschaft entdeckt, und nachdem er durch die Erbschaft eines großen Vermögens seiner Gelübde freigesprochen wurde, heiratet er sie dann. Ich bin aber so exaltiert, daß das Geringste, welches auf mich Eindruck macht, mir sogleich Gelegenheit zum Trauern gibt.

5. November
Heute war die Hochzeit von Papa. Es waren recht viele Leute in Hatzendorf. Aber eine so fürchterliche Kälte, daß wir alle darüber konsterniert wurden. Die Antoinette war recht hübsch und besonders hübsch angezogen. Sie hatte ein Tulle-anglais-Kleid, welches sehr schön war und ebenso ein schöner Voile. Die Zeremonie wurde durch den Weihbischof verrichtet, und nach einer Anrede, welche zum Glück kurz, aber sehr schlecht gesprochen wurde, ging man zum Speisen, wo ein großes Diner von zwei Stunden folgte. Wir gingen dann nach Hause und führten die Antoinette in ihre Wohnung, die so hübsch eingerichtet ist. Die Antoinette ist aber immer dieselbe, und ich habe niemanden gesehen, der sich so wenig über alles wundert und es so natürlich findet wie sie. Sie wundert sich über nichts, findet alles ganz natürlich und als ob sie es nie anders gesehen. Der Augenblick der Hochzeit war für mich sehr beschwerlich, aber da sind mir die Worte Victors eingefallen, der in einem Brief sagte: »Erinnere dich an unsere Mutter! Sicher würde sie uns raten, vor allem an das Glück von Papa zu denken. Folgen

wir also diesem Rat und tragen wir bei, soweit es in unserer Macht steht, seine Tage zu beglücken. Vergessen wir, was alles mit dieser Heirat für uns unangenehm ist. Denken wir, daß er darin sein Glück sucht, und in diesem Gedanken werden wir das unsrige auch finden.«
Nie werde ich diese himmlischen Worte vergessen, und wenn ich mich traurig fühle, so denke ich daran, und meine Schmerzen werden sich in heiteres Gemüt verwandeln.

18. November
Wir führen ein recht angenehmes Leben. Alle Abende gehe ich in den Salon oder ins Theater. Die Ida ist auch vom Lande angekommen, und ich habe sie gleich gesehen, als sie kam, und ich habe mich sehr gefreut, denn wir hatten uns eine Menge zu sagen.

21. November
Heute war ein großes Diner zum Abschied des Don Miguel, und die Antoinette soll die Honneurs sehr gut gemacht haben. Ich war nicht dabei, weil keine Comtessen da waren. Vergangenen Sonntag ist eine unangenehme Geschichte geschehen: Lord und Lady Stanhope kamen plötzlich zum Essen, ohne daß Papa sich erinnerte, daß er sie eingeladen hatte. Sie waren sehr verlegen, als sie hörten, daß man sie nicht erwartet hatte, und wir glaubten alle Augenblicke, daß Mylady ohnmächtig zu unseren Füßen

fallen würde. Endlich erholte sie sich doch und wurde selbst ganz lustig. Die Antoinette war noch dazu im Bett, weil sie einen Schnupfen hatte. Sie soll sehr gut die Honneurs gemacht haben, und alle Leute waren enchantiert von ihr.
Ich kann nicht genug sagen, wie gern ich sie habe. Wenn ich sehe, daß sie sich alle Mühe gibt, meiner ganzen Familie angenehm zu begegnen, ist das alles, was ich verlange.

11. Dezember
Wir hätten heute ein recht großes Unglück haben können. Zum Glück ist aber noch alles zum besten ausgefallen. Es war heute gerade ein großes Diner, als man plötzlich den Papa rufen ließ und ihm sagte, daß das Feuer am Hause sei und es schon ein Loch in den Plafond von dem Salon der Antoinette gebrannt hätte. Papa sagte doch niemand etwas, und erst nach Tische erfuhren wir, was geschehen ist. Der ganze Salon ist ruiniert, und nun muß man wieder alles neu machen lassen.
Die Sophie und Florentine haben sich wirklich als Heldinnen betragen, und sie allein haben alles gerettet, welches sehr schwer war, weil ihnen nur wenig Leute helfen konnten, da der größte Teil bei dem Servieren war.
Wir müssen uns jetzt immer im Billardzimmer aufhalten, weil die anderen alle voll Möbel sind. Das Feuer brach in der oberen Kanzlei aus, und es brannte anderthalb Stunden, ohne daß man den ei-

gentlichen Ort entdecken konnte. Die Maschinisten haben gesagt, daß es wenigstens schon seit 24 Stunden gebrannt haben muß.

15. Dezember
Der Herzog von Braunschweig ist wieder hier. Er kommt alle Abende zu uns, und ich kenne niemand, der so kurios ist wie er. Ohne mir gerade zu gefallen, denn ich finde ihn sehr affektiert, unterhält er mich doch.
Die Antoinette gefällt ihm sehr. Das habe ich ihm schon angesehen, denn er schaut sie hin und wieder ganz verliebt an.

18. Dezember
Es war heute ein großes Fest bei Tatitcheff für den Namenstag des Kaisers Nikolaus. Man gab Tableaux, welche alle sehr hübsch waren. Besonders das zweite, das einen russischen Tanz darstellte, mit der Gräfin Apraxine. Die Isa Lubomirska war sehr hübsch, und ich fand sie am besten construiert unter allen. Sie will einen dieser Tage abends zu mir kommen, welches mich embarassiert. Bei dem Souper war der Spencer die ganze Zeit hinter meinem Stuhl. Ich habe ihm versprochen, den zweiten Deutschen mit ihm zu tanzen, und glaube, es war dumm von mir.

24. Dezember
Wir empfingen heute unser Weihnachten, und ich kann nicht genug sagen, wie ich die Antoinette herzig darin fand. Sie hat sich alle Mühe gegeben, um alles, was wir wünschen können, zu geben. Ich erhielt ein sehr hübsches Kleid aus Gaze für den Neujahrstag, einen Hut in Plüsch, Blumengirlanden und eine Pelzpelerine. Die Teresina hatte auch ihre Präsente bei uns erhalten. Der Herzog von B. soll so traurig sein, daß er im Begriff ist, sich totzuschießen.

2. Januar 1828
Den ganzen Tag war mir nicht sehr gut, und endlich wurde deklariert, daß ich die Gelbsucht habe.

11. Januar
Ich befinde mich jetzt schon besser und bin viel weniger gelb. Nur tut es mir sehr leid, daß es gerade jetzt in den Fasching fällt und ich so eine Menge Bälle verliere. Ich darf aber doch abends ausgehen und werde jetzt viel ins Theater gehen.
Heute abend war die Ida bei mir ganz allein.

12. Januar
Im Burgtheater gab man ein neues, sehr langweiliges Stück von der Madame Weissenthurm, genannt die »Reise nach Paris«. Ich erhielt gestern einen Brief von Victor, wo er mir schrieb, ich möchte mir doch alle Mühe geben, um vom Papa zu erfahren,

welchen Posten er bekommen soll. Er hatte eine recht unangenehme Geschichte mit der Marquise. Sie hat nun ein Kind mit ihm, und der Papa ist sehr böse mit ihm, wie natürlich. Ich habe aber noch nicht recht alles erfahren können. Es soll aber ein ganzer Roman sein.

Ich befinde mich jetzt wieder ganz gut. Bin aber doch noch ein wenig gelb. Das Régime, welches ich halten muß, wird mich nicht fetter machen. Ich darf gar kein Fleisch essen, nichts als Gemüse. Unser Ménage mit der Antoinette geht recht gut. Wir convenieren uns gegenseitig sehr, und ich kann nicht genug sagen, wie gut sie für mich ist. Mit der Tardiveau habe ich oft Streitigkeiten, weil sie nicht gern sieht, daß ich mehr mit der Antoinette bin als mit ihr, und sie brummt immer, wenn ich zu lange im Salon bleibe.

15. Januar

Heute war das große Konzert bei uns. Wir hatten schon alle diese Tage Proben gehabt. Die Vorstellung selbst ist aber nicht gut ausgefallen. Schönstein sang wie ein Engel, und als Othello war er sehr schön. Benati entzückte alle Leute durch sein Gefühl, und seine schönen schwarzen Augen haben einen ordentlichen Kummer im ganzen Saal gemacht. Die Hitze war aber so groß, daß es kaum zu bestehen war. Es war aber unterhaltend, und die Charlotte hat mich sehr lachen gemacht. Sie hat jetzt eine wahre Leidenschaft zu mir. Wir gehen immer miteinander ins Theater. Es war wirklich charmant, und es war hinlänglich kaum genug, um alle Leute zu setzen.

27. Januar

Leider habe ich heute einen sehr starken Schnupfen, welcher mir für den Ball sehr unangenehm ist. Obgleich ich nicht alles tanzte, um mich nicht so zu ermüden, habe ich doch drei Walzer, eine Quadrille und Cotillon getanzt. Den ersten mit Hügel, den zweiten mit Rudolph Stadion, den dritten mit dem Prinzen von Schweden, den vierten mit Buol und den fünften mit F. Stadion. Cotillon mit Clemens Hügel und Quadrille mit Wellesley.

Meine Toilette war sehr hübsch, allein war ich so verschnupft, daß ich recht garstig aussah. Der Buol gefällt mir wirklich gut, und ich finde, er macht mir ordentlich ein wenig die Cour, weil er während des ganzen Balls oft zu mir kam, um mit mir zu reden. Die Isa Lubomirska und die Charlotte sind jetzt immer die beiden, mit welchen ich gehe. Ich habe sie sehr gern, und ich finde, die Miß kann recht angenehm sein, wenn sie nur will. Ich habe heute zum ersten Mal wieder angefangen Fleisch zu essen, und es war für mich ein wahres Régal.

19. Februar

Heute habe ich noch meinen Fasching mit dem Ball von Tatitcheff begraben. Ich habe mich sehr gut unterhalten und alles getanzt. Nur am Ende wurde mir

übel und ich habe sogar gebrochen. Ich bin die ganze Zeit mit der Isa Lubomirska und mit der Charlotte herumgegangen und habe auch zum ersten Mal mit dem Sandor getanzt, der ein sehr guter Tänzer ist. Ich hatte ein weißes Kleid und blaue und rosafarbene Blumen in den Haaren, welches sehr hübsch war. Man redet im Augenblick nur von der Geschichte zwischen Victor und der Marquise. Es ist wirklich lächerlich.
Antoinette und ich lesen jetzt »Mathilde«. Es ist eine der hübschesten Sachen, die man sich denken kann, und wir schlucken es auch nur herunter.

13. März
Ich war jetzt wieder acht Tage krank an meinem Rheumatismus und einem entzündlichen Fieber. Jetzt ist mir aber wieder gut. Ich führe das eintönigste Leben, das man sich denken kann. Ich bleibe alle Abende zu Hause und sehe gar niemand, weil alle Liechtensteins jetzt den Scharlach haben und wir nicht einmal die unschuldigen Soireen haben.

3. April
Wir haben die ganze Gesellschaft zum Kurländer eingeladen, wo Sagany spielte. Ich weiß nicht, ob mir der Buol die Cour macht oder nicht. Was gewiß ist, daß er nur mit mir spricht, und sooft er bei mir ist, so setzt er sich immer neben mich. Ich empfinde aber für ihn nur das Gefühl, das man für alle witzi-

gen Menschen hat. Man spricht lieber mit ihnen als mit Leuten, die nur Gemeinplätze sagen.
Mich würde es aber unterhalten, wenn er mir die Cour machen würde, und ich gestehe, daß ich mir Mühe gebe, um recht aimable mit ihm zu sein, und ich fühle ordentlich, daß ich mit ihm sehr amüsant werde. Ich habe auch den berühmten Clanwilliam gesehen. Ich finde ihn sehr schön, aber so imposant, daß ich kaum den Mut habe, mit ihm zu sprechen. Seine Züge sind wirklich wunderschön, und es liegt etwas so Besonderes darin, daß man ihn nie vergessen kann.
Es tut mir leid, nicht gut zeichnen zu können. Ich würde gewiß sein Porträt machen. Ich sehe die Ida fast alle Tage, und ich habe sie nie so angenehm gefunden wie jetzt.

4. April
Abends kam Buol zu uns, und ich kann nicht begreifen, warum es mir eine solche Wirkung machte, als er eintrat. Ich bin doch gar nicht verliebt in ihn. Aber ich kann ihn nicht sehen, ohne von allen Farben zu werden, und es scheint mir immer, als sähen mich alle Leute in dem Augenblick an. Ich habe mir den ganzen Tag gedacht, wenn er heute abend kommt, so ist es ein Zeichen, daß er mir wirklich die Cour macht oder wenigstens sie mir machen wird. Jetzt will ich noch als letzten Beweis nehmen, ob er mit mir bei Potocki sprechen wird; wenn dieses geschieht, habe ich keinen Zweifel mehr.

13. April
Dieses war einer der glücklichsten Tage meines Lebens. Ich habe mich, ich glaube, noch nie so gut unterhalten. In der Früh war ich bei dem Konzert von dem Paganini, der wirklich in einer solchen Perfektion spielt, daß es nicht möglich ist, etwas Schöneres zu hören.

20. April
Ich habe jetzt beinah alle Tage getanzt. Bei Caraman war ein ziemlich hübscher Ball, und heute ist einer bei de Bray. Buol soll einen dieser Tage weggehen. Es tut mir wirklich sehr leid, denn er ist einer der Menschen, die ich am angenehmsten finde, und

Zeichnung von Léontine

ich wäre zu glücklich, mein ganzes Leben mit ihm zuzubringen.
Gestern abend war er bei mir, und er war aimabler als je. Ich muß wirklich recht achtgeben, nicht verliebt zu werden, denn ich bin unruhig, wenn ich ihn nicht sehe, und wenn er da ist, bin ich glücklich. Wie gern möchte ich, daß er dieses lesen könnte. Er würde mich dann vielleicht auch lieber haben, denn niemand wird je erfahren, was ich für ihn fühle. Weder er noch die Ida, und es tut mir wohl, es wenigstens schreiben zu können, weil es mich sonst wirklich bedrückt.

22. Juni – Watersdorf
Wir sind hier etabliert. Alle Tage macht man eine große Promenade, und wir waren schon mehrmals in Baden, wo ich jede Stelle erkenne, an welcher ich in meiner Jugend mich aufgehalten habe. Wir führen ein recht angenehmes Leben. Wir sind viel im Garten, wenn es schön ist. Aber jetzt seit zwei Tagen sind wir im Zimmer festgehalten. Ich sah einige Male die Buols, und ich meine, die Familie möchte, daß ich den Sohn heiraten sollte, denn sie machen mir allerlei Avancen. Ihn hätte ich ganz gern als Mann, aber die ganze Casa ist mir unangenehm.
Ich erhielt sehr hübsche Sachen zu meinem Namenstag. Unter anderem das Porträt des Papas von der Antoinette, welches mich unbeschreiblich freute, denn es ist eines der Sachen, die ich mir am meisten gewünscht hatte.

Ich glaube immer, daß die Antoinette schwanger ist, und ich müßte mich sehr irren, wenn es nicht wäre. Sie darf beinahe gar nicht mehr gehen, schnürt sich fast nicht mehr ein und beklagt sich immer über Übelkeit. Mir würde es sehr leid tun, denn das Kind hätte eine unangenehme Stellung in der Welt, wegen solcher Großeltern.

2. Juli
Ich war heute in der Brühl bei der Ida. Es waren ziemlich viele Leute dort, und da die Familie so groß ist, so machte es gleich einen ganz vollen Salon. Ich finde sie immer die beneidenswerteste Familie, die ich kenne. Sie sind alle so einig und sehen so glücklich aus. Die Antoinette ist nun bestimmt schwanger. Mir ist es unangenehm, weil ich wieder niemanden habe, um mich auf die Bälle zu führen. Da muß ich mich um einen Chaperon umsehen.

5. Juli
Es kommen alle Tage sehr viele Leute von der Stadt zu uns. Die Tatitcheffs samt Suite sind heute zum Essen gekommen. Man behauptet, daß der Pepi der Apraxine die Cour macht. Ich finde es aber nicht und bin überzeugt, daß sie ihn eigentlich ennuyiert.
Gestern war die englische Botschafterin samt Charlotte, die ich sehr gerne habe, zu Besuch. Ich habe ihr sogar versprochen, ihr zu antworten, falls sie schreiben sollte.
Ich ärgere mich oft über mich selbst, hin und wieder

Equipage des englischen Botschafters

immer noch an Buol denken zu müssen. Ich war ja gar nicht überzeugt, ob er mir auch nur die Cour je gemacht hat. Ich habe ihn aber doch gern gehabt, das muß ich mir selbst gestehen. Ich möchte so gern wissen, wann ich ihn wiedersehen werde. Ich habe aber nicht den Mut zu fragen, wann er wieder nach Wien kommt. Alle Tage merkte ich mehr, daß ich recht verliebt war.
Wir erwarten den Victor den 1. August.

13. Juli
Ich habe heute einen Brief von der Miß Charlotte erhalten, welcher mich sehr freute. Es scheint, sie hat mich doch so ziemlich gern, weil sie mir solche Avancen macht. Ich habe sie auch sehr lieb.
Der arme Graf Kesselstadt ist heute gestorben. Das ist doch traurig, denn sie waren alle beide so glücklich mitsammen, und er soll in den letzten Augen-

blicken fürchterlich gelitten haben. Die Fürstin Rasumofsky, welche nach Ischl gereist ist, um nur ein wenig Luft zu ändern, wird alle Tage närrischer, und man hat uns aus Wien geschrieben, daß man wohl gezwungen sein wird, sie zu dem Nervendoktor zu bringen. Das ist doch ein großes Unglück für ihren Mann.
Wir sind gestern lange im Helenental herumgegangen, ohne auch nur einer bekannten Seele zu begegnen. Ich habe aber noch immer ein großes faible für Baden, denn ich war so lange Zeit und so glücklich hier, daß es mir noch immer einen angenehmen Eindruck zurückläßt.

14. Juli
Heute hätte die Antoinette beinahe ein fausse couche gemacht. Sie hat wieder ein wenig ihre Regel bekommen. Aber ich glaube, es wird bald wieder gut werden, denn sie leidet bis jetzt gar nicht mehr. Die ganze Schwangerschaft ennuyiert mich eigentlich, denn ich finde, es ist eine wahre Belastung, noch ein kleines Kind ins Haus zu bekommen.

1. August
Victor ist heute bei uns angekommen. Er sieht recht wohl aus, und nach beinahe einem Jahr, daß wir ihn nicht gesehen haben, hat es uns sehr gefreut, und das Haus wird immer viel belebter, sobald er nur da ist. Er ist auch bis jetzt von sehr gutem Humor. Ich hoffe, es wird so bleiben, obgleich ich fürchte, daß er

sich hier doch ennuyieren wird. Er hat von allen seinen Geschichten mit der Antoinette gesprochen, und es scheint, er ist recht entschlossen, seine Marquise nie zu verlassen, denn er findet, sie habe ihm so viel aufgeopfert, daß er es ihr nur durch eine ewige Treue vergelten könnte. Auch liebt er zu sehr den kleinen Roger, um nur daran zu denken.
Ich bin neugierig, ob das auch immer so fortdauern wird.
Für uns ist es ein großes Unglück, denn für uns ist er verloren.

11. August
Die Buols haben heute bei uns gegessen. Die Mimi ist wirklich sehr amüsant. Ich habe auch sehr beim Essen mit ihr gelacht. Sie hat mir gesagt, daß ihr Bruder jetzt sehr in eine kleine Engländerin verliebt ist. Es könnte mich wirklich ärgern, wenn ich dieses höre, denn es hätte mich so gefreut, daß er mich auch nur ein wenig gern hätte. Wenigstens begehren hätte er mich sollen.
Wir führen ein eintöniges Leben fort. Freitag war ein Ball im Ort. Einige haben sogar gut getanzt. Besonders die Schwester von der Verwalterin, die noch dazu eine hübsche Person ist.
Der Victor ist noch bis jetzt von dem brillantesten Humor; wenn es nur so bleibt!

19. August

Wir führen immer ein recht ruhiges Leben, und ich kann nicht sagen, daß ich Langeweile hätte.

Der Victor hat sich gestern einen großen Stockzahn ausreißen lassen. Ich habe das Porträt von seinem Kleinen gesehen. Es ist ein recht schönes, starkes Kind. Ich begreife, daß der Victor ihn rasend liebt; ich gäbe etwas, um ihn zu sehen.

Ich habe neulich mit dem Brockhausen ein wenig kokettiert, und er hat angefangen anzubeißen. Eigentlich ennuyiert er mich. Mich würde es aber unterhalten, daß jemand mir die Cour macht. Ich habe aber nicht das Glück, daß es mir geschieht.

28. August

Papa ist mit Victor auf einige Tage auf seine Güter nach Mähren gegangen. Ich hoffe, sie bleiben aber nicht lange aus, denn jetzt ist die geliebte Familie Leykam bei uns, und das ist für mich eine wahre Prüfungszeit, denn ich fühle mich so unheimlich mit der Mutter, obgleich ich überzeugt bin, daß sie eine recht gute Person ist.

Die Kurfürstin von Bayern hat heute bei uns gegessen. Sie war jetzt auf ihrer Durchreise von Wien zu ihrem Gut im Salzburgischen. Sie ist eine sehr sonderbare Frau und in ihrem Äußerlichen ein wenig wie die Fürstin Jablo, und die Stimme wie die Flora, nur um einen Ton tiefer. Sie scheint sehr viel Verstand zu haben. Nur ist sie sehr schmuddelig, wie auch ihre Hofdame.

9. September
Heute wurde das Feldlager aufgeschlagen. Glücklicherweise wurde es plötzlich schön, denn einige Zeit war es recht schlechtes Wetter. Wir sind in der Früh zum Lager gegangen, um die Truppen einziehen zu sehen, welche einen schönen Anblick geboten haben, besonders die Kavallerie.
Das Zelt vom Prinzen von Schweden ist sehr schön und sehr groß. Es enthält ein Schlafzimmer und ein Speisezimmer, und das alles recht komfortabel.
Lady Cowley ist mit Charlotte zum Diner gekommen, und sie haben Lady Salisbury, die Schwägerin des Botschafters, vorgestellt. Sie ist eine ganz aimable Person und gut aussehend.
Man sagt, sie sehe der Antoinette ähnlich, aber ich habe nichts davon festgestellt.

10. September
Die O'Donnells kamen zu uns zu Besuch, und wir sind mit ihnen zum Lager gegangen. Wir haben den Augenblick gut gewählt, denn als wir ankamen, machte der Herzog von Reichstadt einen Rundgang. Er hat reizend ausgesehen (une mine charmante), und grüßte alle mit so viel Aplomb, daß es Freude machte, ihn zu sehen. Er war gar nicht verlegen. Einer der Generäle ließ die Musik für uns spielen. Tatischeff bleibt einige Tage bei uns. Ich bin sehr ennuyiert, denn es ist mir unangenehm, einen Fremden in der Familie zu haben.

12. September

Ich bin zu einem Hofball gegangen. Es wurde viel getanzt, und die Hitze war nicht zu groß. Ich habe mich bei meiner Tante zurechtgemacht, da Antoinette nicht mitkommen konnte, weil sie unpäßlich war.

Ich hatte ein Kleid aus Tüll und rosa und blaue Schleifen in den Haaren, und wurde von Fürstin Fürstenberg geführt.

Ich habe mit allen Prinzen getanzt. Zuerst mit dem Prinzen von Schweden, der, nachdem er einen Walzer mit mir getanzt hatte, mich sofort für den Cotillon engagierte, was diese Damen sehr amüsierte. Dann bekam ich den Herzog von Reichstadt, der leider alle Illusionen, die ich für ihn hatte, zerstörte. Er ist nicht unterhaltend und wenig aimable, aber zu guter Letzt bekam ich den Prinzen Wilhelm von Preußen, der wirklich ein »Prince Charmant« ist. Er ist vollendet liebenswürdig, und ich habe lange mit ihm diskutiert. Ich habe sogar gehört, daß ich seine Eroberung gemacht habe, und ich freue mich, ihn nächsten Sonntag wiederzusehen.

Diese Damen sind recht ungeniert mit allen jungen Männern. Ich möchte fast sagen, daß es empörend ist.

20. September

Heute war ein großes Kavallerie-Manöver. Der Anblick war recht imposant. Ich war mit meiner Tante dort. Das Lager ist Dienstag beendet, was ich sehr

Herzog von Reichstadt

bedauere, denn es war überaus amüsant, obgleich die Truppen ihre Zelte wegen der Kälte verlassen hatten. Der Herzog von Reichstadt kam uns besuchen: Er hat den Mund nicht aufgemacht.

5. Oktober – Wien
Es ist vieles passiert, seitdem ich in meinem Tagebuch geschrieben habe. Ich habe in Baden einige Male bei Hof getanzt, sowie auch seitdem wir in die Stadt zurückgekommen sind. Einmal bei Hof und einmal bei Tatitcheff, und das bis fünf Uhr in der Früh, obgleich es höchstens 20 Paare waren, aber wir haben uns recht gut unterhalten. Alle sagen, daß Prinz Wilhelm von Preußen mir die Cour macht; er ist in der Tat sehr aimable mit mir und sagt mir eine Schmeichelei nach der anderen.
Er hat sogar auf meinem Fächer den Tag und den Monat, wo ich mit ihm den Cotillon getanzt habe, aufgeschrieben. Ich finde, er hat ein schönes Gesicht und vor allem eine elegante Gestalt, aber da er ein Mann ist, der schon große Eroberungen in seinem Leben gemacht, verbleibt ihm davon eine gewisse Süffisanz, so daß, wenn er mit einem spricht, er ausschaut, als ob er der neuen Eroberung ganz sicher wäre, was mich sehr abkühlt. Aber er ist besonders liebenswürdig und hat gar nichts Höfisches. Wenn man ihn besser kennt, kann man ganz vergessen, daß er ein königlicher Prinz ist. Adèle O'Donnell ist überzeugt, daß er in sie verliebt ist, obgleich sie es nicht convenieren will. Aber ich sehe es ihr

genau an, daß sie ihn sich nur fester attachieren will. Er verläßt Wien am 8. dieses Monats.

8. Oktober

Wir hatten einen großen Ball bei uns, der zu der allgemeinen Verwunderung bis vier Uhr in der Früh dauerte. Obgleich wir nur zu 20 Paaren waren und folglich alle Stücke tanzen mußten. Mein Prinz war reizender denn je. Er macht mir wirklich die Cour, aber ich habe ihn lieber, wenn er sich einfach unterhält, ohne eine »fadaise« nach der anderen zu sagen. Die Adèle O'Donnell ist mir recht nützlich bei der Gelegenheit. Sie vermeidet mir viel Verlegenheit.

Nachdem ich einige Male mit Henry Wellesley tanzte, sagte er mir: »Ich habe nie gezweifelt, daß Sie ganz zu dem englischen penchieren.« Ich habe ihm erwidert: »Ich kann E. K. H. versichern, daß ich zu gar nichts geneigt bin.«

Er ist heute noch zu uns gekommen um Abschied zu nehmen, und war sehr aimable, und das in einer Art, die ich sehr gern habe. Als er wegging, sagte er mir: »Ich bitte Sie, machen Sie einen Knopf ins Schnupftuch, damit Sie mich nicht ganz vergessen.« Ich werde ihn nie vergessen, und alle Augenblicke, die ich mit ihm verbrachte, werden mir immer in guter Erinnerung bleiben. Er wird mir wahrscheinlich nicht wieder die Cour machen, aber ich werde mich immer besonders freuen, ihn wiederzusehen, da noch nie ein Prinz mir einen so angenehmen

Eindruck machte, und ich könnte fast sagen, daß ich ihm dafür dankbar bin.

12. November
Wir hatten heute unsere große Sonntags-Soiree. Es waren viele Leute. Man sekkiert mich noch viel wegen dem Prinzen Wilhelm. Vor allem Brockhausen, der manchmal sogar den Witz so weit treibt, daß er mich verlegen macht.

18. November
Wir waren heute früh bei Großmama und haben sie sehr geschwächt gefunden. Sie hat sich fürchterlich verändert in den letzten acht Tagen. Sie wird sichtlich schwächer, und die Doktoren, die sie gestern gesehen haben, sagen, daß es keine Heilung mehr gibt. Damit ist mein Fasching futsch, und ich hatte mich so darauf gefreut. Aber ich hatte immer den Hintergedanken, daß etwas dazwischenkommen würde.
Wir empfangen alle Abende einen der ganz Getreuen, Richard Clanwilliam. Er kommt fast jeden Abend, und jedesmal bin ich von ihm entzückt. Er hat so etwas Mystisches in seinem ganzen Wesen, welches mir ausnehmend gefällt. Wenn dieser Mann mir die Cour machen würde, könnte ich vor Freude vergehen.
Ich bin heute mit der Ida auf der Bastei spazierengegangen, wo wir viele Bekannte vorfanden. Victor verreist nach Italien. Das ist ein großer Kummer für

mich. Wir waren jetzt auf einem so guten Fuß miteinander. Wir haben durch einen Brief von Fürstin Therese erfahren, daß Paul Esterhazy sich in London den Fuß gebrochen hat. Aber es soll ihm so gut wie möglich gehen.

3. Dezember
Wir hatten zuletzt recht traurige Tage. Die arme Großmama ist am 23. November nach langem Leiden gestorben, aber sie war bis zuletzt bei sich. Papa war gerade dort gewesen, und da holte man ihn wieder, als er bei Tisch war. Wir waren ganz erschrocken, denn wir erwarteten es nicht an diesem Tag, dem Geburtstag Papas. Ich werde diesen Abend nie vergessen – alle waren so traurig, und mein armer Fasching ist endgültig futsch, was mich sehr betrübt, denn ich wollte so gern tanzen dieses Jahr und glaube, daß ich viel Erfolg gehabt hätte. Jetzt, wo ich erst nächstes Jahr anfangen kann, werde ich nicht mehr denselben Eindruck machen können, denn da werde ich schon zu bekannt sein.
Victor hat uns heute verlassen, um nach Italien zu fahren und dort den Winter zu verbringen bis Juni. Es ist ein großer Verlust für uns, denn gerade jetzt, wo wir nirgends hingehen, wäre es so angenehm, ihn in unserer Nähe zu haben.
Ida kommt oft zu uns. Sie ist so gut und so liebenswürdig. Ich kann es nicht oft genug sagen. Sie soll nicht einig sein mit Mimi.

26. Dezember
Ich bin während einiger Tage krank gewesen. Ich hatte einen Schnupfen und Fieber. Ich habe mich derweil so ennuyiert, daß es einem leid tun konnte. Aber gottlob bin ich jetzt darüber hinweg. Wir hatten schöne Sachen zu Weihnachten. Ich habe meine Präsente im Bett bekommen. Ich bekam ein graues Kleid für die Halbtrauer, eine Arbeitskassette, ein Tintenfaß, ein Fichu aus Paris und einen Silberspiegel.
Während ich krank war, sind viele Leute mich besuchen gekommen.

17. Januar 1829
Welch schrecklicher Schlag hat mich getroffen! Meine gute, meine liebe Antoinette ist heute um acht Uhr in der Früh gestorben. Welche Verzweiflung erfüllt meine Seele bei diesem Gedanken! Sie war mein Leben, mein Glück, meine ganze Freude. Ich fand bei ihr Trost für meinen Kummer, sie mehrte meine Freuden, indem sie sie teilte.
Sie starb nach vier Stunden einer fürchterlichen Agonie; sie erkannte nicht mehr ihre Nächsten.
Wir waren so glücklich, denn am 7. dieses Monats brachte sie einen Sohn zur Welt, aber plötzlich in der Nacht vom 15. auf den 16. bekam sie ein fürchterliches Fieber, das den ganzen Tag über dauerte, ohne dabei die Doktoren zu beunruhigen – jedenfalls ließen sie es uns so glauben –, aber plötzlich um ein Uhr nachts packten sie entsetzliche Konvulsionen;

sie verlor das Bewußtsein, und es kehrte nicht mehr zurück. Das letzte, was sie ihrer Mutter sagte, war: »Liebe Mutter, Ihr wart so gut zu mir. Küßt mich.« Dann hat sie nicht mehr gesprochen, und um acht Uhr früh gab sie den Geist auf, und damit verging unser Glück.

Papa, dieser arme Papa, ist sehr zu bedauern. Er ist so verändert, und sein Kummer ist so tief, und trotzdem sieht man, wie er versucht, ihn zu verbergen.

14. Februar

Wir führen immer dasselbe Leben. Abends kommen immer einige Personen, uns zu besuchen, sonst verbringen wir unsere Zeit sehr einsam. Ida kommt oft. Wir sind bestens miteinander.

Der Tod meiner guten Antoinette wird mir alle Tage empfindiger, denn ich fühle mich immer mehr und mehr allein.

Fürst Metternich an »eine unbekannte Korrespondentin«: Wien, 25. Februar 1829

Ich danke Ihnen von ganzem Herzen für Ihre letzten zwei Briefe und besonders für den vom 7. dieses Monats.
Ich bin Ihrer Anteilnahme an meinem extremen Schmerz so gewiß, daß ich mit Ihnen offen darüber sprechen kann.
... Mir ist das größte Unglück, das mich treffen konnte, zugestoßen: Ich habe mehr als die Hälfte meines Daseins verloren. Mein zu Hause, mein häusliches Glück, dieser Teil meines Lebens, der mir gehörte und mir half, den anderen, der nicht mein Eigentum ist, zu ertragen – alles ist in mir und um mich herum vernichtet.
Sie wissen, daß ich nicht zu dieser Art von Menschen gehöre, die von dem leben, was den Reiz der Männer von Welt ausmacht. Die Welt ist immer von minderer Bedeutung in meinem Leben gewesen. Von außen betrachtet, könnte man mich gemeinhin als »Mann von Welt« bezeichnen. Mein Geist, mein Herz, meine zartesten Gefühle bewegen sich nicht auf dieser Ebene.
Entsetzliche Verluste folgten einer nach dem anderen, und sie haben meine Existenz verwüstet. Das Gefühl der mir verhaßten Einsamkeit hatte sich meiner Seele bemächtigt; ich fühlte die absolute Notwendigkeit, mich davon zu befreien.
Ruhig in meinen Überlegungen und unvoreingenommener Beobachter, suchte ich lange, bis ich meine

Wahl traf. Was ich suchte, war ein Wesen, das mir für immer exklusiv gehören würde und mich von jeder Sorge und vor allem jeder Aufsicht befreien würde; ein junger Mensch, der sich nie anmaßen würde, Mutter meiner Töchter zu sein, sondern nur die Rolle einer älteren Schwester spielen würde, ihnen zum Vorbild, und sie in ihrer Verlassenheit soweit wie möglich trösten würde. Ich hoffte auch, in diesem Wesen alle Garantien eines ebenmäßigen, sanften Charakters zu wissen. Letzthin hoffte ich, ihm mein ganzes Herz zu schenken.

Diesen Menschen hatte ich gefunden. Allein und ohne Familie am Tag, wo sie in die meine eintrat, schön wie ein Engel und Engel durch alle ihre Eigenschaften, gewohnt seit ihrer frühesten Jugend, in mir den besten und sichersten Freund zu sehen – letztens alles verbindend, was ich mir nur wünschen konnte –, dieses Wesen, welches ich gefunden hatte, wurde mir durch den Tod nach 14 Monaten Glückseligkeit entrissen! Mein Leben ist mit dem ihrigen ausgelöscht.

Ich hätte Ihnen nach meinem Unglück geschrieben, aber es fehlten mir die Kräfte dazu. Ich habe mich in die Staatsgeschäfte geflüchtet wie ein Mörder in den Wald. Sechs Wochen sind jetzt vorbei; ich kann diese Zeitspanne nicht messen; sie stellt sich in gleicher Weise meinen Gedanken wie ebenso viele Jahre oder Augenblicke vor.

Aber das Opfer ist vollbracht; es ist ohne Wiederkehr und ohne Heilung. Die öffentliche Teilnahme hat mir

gutgetan; ich bin noch keinem begegnet, der so allgemein unverfälscht war.
Ich habe diesen Ausdruck der Anteilnahme als eine Huldigung der, die nicht mehr ist, entgegengenommen.
Je mehr ich bedauert werde, um so mehr muß ich verloren haben ...

25. Februar

Wir haben unseren Neffen, den kleinen Max Lobkowitz, gesehen. Es ist ein schönes Kind, das weder der Mutter noch dem Vater ähnlich sieht.

Ida und ich beschäftigen uns mit dem Prinzen Gustav von Schweden. Wir sprechen immerfort von ihm, und seitdem ich höre, daß er Henriette Hunyady die Cour macht, vergehe ich vor Lust, ihn zu sehen. Aber er kommt leider nicht mehr zu uns, was mich sehr faschiert, denn ich bin sicher, ich würde ihm gefallen und er würde mir die Cour machen, wenn ich ausgehen könnte.

Ida sagte ihm neulich, daß ich mich allein fühle, und da hat er geantwortet: »Wenn man so viel Verstand hat wie sie, kann man recht gut allein bleiben.« Das hat mich gefreut. Man spricht jetzt nur von der Maskerade, die beim englischen Botschafter stattfinden wird.

2. März

Heute früh habe ich bei der Probe des Tanzes der Monate und des Regenbogens assistiert, der heute abend beim englischen Botschafter stattfindet. Es wird hübsch sein, vor allem der Tanz der Monate. Ich habe auch die Maskerade gesehen, einige Kostüme waren fürchterlich, besonders die von Frau v. Maltzahn und Louise Schönburg. Dafür waren Henriette Hunyady und Mathilde Clary deliziös. Sie hatten auf dem Kopf eine Sonne, von einem grauen Schleier verdeckt, ein rotes Kleid, welches

nach unten weiß wurde und das garniert war mit Veilchen und Zeichen, die den Schnee repräsentierten. Alle Männer zusammen stellten den Venediger Karneval dar. Taxis hat den Damen eine Rede gehalten. Ein Kind, welches auf einem Stuhl getragen wurde, warf den Damen Kamelien zu. Franzi Liechtenstein ist es gelungen, uns sehr gut zu plazieren in einem kleinen, dunklen Kabinett neben dem Tanzsaal.
Charlotte hat endlich Vertrauen zu mir gefaßt und mir heute die Quälereien, die sie von der Botschafterin ausstehen mußte, erzählt. Sie haßt sie wahrhaftig, und ich lerne alle Tage den Charakter von Charlotte besser kennen, der zu den angenehmsten gehört, die ich kenne. Ich sehe, daß sie nur traurig und bedrückt war, als ich meinte, sie wäre schlechter Laune. Ich kann mit ihr sein wie mit meiner guten Antoinette.

22. März
Ich fange an auszugehen, und das seit dem Johannistag. Ich kann nicht sagen, wie gut alle Liechtensteins zu mir sind und mit welcher Freundlichkeit sie mich überall mitnehmen. Mein Gott, bin ich jetzt »coquette« (frivol) geworden.

25. März
Gestern war eine Komödie bei Tatitcheffs. Sie spielten »Der Bär und der Pascha«, ein hübsches Stück. Rougemont war der Bär und spielte gut.

Kalesche des Fürsten Nicolaus Esterhazy

13. April
Ich ging zu einer Soiree bei Zichys, wo man die Bilder von Ender darstellte. Ich habe mich nicht sehr gut unterhalten, denn es war niemand da von unserer Gruppe. In der Stadt spricht man viel von der Heirat der Ida mit dem Nicki Esterhazy, und Adèle O'Donnell hat einen fürchterlichen Pantsch gemacht, um es zu erfahren. Sie hat zu Fleiß den Nicki gefragt. Er sagte, daß er nicht daran denke, und wenn er es tun würde, so nur seinen Eltern zulieb. Er sagte ihr dann, daß er mich sehr angenehm findet. Ich glaube nur, damit sie es mir wiederholte, aber ich dachte, wie amüsant es sein würde, wenn er am Fenster wäre. Ich hatte kaum zu Ende gedacht, als eins der Fenster sich weit öffnete und einige Köpfe erschienen. Aber da ich nicht genau hin-

schauen wollte, konnte ich nicht sehen, ob er dabei war. Übrigens ist seine Passion keine große, weil er wußte, daß ich heute mit Caroline zur Burg gehe, und er ist nicht hingekommen.

19. April
Da ich so lange nicht getanzt habe, habe ich bei Tatitcheffs alles gut gefunden und tanzte auch alles. Nicki war reizend zu mir. Ich sehe, daß ich ihm gut gefalle, obgleich er mir nicht merklich die Cour macht, und wenn ich nicht sehen würde, daß er immer hinter mir her ist, hätte ich es nach seinen Reden nicht gedacht.

13. Mai
Ich war gestern bei der Soiree bei Eléonore Windisch-Graetz. Nicki war auch da und gefiel mir ungemein, weil er so natürlich und so herzlich war. Wenn er so weitermacht, könnte er mir gut gefallen. Jetzt, wo ich fast glaube, daß er um mich anhalten wird, und ich gebe zu, ich wäre sehr verlegen zu wissen, ob ich ja sagen müßte, denn die Familie kommt mir sehr langweilig vor und scheint auch dem Papa nicht zu convenieren.
Wir waren bei einer Soiree bei Zichys. Ich verbringe mein Leben mit ihnen, was mich sehr langweilt, weil ihr »genre« mir nicht angenehm ist, und auch nicht der Umstand, immer mit ihnen zu sein.

24. Mai
Ich habe heute zum ersten Mal ein Feuerwerk gesehen. Ich war mit Henriette Zichy und der Tardiveau, und ich habe mich sehr gut unterhalten, besonders als Nicki angeritten kam, um mit mir im Prater zu sprechen. Das war mir ein Beweis, daß er noch an mich denkt, obgleich ich ihn acht Tage nicht mehr gesehen habe, so hat es mich doch gefreut. Ich weiß, daß ich ihm conveniere. Wie amüsant das alles ist, und wegen diesen extra Späßen habe ich die Welt gern. Aber bei dem Feuerwerk ist er nicht einmal zu mir gekommen. Ich glaube vielleicht, daß er es nicht getan hat, damit man nicht redet. Ich hoffe, daß er mich nicht während des Sommers vergißt, weil ich ihn recht gern habe, und bin überzeugt, daß ich glücklich mit ihm sein kann, nur die Familie macht mir etwas Angst.

8. Juni
Wir haben gestern wieder bei Tatitcheffs getanzt, es war ein kleiner Ball – nur 15 Paare im ganzen. Der Nicki machte mir zuviel Kummer, in dem er recht merklich die Cour der Fürstin Ligne machte. Er hat sie nicht mehr verlassen und tanzte nur mit ihr, während er mir kalt und unangenehm war. Wenn er wüßte, wie gern ich ihn habe, würde er mich sicher besser behandeln.
Er gefällt mir ungemein, und ich kann nicht sagen, wie glücklich ich wäre, wenn er mich wirklich heiraten wollte, aber ich glaube es nicht. Wir werden gute

Freunde bleiben, aber nicht mehr. Ich habe ihn heute nach dem Diner bei Lady Cowley gesehen, und er war recht liebenswürdig mit ihr. Er kam, mit mir zu sprechen, und obgleich Mme. de Ligne da war, hat er mit ihr nicht viel gesprochen, aber um so mehr hatte er mit ihr den ganzen Vormittag verbracht in einer Promenade zu Pferd.
Ich könnte mich über mich ärgern, daß ich mich so mit dieser Affäre beschäftige, aber ich verstehe nichts, denn es ist doch merkwürdig, daß, gerade wo er am meisten mit mir beschäftigt war, er so intensiv die Cour einer anderen macht. Trotz alledem kann ich mir nicht helfen, ihn charmant zu finden, und ohne Mühe könnte ich mich in ihn verlieben.

16. Juni
Ich war gestern bei Zichys. Meine Rivalin, die Fürstin Ligne, ist hingekommen, aber nicht Nicki, weil er seine Reise vorbereitet, um seiner Mutter entgegenzufahren, die dieser Tage aus Prag zurückkommt. Das habe ich so hübsch von ihm gefunden. Es beweist, daß er ein guter Sohn ist und daher ein excellentes Herz hat. Ich bin so weit, daß ich mich ärgere, wenn ich von ihm Gutes höre, denn ich muß auf ihn verzichten und möchte dadurch nicht zu unglücklich werden.
Heute hat Charlotte mir gesagt, daß Meriadec sie gefragt hat, was ich von Nicki halte, denn nach ihm wäre er noch sehr mit mir beschäftigt und hätte davon vor ihm in der Familie gesprochen.

Victor soll dieser Tage ankommen. Wir sind noch nicht mit seiner Gesundheit zufrieden. Gott gebe, daß er sich bald erholt.
Wie oft denke ich an meine reizende Antoinette. Wenn ich allein in meinem Zimmer bin, erinnere ich mich an die gemeinsam erlebten Stunden und fühle mich dann so traurig und allein. Es war ein schöner Traum, eine lichte Erscheinung, die mir das Glück ihrer Anwesenheit schenkte, um mich ewig durch ihr Verschwinden zu traurig zu machen.

22. Juni
Victor ist heute angekommen. Gottlob schaut er nicht zu schlecht aus. Auch für die Krankheit, die er hat, finde ich, daß es ihm gutgeht. Ich hatte eine verrückte Freude, ihn zu sehen, denn ich liebe ihn wirklich und niemanden soviel wie ihn. Er ist mein kleines Idol, besonders seit heute abend, wo er mir so viel Vertrauen zeigte und mir sagte, er würde mir ein Porträt von ihm schenken, das er der Antoinette vor ihrer Heirat gegeben hat. Er gab mir zu, daß er sehr verliebt in sie gewesen war, es ihr gestanden hat und daß sie auch in ihn verliebt war. Endlich habe ich die Geschichte des Tagebuchs erfahren, die mich so intriguiert hatte. Meine Vermutung, daß sie es ihm gegeben hatte, war begründet. Es war in einem Augenblick der Zuneigung, daß sie ihm das Tagebuch gab und er ihr das Porträt.
Ich muß gestehen, daß es mich traurig macht, daß sie mir nie etwas von dieser Geschichte erzählt hat,

und das mit so großer Beharrlichkeit, denn ich habe sie oft darüber ausgefragt, und sie verneinte sogar immer, daß Victor ihr die Cour gemacht hätte.

25. Juni

Wir haben ein Diner bei Cowley gehabt. Ich habe mich gut unterhalten, da mein Nachbar bei Tisch Fürst von Ligne war, den ich sehr gern habe. Er ist so gut, so herzlich, daß ich mich wirklich sehr an ihn attachieren könnte. Wir haben anschließend bis vier Uhr in der Früh ohne Unterlaß getanzt, obgleich ich ohne große Dispositionen zum Amüsement hinging. Nicki tanzte den Cotillon mit mir, aber er war so wenig herzlich, daß ich es nicht lassen konnte, ihn nach dem Motiv zu fragen, allein er sagte, daß er wie immer wäre und wüßte nicht, was ich meine. Was bewiesen ist, ist, daß er nun gar nicht mehr an mich denkt, und ich kann nicht einmal sagen, daß es mir leid tut. Er hatte nur Augen für seine Fürstin und lief ihr ununterbrochen nach. Andererseits, Ligne und Rougemont sind sehr nett zu mir, und sie haben mit mir soupiert, so daß ich mich königlich unterhalten habe.

Nandine war närrischer denn je mit Brockhausen; sie ist mit ihm in den Garten gelaufen und arrangierte »parties carrées« mit ihm, der Fürstin Ligne und Nicki, so daß jeder Mensch schockiert war. Ich kann den »genre« dieser Damen, daß jede einen Adorateur hat, nicht ausstehen. Es ist vom schlechtesten Ton der Welt.

27. Juni
Heute abend ist der gute Fürst von Ligne auch gekommen, um von uns Abschied zu nehmen. Er verreist morgen früh, ich hatte fast Lust zu weinen, so sehr bedaure ich, daß er uns verläßt. So habe ich ihm sehr herzlich die Hand gegeben, und gestern bei der Soiree bei Zichys haben wir eine »Vereinigung des gebrochenen Stabes gebildet« – Andlau, Ligne, Henriette, Caroline, Rougemont und ich, und wir haben uns alle versprochen, ein Stück dieses Stabes (der Brockhausen gehört) bis zur nächsten Soiree bei Zichys im kommenden Jahr aufzuheben, und dann legen wir alle Stücke wieder zusammen. Mein Stück paßt genau zu dem von Fürst von Ligne, was mich sehr freut.
Wir hatten gestern einen großen Schreck, als wir im Garten dinierten und man uns mitteilte, daß Victor Blut gespuckt habe in der Stadt und nicht zu uns kommen konnte. Papa und ich sind sofort nach Hause zurückgekehrt, wo wir die Sache nicht so erschreckend fanden, wie wir es gefürchtet hatten. Er muß eine Weile ganz ruhig bleiben und niemanden sehen.

7. Juli
Zu meinem großen Erstaunen und meiner Freude habe ich, als ich von der Messe zurückkehrte, die Ida bei mir installiert gefunden. Sie verbringt den ganzen Tag in Wien, um morgen nach Maria-Zell zu gehen. Wir haben den ganzen Vormittag zusammen verbracht und haben uns recht ausgeschwätzt.

Bei den Batthanys war Nicki plötzlich sehr herzlich mit mir. Er sagte mir, daß er immer das Konfekt, das ich ihm bei Tatitcheffs gegeben habe, behielt, was mich freute: Es rief mir die gute vergangene Zeit wieder zurück. Als ich ihn darauf aufmerksam machte, daß er Irene den Rücken wendete, um mit mir zu reden, sagte er: »Ich setze mich aber nicht gern anders, denn ich sehe Sie gar zu gern an«, und da ich einen Kuchen aß, sagte er schnell dazu: »... wenn Sie diesen Kuchen essen.« O, mein armes Herz, du könntest leicht krank werden! Und mit welcher Sorgfalt muß ich es hüten, damit dies nicht geschieht. Wenn es nicht eine Fürstin Ligne in der Welt gäbe, so könnte ich noch hoffen, aber so habe ich keine Hoffnung mehr. Ich muß das Opfer bringen und auf dieses reizende Gesicht Verzicht leisten.

9. Juli

Ich habe ihn heute im Theater gesehen. Er hat mich gegrüßt, vielleicht sogar wieder beim Weggehen, obzwar ich dessen nicht sicher sein könnte, aber ich war so glücklich, als er dergleichen tat, mich sehen zu wollen. Wie närrisch, einen zu lieben, der eine andere liebt, und obgleich ich mir das immer sage, so bin ich immer aufgeregt, wenn ich ihn sehe, und ungehalten mit denen, die mich sprechen wollen oder mich ablenken in solchen Momenten.
Hätte ich je geglaubt, daß ich jemand lieben kann, der mir keine Beachtung schenkt, aber er ist eben so gut und vollkommen und hübsch.

Prinz Richard Metternich

14. Juli
Wir sind in entsetzlichster Sorge um unseren kleinen Richard gewesen. Es wurde ihm so schlecht nach einer Erkältung, und wir dachten schon vor dem Unglück zu stehen, ihn zu verlieren. Gottlob ist es ihm jetzt wieder gut. Ida hat mir von ihrem Diner bei Esterhazys berichtet. Sie hat alles in der Welt versucht, um Nicki von mir reden zu machen, aber es war nicht möglich. Er fing immer gleich an, von

etwas anderem zu sprechen, und es schien ihm selbst unangenehm, daß sie immer wieder von mir anfing. Welches Glück, wenn ich ihm nicht ganz gleichgültig wäre; wenn er mich liebte, könnte ich vor Glück vergehen, denn er ist reizend und nach allem, was mir Ida sagt, hat er ein goldenes Herz. Maurice hat auch viel von mir gesprochen mit Ida. Er hat sie gefragt, ob ich wirklich so kühl und gleichgültig bin, und am Ende hat er gesagt, daß Nicki immer noch an mich denkt.

15. Juli
Ich habe heute bei Tatitcheffs diniert. Es waren eine Menge Leute da. Ich hatte eine Vorahnung, Nicki dort zu sehen, und nach dem Diner ist er auch gekommen. Er hatte seine gute und herzliche Art mit mir wie früher.
Er kam immer wieder mit mir konversieren und sagte sogar, daß er sehr bedauert hatte, nicht zur »Brigittenaue« zu gehen, als er hörte, daß ich dort gewesen sei. Obgleich das nur eine Höflichkeitsphrase war, so hat es mich doch gefreut, denn Nicki ist kein Phraseur, und was er sagt, das denkt er auch. Gott weiß, wann ich ihn wiedersehen werde. Es werden viele Tage vergehen. Aber er liebt mich nicht, das sehe ich. Ich bin ihm nicht unangenehm, das ist aber alles.
Ah, welches Biest ist die Fürstin Ligne. Ohne die Ankunft dieser Hexe hätte er vielleicht nicht aufgehört, mich vorzuziehen, aber nun ist es geschehen, und

mein armes Herz muß noch bluten. Ich weiß, daß er glaubt, mir nicht zu gefallen, trotzdem sich Adèle jede Mühe gemacht hat, ihn davon zu überzeugen.

28. Juli – Erlau

Wir sind hier installiert seit gestern nach dem Diner. Victor hat sich im Tragsessel herbringen lassen, und die Reise hat ihm nicht zuviel geschadet, obgleich ich ihn seit einigen Tagen weniger gut finde. Er ist promenieren gegangen im Garten, und die Luft hat ihn nicht zu sehr erschöpft. Gott gebe ihm bald wieder die Gesundheit, das ist der innigste Wunsch meines Herzens. Ich neige hier zur Melancholie, denn ich finde es traurig, allein am Land zu sein. Papa kehrt alle Tage zurück in die Stadt, und der Gedanke, daß Ida in der Stadt ist, gibt mir große Lust hinzugehen. Ich habe den gestrigen Vormittag mit ihr verbracht, und sie hat mir erzählt, daß Nicki zu ihr zum ersten Mal von mir gesprochen hat, aber nur so beiläufig, und sagte auch, daß die Adèle die größte Tratsche und Commère von der Welt sei. Das beweist mir, daß die Unglückliche meine ganze Affäre ruiniert hat, aber ich will mich nicht beklagen. Es ist vielleicht zu meinem Wohl geschehen.

Ich sehe Nicki nicht mehr. Das macht mich unglücklich, wenn auch nur wegen seines deliziösen Gesichts. Lori ist viel glücklicher als ich. Ich habe heute einen Brief von ihr bekommen, worin sie mir erzählt, daß ihre Affäre gutgeht, A. hat ihr gesagt, daß

er sie heiraten will und daß er nächsten Winter um sie anhalten wird.
Das macht sie sehr glücklich, und das verstehe ich gut, denn es muß herrlich sein, zu wissen, daß man den, den man liebt und begehrt, besitzen wird. Mme. Fontana ist dinieren gekommen. Ich habe sie nicht zu gern, sie ist eine Schreierin und hat ganz den »genre« von Frau von Leykam. Es ist nur in Erinnerung an Antoinette, daß ich aimable mit ihr bin.

Léontine an ihren Vater: Erlau, den 6. August 1829

Ich halte treu mein Versprechen, lieber Papa, und berichte Dir über den Victor. Er hat gestern sein erstes Bad genommen, und das im Augenblick, als das erste Frösteln kam. Damit wurde es angehalten, und so ist das Fieber nicht gekommen.
Den sonstigen Tag hat er sich wohl gefühlt, und die Nacht war gut, obwohl er ein wenig geschwitzt hat. Das Wetter ist heute gräßlich, aber trotzdem hat Victor sein zweites Bad genommen und sich danach nicht schlechter gefühlt. Er befürchtet nur, daß die Bäder ihn zu sehr echauffieren, denn da er sie nimmt im Augenblick, wo es ihm kalt wird, nimmt er sie vielleicht zu heiß, als es sein sollte. Er wird morgen darüber mit Standenheim sprechen und Dir nach der Visite des Doktors selbst schreiben. Ich finde, daß er seit diesen zwei Tagen gut aussieht, er ist auch bester Laune, und sein Appetit ist wiedergekommen.
Wir leben sehr allein, niemand ist uns besuchen gekommen außer Tante Pauline und heute früh auch der Herzog.
Morgen erwarten wir den Besuch von Fürst Dietrichstein, der uns seinen kleinen »protégé« mitbringt, damit er uns was vorspielt. Das ist die einzige Ablenkung, die wir uns gönnen.
Adieu, lieber Papa. Wenn ich mich nicht dem guten Victor nützlich fühlen würde, bedauerte ich, nicht im lieben Königswarth mit Dir zu sein.
Wir umarmen Dich zärtlich. Richard macht uns »Si,

Ssi«. Seine Kinderfrau, die Schaumburg, ist krank. Sie schaut recht schlecht aus; sie ist noch nicht deswegen zu Bett, aber ich befürchte, daß sie eine Krankheit brütet.

Ganz Deine
Léontine

Victor Metternich an seinen Vater aus Erlau, den 7. August 1829

Ich schreibe Dir im Mantel, mein guter und lieber Papa; so hat mich auch mittags der Doktor in meinem Zimmer gefunden und war damit recht einverstanden, denn er war in der Versuchung, dasselbe zu tun.

Es herrscht eine Wolfskälte, feucht und penetrant, genau was ich nicht brauche, um von meinem Schüttelfrost loszukommen.

Standenheim war mit meinem Bericht sehr zufrieden; dieser bestand darin, ihm zu sagen, daß dieselben Symptome, wenn auch in vermindertem Maße, weitergingen.

Ich habe dazu heute früh auf natürlichem Wege etwas Blut verloren, was mir Erleichterung verschaffte. Was die Bäder betrifft – das zweite hat mich erhitzt –, um darin bequem zu sein, mußte ich auf 30 Grad heizen, und da ich darin eine Stunde bleiben muß, kamen mir nachher Wallungen und Ermüdung ...

Hiermit hast Du meinen Krankheitsbericht, mein lieber Papa.

Ich werde Deinen Ratschlägen folgen, und es wird nicht mein Fehler sein, wenn meine Moral sich nicht von dem so schweren Joch des physischen Leidens befreit. Ich bin diesbezüglich besten Willens.

Léontine und sogar Hermine sind gut und lieb zu mir, und ich bin ihnen dafür dankbar.

Nun bist Du angekommen. Hoffentlich kannst Du Deine neuen Kreationen genießen und hast besseres Wetter, als uns hier beschert wird ...

Adieu, lieber Papa. Alles Liebe
Victor

Le Prince Victor de Metternich

Léontine an ihren Vater: 9. August 1829 – Erlau

Mein lieber Papa.
Dem Victor geht es ziemlich gut, die Nacht war heute sehr gut, und er hat fast nicht geschwitzt. Seit zwei Tagen dauert die Kälte an, und er ist ihr gegenüber empfindlicher als der Hitze, die unbedeutend ist.
Gottlob hat sich das Wetter gebessert, und auf einmal ist es wieder warm, denn in diesen letzten Tagen waren wir kurz davor, melancholisch zu werden, obwohl wir immer Besuch hatten. Onkel Pepi ist sogar zum Essen gekommen. Was kann man sich mehr wünschen? …
Richard schreit immer wieder, weil seine Zähne ihn leiden lassen; besonders nachts ist er wie ein kleiner Teufel. Man hat ihm seinen kleinen Wagen hinaufgebracht, und seine Frauen sind gezwungen, ihn darin die ganze Nacht herumzuziehen, wenn sie ihn zum Schlafen bringen wollen …
Adieu, mein lieber Papa. Wir erwarten Nachricht von Dir zwischen heute und morgen. Wir umarmen und lieben Dich zärtlich

Léontine

Victor Metternich an seinen Vater aus Erlau, den 10. August 1829

Das Wetter ist seit gestern wieder schön, und ich freue mich darüber, auch für Dich, lieber Papa. Ich konnte täglich zwei gute Spaziergänge machen, trotzdem war der erste Morgen ekelhaft für mich. Der Schüttelfrost ist so stark gekommen, daß ich in einem geheizten und geschlossenen Zimmer bei schönster Sonne mich bis zu den Augen in meinen Mantel einwickeln mußte. Ich hatte kein Bad genommen, da ich ausruhen mußte. Ich finde, daß diese den Nachteil haben, nur ein vorübergehendes Hilfsmittel zu sein, die mich noch empfindlicher der Kälte gegenüber machen, wenn ich sie nicht einnehme ...
Die Abende sind immer meine Jubelzeit – so konnte ich mich mit den O'Donnells, Sardanka und den jungen Esterhazys, die mich besuchten, unterhalten. Ich war nicht müde, als ich schlafen ging, und lobte dafür meine Brust, die sich bessert.
Die Esterhazys sind sehr nette junge Leute; ein wenig effeminiert, jungdamenhaft, aber im besten Stil mit freundlichen und guten Manieren. Sie haben sich sehr liebenswürdig gezeigt und sind nette Jungen ...
Richard schläft immer, und es geht ihm so gut, wie er schläft. Das ist sein ganzer Gesundheitsbericht.
Den Kindern geht es gut, sie sind den ganzen Tag draußen. Gestern hatte Hermine den Besuch ihrer Freunde Stadion, die sie nicht einschüchtern wegen ihrem Alter. Meine Augen setzen sie in Flucht oder stö-

ren sie mindestens gewaltig – ich weiß nicht, welchen Ausdruck ich ihnen geben soll, und bin in dieser Hinsicht so schüchtern wie sie.
Der Herzog und meine Tante wechseln sich im Besuch ab. Der Herzog zieht stark die frühmorgendlichen »tête à tête« vor, und belegt mich dann mit Ratschlägen, ob Pflaster oder Sirup, um alles dann auf sich zu beziehen, auf seine Leiden und seine Heilmittel und die Ähnlichkeit, die er geruht, zwischen ihm und mir zu finden …

Adieu, lieber Papa, ich liebe Dich und umarme Dich
Victor

Fürst Metternich aus Königswarth,
den 11. August 1829

Danke für Deinen guten Brief, meine liebe Léontine. Er hat mich sehr gefreut, sowohl wegen der Nachrichten von Victor, wie weil er von Dir kommt. Möge Gott Euch während meiner Abwesenheit gesund erhalten! Das Wetter in Königswarth ist schön, so sollte es auch in Erlau sein. Die ersten zwei Tage nach meiner Ankunft war es hier wie im Dezember, das Thermometer im Freien stand auf sechs Grad und das in den Zimmern auf zehn Grad. Ich habe heizen lassen, aber am 10. August ist die Sonne gekommen und hat sich über das Kaminfeuer lustig gemacht.
Wenn der Grund, der Dich in Wien zurückgehalten hat, nicht eine ausgezeichnete Herzenssache gewesen wäre, könnte ich mich nicht trösten, Dich nicht bei mir zu haben. Ihr könnt Euch alle gar nicht vorstellen, was für Veränderungen hier vor sich gegangen sind. Der Ort ist um vieles hübscher geworden, er wird schön, d. h. schön, wie es die herrlichen englischen Parks sind. Rings um das Schloß ist alles fertig, alles ist voller Blumen und ausgesuchter Sträucher; man fährt im Wagen im Maiberg.
Die Schöneburg ist reizend, der Garten dehnt sich über zwei Drittel des Wegs aus, der zur Stadt Königswarth führt. Der frühere Teich beim Schloß ist zu einem prächtigen Rasenplatz geworden; der bei der Rollmühle bietet jetzt den Anblick eines Sees; das neue Gärtnerhaus sieht wie eine italienische Villa in-

mitten eines englischen Gartens aus. Man könnte denken, daß alle Arbeiten vor zehn Jahren gemacht wurden.
Das Innere des Schlosses bietet den gleichen Anblick. Der große Saal ist fast fertig und sehr schön geworden; aus der ganzen Seite, wo der Verwalter wohnte, sind Appartements für fremde Gäste geworden; eigentlich haben sie die schönste Aussicht von allen.
Infolge von alledem ist der Park jetzt das Ausflugsziel aller Bewohner von Marienbad. Täglich kommen bis zu 20 Equipagen, und überall sieht man Gruppen von Spaziergängern sowie Jausenplätze. Was auch den größten Erfolg hat, ist das Münzenkabinett. Das dort seit dem Frühjahr ausliegende Buch enthält schon mehrere hundert Namen.
Mein Freund, der Henker, ist der zufriedenste Mensch der Welt, da er seine Gelder zurückbekommt. Zum Glück für meinen *Mann gibt es so viele Schaulustige. Da der Großteil der Münzen gestohlen wurde, war sicherlich wenig zu sehen. Stell Dir aber vor, diese Leute aus Marienbad sind doch Stunden vor leeren Vitrinen geblieben, um die Stellen zu bewundern, wo die gestohlenen Münzen lagen, und dem Herrn Huss zuzuhören, der ihnen mit einer unwahrscheinlichen Beredsamkeit beschrieb, was für Gegenstände das waren. Er hat in dem Raum dem* Leinensack *einen besonderen Platz gegeben, in den der Dieb die Gold- und Silbermünzen gestopft hatte, und die Neugierigen stehen Stunden und betrachten diesen* Sack. *Ich verbiete Dir, je wieder Pantoffeln oder ein Röckchen wegzuwerfen!*

Du schickst sie her, schreibst dazu Nr. 33024 und die Bemerkung »Léontinens Röckchen und Pantoffeln«. Was an dem Diebstahl eigentlich am meisten überrascht, ist, daß der Dieb die Kraft hatte, von Pilsen bis Prag den sicher 150 Pfund schweren Sack nicht von seinem Arm zu lassen. Wenn er vor Herrn Huss stirbt, wird dieser den Arm für das Münzkabinett verlangen, der dort als anatomisches Kuriosum bleiben soll!

Das Kabinett selber ist eine der merkwürdigsten und kuriosesten Sachen der Welt. Der Hochfürstliche Kustos – Herr Huss erlaubt nicht, daß man ihn anders nennt – hat ein derartiges Gefühl für sonderbare Dinge, daß er überall welche findet. So hat er am Dachboden des Schlosses alte Rüstungen entdeckt, Panzer, Helme, Handschuhe, sehr merkwürdige Wagen und sogar zwei alte Bügeleisen einer Art, wie man sie sicher seit 200 Jahren nicht mehr macht. Sie sind aus Bronze und anstelle der heißen Eisen werden sie mit glühenden Kohlen geheizt. Eine klassische Büglerin könnte darüber verrückt werden. Als ich diese sonderbaren Maschinen in einer Ecke des Kabinetts entdeckte, dachte ich, daß sie zum mindesten aus der Garderobe Maria Stuarts oder der Königin Elisabeth stammten.

Ich fragte also Herrn Huss, und da dieser der ehrlichste Mann der Welt ist, antwortete er: »Ach Gott, nein, die habe ich aus der Königswarther Rumpelkammer gezogen!« Du siehst, daß er kein Schwindler ist. Ich behaupte, daß ich das Glück hatte, den einzigen

Mann auf der Welt zu finden, der meine 100 000 Sachen ordnen kann. Ich werde sie alle nach Königswarth schaffen!
Auf der Post in Plass bin ich durch den geschwätzigen Vater aller Taxis angenehm überrascht worden. Er war gekommen, um mir zwei schöne Nachrichten zu geben; daß er morgen Marienbad verläßt und daß Louise Schomberg am selben Tag zu mir zum Diner kommt. Das hat sie auch wirklich getan.
Gentz ist am Tag darauf eingetroffen und hat sich für den heutigen Nachmittag mit ihr verabredet. Er hatte anfangs Herrn von Münch im Vertrauen gesagt: »Ich erwarte ein sehr stürmisches Wiedersehen, wegen Louises sinnloser Eifersucht. Es ist wahr, daß ich Mlle. Naudier sehr den Hof gemacht habe, und weiß, daß Louise wütend ist, aber ich werde versuchen, sie wieder freundlicher zu stimmen, und da sie mir außerordentlich zugetan ist, wird sie zu mir zurückkehren.«
Münch hat ihn für verrückt gehalten, und ich bin derselben Ansicht!
Heute kommt Louise zu mir zum Diner mit einer anderen Dame, die ich nie gesehen habe, die aber absolut wünscht, meine Bekanntschaft zu machen. Abends kommen Herr und Frau Taaffe. Da ich nie auf Minister verzichten kann und es von diesen in Marienbad wimmelt, werde ich ein halbes Dutzend von ihnen zu meiner Verfügung haben.
Adieu, mein gutes Kind. Dieser Brief ist für die ganze Familie, die ich von Herzen umarme.

Sage sehr viele Grüße an Mlle. Tardiveau, und Madame Schaumburg soll sich ja gut pflegen. Ich hoffe, daß ihr Unwohlsein nur die Folge des abscheulichen Wetters war, das bei uns und überall anders herrschte.

Adieu!

Clemens Fürst Metternich

Victor Metternich an seinen Vater aus Erlau, den 13. August 1829

Endlich – zu unserer großen Freude – erhalten wir Nachricht von Dir. Heute war der neunte Tag seit meiner Abreise, und noch einer ohne Brief hätte uns beunruhigt. Wie immer zerbricht man sich den Kopf, um die Verspätung zu ergründen, die am Ende nur an der Langsamkeit der Post liegt.
Seit drei Tagen geht es mir wirklich besser, ich erhole mich in befriedigender Weise. Sollte das so weitergehen, findest Du mich ganz lustig und unternehmend. Aber um dahin zu gelangen, muß ich dieselbe Wärme und dieses himmlische Wetter haben, die mehr als alles und sogar sichtbar heilt.
Nach meinem heißen Bad lege ich mich wieder hin für eine halbe Stunde, und später kann ich sogar den Schatten suchen, den ich sonst so vermeide.
Trotzdem ist mein Leben das eines Seidenwurms ...
Erlau besitzt einen großen Nachteil für einen halbkranken Mann: Man befindet sich den Besuchern ausgeliefert, und es ist unmöglich, sie zurückzuweisen – wegen der Entfernung und der Tatsache, daß man verfügbar ist. Oft leide ich darunter, angesichts der Zahl der eigentlichen Menschen. Gestern verdankte ich der Blödheit meiner Leute ein morgendliches »tête-à-tête« mit M. de Laval, das eine Stunde dauerte. Und wenn ich eine Stunde sage, so lüge ich, denn er blieb zwei und stellte ununterbrochen Fragen. Ich hatte ihn nie tauber und neugieriger gesehen.

Was Du über Königswarth schreibst, interessiert mich sehr, und ich bedaure um so mehr, nicht an Deiner Seite zu sein.
Adieu mein guter Papa – allen geht es gut und alle lieben Dich.

Léontine an ihren Vater: 14. August 1829 – Erlau

Ich bin überglücklich, lieber Papa, Dir heute sehr gute Nachrichten von Victor geben zu können. Seit einigen Tagen geht es ihm merklich besser, und es scheint, daß die Bäder, die er immer noch nimmt, ihm ausgezeichnet bekommen. Die Fieberanfälle gehen von Tag zu Tag zurück und dauern nicht mehr als eine Stunde, und sogar heute, wo er nicht gebadet hat und wo er nur eine halbe Stunde in der Sonne war, hat das Gefühl des Schüttelfrosts ihn fast verlassen. Victor wird morgen zum ersten Mal Brathuhn essen, und er wird seinen kleinen grauen Mann um Erlaubnis bitten, ein wenig im Wagen spazierenzufahren, um sich daran zu gewöhnen.

Seit einigen Tagen ist das Wetter wunderschön, und wir freuen uns auch für Dich, lieber Papa. Wir waren so lange ohne Nachricht von Dir, daß wir anfingen, uns zu beunruhigen, bis endlich Victor gestern Deinen Brief bekam, worin Du von Deiner glücklichen Ankunft berichtest ...

Gentz wird sich jetzt wohl wie im Paradies fühlen – zwischen Königswarth, das er so liebt, und Marienbad, wo er die gefährlichen Augen Louises findet. Tante Pauline kommt uns ziemlich oft besuchen, aber sie hat eine solche Angst vor Gewittern, daß ein weißes Wölkchen am Himmel schon genügt, um sie daran zu hindern. Sonst haben wir immer Besuch und sind abends selten allein.

Neulich hatte ich sogar den Besuch von Mme. Tatit-

cheff mit ihrem Gefolge, sogar das Kinderzimmer ist auch gekommen. Sie hat mich auf eine große Landpartie mitnehmen wollen, aber ich habe ihren Vorschlag nicht angenommen.
Wir haben Christine für einige Tage zu uns genommen, denn Hermine hat eine plötzliche Leidenschaft für sie, und sie ist einer der seltenen Menschen, die sie nicht einschüchtern. Mme. Schaumburg geht es besser, und sie wird bald aufstehen können.
Standenheim hat sie diese ganze Woche im Bett behalten.
Adieu, mein allerliebster Papa, ich kann den Augenblick kaum abwarten, Dich wiederzusehen, um Dir zu sagen, wie sehr ich Dich liebe.
Richard ist gräßlich: Sein ganzes kleines Gesicht ist eine einzige Kruste, aber sonst geht es ihm gut.

Wir umarmen Dich zärtlich
Léontine

Ich erhalte soeben Deinen Brief, lieber Papa, und mache den meinen auf, um Dir dafür zu danken. Die Einzelheiten, die Du von Königswarth berichtest, bringen mir Wasser in den Mund. Es muß reizend sein, und ich freue mich schon riesig darauf, das alles nächstes Jahr zu sehen ...
Gentz macht mich ungeduldig. Sage ihm bitte von mir, er soll Louise dazu bringen, ihn schlecht zu behandeln. Da wird sie schon merken, wie ihn das überrascht: Er verzieht dann seine Miene, die besagt: »Ich

bedaure Sie, daß Sie dem liebenswürdigen, charmanten Gentz widerstehen wollen.« Die Liebe gibt ihm Rosenfarben und läßt ihn aufblühen, so stelle ich ihn mir im Moment in voller Blüte vor.

Adieu, mein guter und lieber Papa

15. August
Heute ist der Geburtstag meiner guten Antoinette. Sie wäre 23 Jahre geworden. Welch schönes Alter, und welche lange Karriere sollte man noch vor sich haben, aber statt dieser schönen Perspektive ist sie uns in der Blüte ihrer Jahre entrissen worden. Arme und liebe Freundin, dein Gedenken wird mir bis zum letzten Atemzug teuer bleiben. Ich werde dich mein Leben lang vermissen, und die ewige Trauer, dich verloren zu haben, ist mein Tribut für die zarte Freundschaft, die du mir bewiesen hast während deines ganzen Lebens, meine so sehr geliebte Antoinette.
Wir führen ein sehr ruhiges Leben. Manchmal kommen die Dietrichsteins und einige Herren für Victor, aber das sind auch die einzigen Menschen, die wir sehen. Papa schreibt mir aus Königswarth und sagt mir alle Details über die neuen Arrangements, die er dort machen läßt. Paul und Maurice Esterhazy sind Victor besuchen gekommen, welcher davon entzückt war. Er findet sie sehr aimable, aber der kleine Schatz ist nicht gekommen, und das hat mich ganz melancholisch gemacht. Ida sagt mir, daß sie merkt, daß sie anfängt, ihm zu gefallen. Das könnte mich fast eifersüchtig machen, wenn nicht ein besseres Gefühl, das mein Herz beherrscht, mich davon abhielte. Sie ist so gut, sie liebt mich sehr: Wie sollte ich ihr nicht das Glück vergönnen, das sie so verdient und das sie sofort bereit wäre, mir zu opfern, mit der größten Bereitwilligkeit der Welt.

Sie scheint immer so glücklich, wenn sie zu merken glaubt, daß er mich noch liebt, und ich hätte wirklich Abscheu vor mir selbst, wenn die Präferenz, die er ihr zeigt, meine Gefühle ihr gegenüber abkühlen können. Aber ich werde ordentlich mit mir selbst kämpfen müssen, weil ich ihn wirklich sehr liebe, und wenn ich je einen anderen heirate, so nur aus Verstand und nicht mehr aus Liebe.
Ich bin ihm neulich zu Pferd begegnet, und er hat mich so hübsch gegrüßt, daß ich kaum glauben kann, daß ich ihm gleichgültig bin, obgleich das nur zu sehr der Fall ist. Oh, die Männer, die Männer!! Das ist das Leitmotiv von all unseren Liedern.

Victor Metternich an seinen Vater aus Erlau, den 15. August 1829

Ich habe wirklich Angst, daß Standenheim zu sehr zufrieden wird mit mir und dann etwas Dummes macht, das mir schadet. Gestern war es eine ununterbrochene Genugtuung, und ich muß zugeben, daß ich weit davon entfernt war, seinen Standpunkt soweit zu teilen ...

Ich bin abends selten allein, gestern hatte ich aber den Herzog allein, was zuwenig und viel zuviel ist ...

Dein zweiter Brief, lieber Papa, wurde gemeinsam gelesen und wieder gelesen, und wir haben über Herrn Huss sehr gelacht ...

Ich bin immer dabei, den Charakter Hermines zu erforschen: es ist eine bizarre Mischung von Scham, von Ehrgeiz, von übertriebenem Selbstbewußtsein und von gutem Herz. Es ist kaum möglich, zwei Schwestern zu sehen, die zusammen erzogen worden sind und sich nie trennen, die so verschieden sind.

Adieu, mein guter lieber Papa, ich schreibe Dir und sehe kaum mehr, so schwarz und schwer sind die Wolken. Bleibe gesund und bestätige es uns oft.

Frau Schaumburg geht es besser, obwohl sie noch im Bett ist.

Der Kleine entwickelt sich bestens, aber seine Kruste ist daumendick.

Victor

Léontine an ihren Vater: Erlau, 17. August 1829

Lieber Papa,
Victor ist heute zum ersten Mal im Wagen ausgefahren; er ist bis Hietzing gegangen, ohne daß es ihn im geringsten ermüdet hat.
Seit einigen Tagen hat sich auch das Fieber gelegt, denn er nimmt keine Bäder mehr, und es genügt ihm, eine halbe Stunde in der Sonne zu sein, um es nicht mehr zu bekommen. Leider ist auf einmal das Wetter schlecht, es ist wirklich desolat.
Standenheim hat dem Victor befohlen, falls er wieder ein Anfang des Schüttelfrosts verspürt, bei diesem so viel kühlerem Wetter, einen Kataplasmus von Leinsamen sich auf den Bauch zu legen. Er meinte, es würde genügen, um den Anfang des Fiebers vergehen zu lassen, aber bis jetzt hat er es noch nicht gebraucht.
Merke Dir, lieber Papa, daß wir uns sehr gut in Deiner Abwesenheit aufführen. Alle sind gesund, und wir umarmen Dich zärtlich,

Léontine

Victor Metternich an seinen Vater aus Erlau, den 18. August 1829

Heute bin ich es, der sich beauftragt, Dir über meinen Zustand zu berichten, lieber Papa.
Drei schöne Tage an der Luft und in der Sonne hatten die Rolle des Bads übernommen, und ich hatte das Glück, dem Schüttelfrost zu entgehen. Heute war der Morgen miserabel: Regen, Kälte, Wind, also alles, was ich nicht gern habe. Ich habe meinen Ofen stark anheizen lassen; aber umsonst: Mein Feind ist gekommen ...
Abends ging es besser, und ich konnte mit meinen Besuchern reden.
Ohne diese Stunde würde ich verstumpfen, denn die Tage in Erlau werden mir einmal wegen ihrer Langeweile merkwürdig erscheinen.
Standenheim kommt morgen. Er versteift sich hartnäckig darauf, die Abendstunden zu wählen, wo ich mich ausgezeichnet fühle, und meidet, morgens zu erscheinen, wo ich mich so krank wie ein Hund fühle. Er verläßt sich auf meine Eindrücke, die für alles genügen müssen ...
Im Hause geht alles gut. Wenn meine Besucher mich verlassen, spiele ich gratis écarté mit Léontine, die immer verliert.
Ich vergaß Dir zu sagen, daß ich mit Vergnügen dreimal mittags im Wagen spazierengefahren bin.
Adieu, mein guter Papa.

Victor

Hier ein »factum« in der Art der Hermine. Die gute Kleine hat damit eine sehr schwere Niederkunft gehabt.

Fürst Metternich aus Königswarth,
den 19. August 1829

Ich bin hoch erfreut über die Nachrichten, die ich von Victors Gesundheit erhalte. Das Wetter ist recht abscheulich und kann nicht zur Heilung beitragen; wenn es Victor trotzdem gutgeht, ist dies dank seiner Konstitution. Ich zweifle nicht daran, daß der kleine graue Tiran sich kein neues Heim einrichten wird und daß Victor jetzt fühlt, daß er in der Behandlung nicht so streng ist, wie er glaubte.
Wenn gegessen werden muß, erlaubt er es, und so soll es sein.
Mein Aufenthalt hier geht dem Ende zu. Wenn Ihr alle bei mir wärt, würde ich nicht an eine Abreise denken. Es ist der lebhafte Wunsch, Victor wiederzusehen, der mich drängt, nicht wenigstens bis zum Ende des Monats zu bleiben, denn es sind nicht die Geschäfte, die mich nach Wien rufen. Die Taaffes sind nach fünf Tagen des Hierseins weggefahren; ich habe den Grafen im Park jagen lassen, wo jetzt sehr viel Wild ist. Er hat nichts geschossen, denn es ist ihm nur Kahlwild gekommen, kein einziger Hirsch, und er ist zu galant, um den Damen weh zu tun! Am ersten Platz neben Graf Taaffe war der Stand eines Preußen, eines leidenschaftlichen Jägers. Alle Hirsche sind ihm gekommen, aber er hat nicht nur keinen einzigen geschossen, man hat auch nie einen Schuß gehört. Nach der Jagd hat Graf Taaffe dem Nachbarn sein Erstaunen ausgedrückt. Mein Gott, hat dieser im besten Berliner Dia-

lekt geantwortet; die starken Hirsche haben sich gerade auf 30 Schritt vor mich gestellt. Ich habe angeschlagen, aber das Gewehr hat versagt; ich nehme eine zweite Patrone, diese hat abgebrannt; nun ein drittes Mal – ich drücke – nichts geht los; ich untersuche und fand den Hahn nicht gespannt. Indessen waren die starken Hirsche davongerannt! – Nur ein russischer General hat einen kapitalen Hirsch geschossen. Der hatte gespannt.

Jeden Tag habe ich acht bis zehn Personen, die zum Diner aus allen Ecken der Welt herkommen. Der Graf von Bray hat fünf Tage hier verbracht. Die Maltzahns sind aus Karlsbad gekommen. Morgen erwarte ich die Windisch-Graetz aus Tachau. Louise Schönburg diniert hier zwei- oder dreimal in der Woche. Du siehst also, daß ich nicht vereinsamt bin, sondern oft mehr Gesellschaft habe, als ich wünschen würde. Gentz ist ein Schmetterling inmitten dieses Damenflors, und ich sehe nicht, daß man ihn als Raupe behandelt.

Wenn Du hier wärst und die ganze Familie, wäre ich sehr glücklich und würde noch unbestimmt lange bleiben. Seitdem Riedl hier ist, tun wir nichts als Bäume schlagen. Sie fallen wie Hagel, und jeder Fall ist für uns die Eroberung einer charmanten Aussicht. Ich habe es Dir schon gesagt und kann es nur wiederholen, daß Du Königswarth nicht wiedererkennen würdest, es ist eine ganz neue Schöpfung und wird den größten und schönsten Park Böhmens und manch anderer Länder haben. Das Ganze wird ein Vorteil für die Wirtschaft sein, die sicher einige tausend Zentner mehr gutes Heu zur Verfügung bekommt. Die Schafe werden die Kosten des Betriebs reichlich bezahlen. Das ist einer der Vorteile, die man nur am Land haben kann – wo der Bauer mehr als sein Gewicht in Gold wert ist.

Das Wetter ist schon wieder regnerisch, und das allein macht mich traurig.

Adieu, meine gute liebe Léontine. Umarme alle Kinder und sage Mlle. Tardiveau herzliche Grüße. Sage Mme. Schaumburg, daß ich so froh bin, sie wiederhergestellt zu wissen. Der Kleine braucht ihre Gesundheit sehr notwendig.

Adieu, mein liebes Kind

Ich reise Sonntag den 23. von hier ab, und zwar über Carlsbad, um den Prinzen von Reuss und den Fürsten Arenberg zu sehen. Ersterer ist immer noch in sehr schlechtem Zustand, und die Ärzte zweifeln an seiner Rettung. Er scheint einen Abszeß in der Lunge zu haben und ist außerdem herzkrank. Fürst Arenberg hatte einen brandigen Rotlauf am Rücken, erholt sich aber davon. Am 24. bin ich in Plass für das Diner, und von dort teile ich Dir dann mit, wann ich nach Wien komme, es wird zwischen 2. und 4. September sein.

19. August

Es ist mir gestern etwas recht Merkwürdiges passiert. Als ich im Garten promenierte, habe ich auf einmal die Idee gehabt, daß, sollte ich Nicki heiraten, ich ein vierblättriges Kleeblatt finden würde, und kaum hatte ich meinen Gedanken zu Ende gedacht, als ich eins mit vier und noch zwei mit fünf Blättern fand. Dann wollte ich ein markanteres Zeichen finden, und schon hatte ich eins mit sechs Blättern gesehen. Ich konnte nicht anders, als es recht merkwürdig zu finden, und noch mehr, als ich zurückkam und man mir sagte, daß Nicki soeben angekommen wäre. Victor war entzückt von ihm und hat mich sogar forciert, eine Visite der Fanny zu machen, wo ich sehr gut empfangen wurde. Ich habe auch die Gräfin sehen müssen. Wie streng diese Frau mir vorkommt, ich hätte vor ihr eine Mordsangst.

20. August

Welcher Tag, der heutige!

Wie glücklich war ich! In der Früh ging ich zu Charlotte, was mich sehr freute, dann habe ich einen Brief von Ida bekommen, und dann nach dem Diner bin ich promenieren gegangen in Hietzing mit der Gräfin Fuchs. Unterwegs begehrte ich sehr, Nicki zu sehen, als er plötzlich an unserem Wagen vorbeiritt. Ich habe kaum Zeit gehabt ihn zu sehen, und war daher angenehm überrascht, als ich ihn wieder während der Promenade in Hietzing sah. Ich sprach

mit ihm, er ritt dann weiter, aber kurz danach kam er im Schritt auf die große Straße zurück, und es schien mir, daß er mich die ganze Zeit anschaute, weil er sich immer in meine Richtung drehte.
Er kam bis zur Stelle, wo der Weg anfängt, und dann kam er zu Fuß uns entgegen, und wir gingen ein gutes Stück zusammen. Als ich in den Wagen stieg, ist er fortwährend neben uns galoppiert und hat uns so bis zur Schönbrunner-Brücke begleitet.
Wie glücklich war ich! Ich kann es nicht genug sagen. Einmal habe ich mir eine kleine Koketterie erlaubt, als Nicki etwas verweilte, indem er uns nachritt, habe ich mich zurückgedreht und sah ihn an, er kam uns dann auch geschwind nach. Ich glaube, daß Tardiveau etwas vermutet oder daß Gräfin Fuchs ihr was gesagt hat, weil sie mit mir immer zankt, wenn ein Herr mich anspricht, und diesmal hat sie nicht einmal den Mund aufgetan.

Léontine an ihren Vater: 22. August 1829 – Erlau

Lieber Papa,
nach dem letzten Brief von Gentz an Mercy scheint es, daß Du heute Königswarth verläßt und zu uns am 7. September zurückkommst. Victor möchte einige Tage vor Deiner Ankunft in die Stadt zurückkehren, da weder das Wetter noch der Aufenthalt in Erlau angenehm genug sind, um uns am Lande länger bleiben lassen zu wollen. Victor geht es weiter gut. Nach Standenheims Befehl hat er sein Zimmer heizen lassen, und der Kataplasmus auf dem Bauch tut ihm gut, so daß er dank dieser beiden Mittel den plötzlichen Temperaturwechsel nicht so empfindet ...
Frau Schaumburg geht es wieder besser, sie fängt an spazierenzugehen. Richard und wir sind alle gesund. Adieu, mein allerliebster Papa. Ich liebe Dich und umarme Dich zärtlich

Léontine

Victor Metternich an seinen Vater aus Erlau, den 24. August 1829

Wir haben beschlossen, am Montag 31. August in die Stadt zurückzufahren. Somit findest Du uns alle schon eingerichtet.
Es ist viel besser für Dich und für uns. Das schöne Wetter ist zwar wiedergekommen, aber wenn es acht Tage dauert, haben wir Glück, und auch dann sind die frühen Stunden und die Abende sehr kühl. Man sieht bereits die Herbstnebel. Die Kinder hatten genug von Erlau, und meinerseits, nach einem guten Tag, der mir wohl tut, kommen zwei der drei anderen, die mich genausoweit zurücksetzen. Ich kann nur den Salon heizen, und der Ofen stinkt – an solchen Tagen kann ich mich kaum bewegen, weil alles eisig ist um mein Zimmer herum, und danach habe ich einen dicken Kopf und fühle mich wie ausgetrocknet.
Es geht alles nicht so gut, wie ich es mir wünschen würde.

...

Standenheim nennt alles »einen Krampf«, aber wo hat man nur einen Krampf gesehen, der diese Art von Kälte, Hitze und Schweißausbruch annimmt und sieben Monate dauert!

...

Victor

Fürst Metternich aus Plass, den 25. August 1829

Hier bin ich nun an diesem Ort der Ruinen und Trauer. Wenn man von Königswarth nach Plass kommt, hat man das Gefühl, in einem Tag um zehn Jahre gealtert zu sein. Dort ist alles im Werden, hier sind nur Trümmer. Ich hätte wahrlich keine bessere Wahl treffen können, um die sterblichen Reste der Familienmitglieder hier zur letzten Ruhe zu legen. Denn kein Lebender möchte hier wohnen, und die einzige, den Umständen angemessene Wohnung ist die, die uns alle erwartet und die wir mit Gottes Hilfe so spät wie möglich beziehen werden.

Die Kirche, wo sich die Gruft befindet, ist ganz fertig; sie ist sehr gut, und ich behaupte sogar, daß sie nicht besser sein könnte. Ich habe heute früh eine Messe lesen lassen, es war der erste Besuch, den ich dort machte, und Gott weiß, was ich empfunden habe.

Die Eisenwerke sind sehr schön und sicher das Vollendetste, das man in dieser Art haben kann. Es besteht jetzt kein Zweifel mehr, daß das Unternehmen bestens geht. Das Eisen ist sehr gut, viel besser als das aller anderen Betriebe in diesem Teil Böhmens. Du hast nie einen Hochofen gesehen, noch eine große Schmiede. Die Arbeit, die Tag und Nacht weitergeht, ähnelt der der Titanen. Ein Feuer wie in der Hölle, Flammen, die überall heraussprühen; der Lärm der Blasebälge ist wie der eines furchtbaren Sturms; Hämmer, die drei Zentner wiegen und ohne Unterlaß auf die Ambosse fallen, und das Rauschen des Wassers auf den Mühlrä-

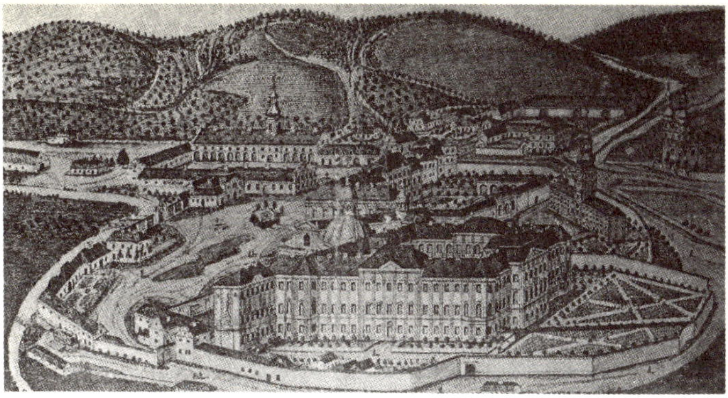

Schloß und Kloster Plass

dern, 100 schwarze Männer, die Riesenmengen rotglühendes Eisen tragen – das Ganze schaut wie die Behausung Plutos aus.
Wenige Dinge sind für den menschlichen Geist ehrenvoller als diese großen Maschinen, und wenn man denkt, daß ohne sie die Gesellschaft auf Grundbedürfnisse verzichten müßte und in einen primitiven Urzustand zurückfallen würde, muß man die Erfinder hochhalten.
Inmitten der Ruinen und Neuschöpfungen von Plass kann eine sonderbare Persönlichkeit beobachtet werden – Herr von Gentz. Er schwankt hier zwischen Verzweiflung und Wut. Ersteres Gefühl hängt ganz mit kleinen Dingen zusammen, das andere wird von großen hervorgerufen. Du weißt, wie kahl unsere Wohnung ist und wie sie jeglichen Komforts entbehrt. Große weiße Zimmer, Säle, Räume, die infolge ihrer Leere stark widerhallen – das alles bringt ihn zur Ver-

zweiflung. Ich habe ihm das kleine Loch zugewiesen, wo Du das letzte Mal, als Du mit mir hier warst, gewohnt hast; er will nicht mehr herkommen. Dies also für die Verzweiflung. Seine Wut richtet sich gegen alles, was er an meinen Ideen als höllisch bezeichnet: die großen fauchenden und klopfenden Maschinen, diesen Sabbat einer anderen Welt; die schwarzen Männer, mit einem Wort, alles, was nützlich ist, bringt ihn zur Wut. Dazu kommt noch, daß alles ihm Angst macht, und Du wirst begreifen, daß er Plass mit dem Tartarus verwechseln muß. Er wird Dir was Schönes erzählen.

Gestern habe ich bei der Ankunft Deinen Brief vom 22. erhalten Ich brauche Dir nicht zu sagen, wie glücklich ich über die guten Nachrichten von Victor bin. Ich begrüße sehr Deine Idee, daß Ihr Euch schon vor meiner Ankunft nach Wien begebt. Ich werde Euch mit Freuden dort finden und auf diese Weise nicht nach Erlau fahren müssen. Versucht alles, wenn der Arzt nichts dagegen hat, um den 1. September zu übersiedeln. Richard kann schon gleich in seine neue Wohnung einziehen. Frage Jäger, ob er nicht glaubt, daß es besser wäre, Sophie zu lassen, wo sie ist; der Kleine hätte dann die zwei neuen Zimmer; die einzige Erwägung, die dagegen sprechen könnte, wäre die, daß es Jäger vielleicht lieber ist, daß er nicht in einem neuen Zimmer schlafe. Er soll entscheiden, wie er will und wie er es als Arzt richtig findet.

Ich bitte Dich, liebe Léontine, der charmanten Adèle meine Glückwünsche zu sagen; wenig Entschlüsse

machen mir mehr Freude als der ihre; da ich nicht möchte, daß Du Herrn von Sterk heiratest, noch auch, daß Victor Adèle als Braut habe, finde ich, daß die guten Leute nichts Besseres tun könnten, als sich zu vermählen. Adèle wird Graz entzücken, und Graz wird ihr gefallen; diese ganze Idee ist ausgezeichnet.
Ich hatte meinen Brief bis zu dieser Stelle geschrieben, führe ihn aber nach meinem Abendspaziergang noch weiter:
Ich komme von der Gießerei, wo jeden Abend der Schmelzofen um 17 Uhr aufgemacht wird. Es liegen schon eine Menge Bestellungen vor, und heute hat man große Arbeiten für eine Fabrik gemacht, ich weiß nicht, wo diese ist. Der Anblick ist so gut wie ein Feuerwerk. Vorläufig ist nur ein Hammer in Gang, er heißt Victorhammer. Der zweite bekommt Deinen Namen – da es sechs werden sollen, kommt die ganze Familie dran! Der große Schmelzofen heißt die St.-Clemens-Hütte. Victor macht schon einen solchen Lärm, wenn die ganze Familie im Chor arbeitet, wird es nicht zum Aushalten sein.
Adieu, mein gutes liebes Kind. Ich umarme Dich, wie ich Dich liebe, und tue dies für Euch alle. Sage Hermine, daß mein erster Brief für sie sein wird. Tausend Grüße an Mlle. Tardiveau.

Durch ein Mißverständnis hat keiner von uns gestern geschrieben, mein lieber Papa, so daß wir befürchten, Du könntest besorgt sein, da die letzten Nachrichten von Victor nicht so gut waren wie die vorherigen. Seitdem wir in Wien sind, das heißt seit zwei Tagen, geht es dem Victor auf einmal besser; gestern ist er zwei Stunden im Volksgarten spazierengegangen, was ihm gutgetan hat, die Nacht heute war gut, und Standenheim ist zufrieden.
Er hat dem Victor wieder die Bäder verordnet, da er der Meinung war, daß die Kataplasmen nicht eine so allgemeine Wirkung hätten wie die Bäder. Er ist überzeugt, daß der Schüttelfrost nicht 31 Grad Hitze widerstehen wird, dazu wird das Zimmer auch noch geheizt. Jetzt hat Victor ein neues Régime angefangen, er nimmt ein Mineralwasser, das Johannisbrunnen heißt und eine Art Selterswasser ist, gemischt mit Kuhmilch. Er trinkt das den ganzen Tag, und abends trinkt er ein großes Glas Eselsmilch; seit einigen Tagen hat Standenheim ihm Fleisch verboten, aber ich glaube, daß er nächste Woche wagen wird, es wieder zu essen.
Richard ist sehr gut in seinen Zimmern eingerichtet. Jäger läßt ihn im grünen Zimmer schlafen und die Frauen in dem von Sophie, durch welches man geht, um zu Richard zu gelangen, da Jäger die Tür zum großen Zimmer zumachen ließ, wegen Durchzüge. Sophie ist im zweiten Zimmer, so sind sie alle gut instal-

liert. Hermine freut sich auf Deinen Brief und ist schon ganz stolz darauf.
Adieu, mein lieber und guter Papa, ich befürchte, daß mein Brief Dich nicht mehr erreicht. Ich kann Dir nicht genug sagen, wie sehr ich mich freue, Dich wiederzusehen; es scheint mir ein Jahrhundert zu sein, seitdem Du uns verlassen hast.

Adieu,
Léontine

Victor Metternich aus Wien an seinen Vater, den 30. August 1829

Mercy teilt mir mit, daß ein Kurier gleich losgeht, so benutze ich die Gelegenheit, um Dir noch vor Deiner Rückkehr gute Nachrichten von mir zu übermitteln. Ich bin wieder bei dem Régime der Bäder und der Milch, verdünnt mit Johannisbrunnenwasser, und befinde mich gut dabei ...
Ich habe gestern Deinen Brief vom 26. bekommen und wäre noch viel zufriedener, wenn ich von Dir die Einzelheiten über Deine Fahrt erfahre. Die, die Du schon gibst, haben mich sehr gefreut ...
Wir erwarten Dich hier am 4., mein lieber Papa, und am 5., wenn Du vorher bei dem Kaiser vorbeigehst, wie man es uns sagt.

Adieu, und laß uns nicht Deiner harren.
Meine Schwestern umarmen Dich. Dem Kleinen geht es gut.

Victor

15. September
Bei Tatitcheffs war ein Feuerwerk zu Ehren des Geburtstags von Helene Apraxin. Allerdings langweile ich mich überall, wo Nicki nicht ist, obgleich ich weiß, daß ich ihm gleichgültig bin und daß er die Fürstin Ligne liebt. Adèle hat es mir gesagt. Aber trotzdem und trotz aller Versuche, daß er mir gleichgültig wird, gelingt es mir nicht. Er hat für mich einen unwiderstehlichen Charme und wenn er wollte, würde er in mir eine Frau finden, die ihn bewundert und die tausendmal ihr Leben für ihn geben würde. Aber ich soll in dieser Welt nicht glücklich werden.

25. September
Abends bei Zichy spielte Stepherl Szechenyi die Sentimentale, ohne dabei interessant zu werden. Man sagt, sie hätte eine Passion für Carl Zichy. Welche Mühe hatte ich mir nicht gegeben, um Nicki zu vergessen, und oft glaubte ich, es erreicht zu haben, um dann bei der ersten Gelegenheit zu sehen, daß ich immer noch Feuer und Flamme für ihn war. Ida glaubte, daß er mir gleichgültig geworden war, aber wie irrte sie sich!
Nun ist endgültig der kleine Vampir aus meinem Herzen entrissen, und ich habe ihn ganz vergessen. Ich fühle, daß er mir gleichgültig geworden ist, und ich bin entzückt, denn es war erniedrigend, immerfort an einen zu denken, der sich nicht mit mir beschäftigt.

Gräfin Szechenyi-Seilern

26. September
Maurice D. ist hier seit einiger Zeit. Er gefällt mir gut mit seinem Gesicht und seinen Manieren, und dann liebt er Victor sehr, was ein gutes Mittel ist, meine Eroberung zu machen. Ida sagte mir, daß es

geschehen wird, aber ich glaube es nicht, obgleich ich weiß, daß er mich hübsch findet, weil er es mir mehrmals gesagt hat. Im allgemeinen, wo er kann, macht er mir Komplimente, aber das ist vielleicht nur Freundschaft, und er kommt mir auch ein wenig als »Phraseur« vor. Ich sehe ihn allerdings jeden Tag, so daß niemand mehr in der Lage wäre, mir die Cour zu machen.

3. Oktober

Welcher Tag, der heutige!

Victor ist sehr krank und hat sogar gebeten, versehen zu werden! Welche lugubre Zeremonie! Wir haben uns alle in seinem Zimmer versammelt, und auf den Knien flehen wir zu Gott, ihn uns erhalten zu wollen. Obzwar ich ihn nicht so schlecht finde und die Vorahnung habe, daß er sich davon erholen wird. Maurice war bewundernswert und benahm sich so, wie der zärtlichste Sohn es tun konnte. Welch Unterschied mit Sepi! Er kam uns besuchen, und nachdem er gesehen hatte, wie wir vor Trauer vergingen, verließ er uns, um ins Theater zu gehen und dann zu einem Fest am Grünberg. Die Liebe macht ihn gleichgültig gegen alles, und Maurice dafür ist ganz Herz. Man sieht, daß Victor der Mittelpunkt und das Ziel seiner Gefühle ist und daß alles, was Victor berührt, ihm teuer ist und von ihm geachtet wird. Gott erhalte uns diesen geliebten Bruder, alle meine Gedanken wenden sich im Gebet, um nur diese eine Bitte zu erflehen. Sind wir nicht schon genug geprüft worden, und ist nicht das Schwert des Schmerzes müde, uns zu schlagen?

6. Oktober

Victor ist immer noch leidend. Er ist sehr schwach und zutiefst niedergeschlagen. Obzwar die Doktoren sagen, daß es ihm so gut wie möglich geht. Ich möchte es nur glauben, aber im Grunde habe ich wenig Hoffnung, daß er sich erholt. Mein Gott, welches entsetzliche Unglück, und wie sollten wir es tragen! Ich kann nicht daran denken und bin überzeugt, daß er sich selber schlecht fühlt und wenig auf Genesung hofft.

9. Oktober

Victor geht es etwas besser, obgleich wir noch nicht über seinen Zustand beruhigt sind, weil man immer böse Folgen seiner Krankheit erwarten kann. Ich traue es mir selber kaum einzugestehen, aber ich habe im Grunde wenig Hoffnung. Es kommt mir vor, daß seine Brustkrankheit sich zum Bösen entwickelt.

Das Tagebuch bricht hier jäh ab.

Die österreichische Botschafterin in St. Petersburg, Gräfin Ficquelmont, schrieb in ihrem Tagebuch am 6. Dezember 1829:

»Wir erfahren soeben von dem Tod von Victor Metternich am 30. November! So jung und mit so viel Geist, so vielen Möglichkeiten und mit einer so vielversprechenden Zukunft!

Fürst Metternich aus Wien, 16. Dezember 1829

Mein lieber Neumann,
ich habe die Gewißheit, daß Sie eine so innige Anteilnahme an meinem letzten Unglück empfinden, daß ich mich gezwungen fühle, mit Ihnen über dessen Gegenwärtigkeit und Ausmaß zu sprechen.
Ich habe in meinem Sohn den letzten wirklichen Anreiz meines Lebens verloren. Er blieb mir noch zu verlieren, und ich konnte dem nicht entgehen. Die letzten Wochen der Existenz Victors waren für mich nichts als eine verlängerte Agonie.
Als das Ereignis vollbracht war, mußte ich mich erleichtert fühlen, und der Kranke selber, dessen wahrhaft heroische Seelenstärke ihn auch nicht bis zum letzten Atemzug verließ, empfand dies auch so stark, daß er am Vorabend seines Todes mit engelhafter Ruhe mir sagte: Bald werden wir zwei uns erleichtert finden!
Ich habe den Schmerz gehabt, dem Sterben vieler beizuwohnen; ich habe aber noch niemand von diesem Leben zum nächsten gehen gesehen, wie mein armer Sohn es tat.
Alles, was die Seele an Reinheit, der Geist an Klarheit, der Charakter an Stärke, was die Religion als Friede und das Gewissen als Trost und Zuversicht geben können, war ihm zuteil geworden. Er hat sich von jedem Menschen, der ihn in den letzten Tagen umgab, verabschiedet wie ein Freund, der sich auf eine lange Reise begibt. Meine Eindrücke wurden auch von den Anwe-

senden geteilt, auch die Ärzte und die Priester beurteilten es wie ich.

Der Teil meines Lebens, der mir nach dem grausamen Verlust Anfang des Jahres noch geblieben war, wurde mir noch vor dem Ende dieses schrecklichen Jahres genommen.

... Adieu in Freundschaft
Metternich

Anhang

Kurzbiographie
Fürst Clemens Wenzel von Metternich-Winneburg

Geboren in Koblenz am Münzplatz am 15. Mai 1773.
Universitätsstudium in Straßburg 1788–90 unter einem späteren Jakobiner.
Studien und diplomatische Praxis in Frankfurt und Brüssel 1790–95.
Heiratet im September 1795 zu Austerlitz in erster Ehe Eleonore Prinzessin Kaunitz, die Enkelin des Staatskanzlers der Kaiserin Maria-Theresia. Kinder: Marie, geb. 17.1.1797, gest. 20.7.1820 – Franz, geb. 21.11.1798, gest. 3.12.1799 – Clemens, geb. 10.6.1799, gest. 15.6.1799 – Victor, geb. 15.1.1803, gest. 30.11.1829 – unehelicher Sohn: Baron Roger Aldenburg, der von seinem Großvater erzogen wurde und bei der Familie blieb.
Clementine, geb. 30.8.1804, gest. 6.5.1820 – Léontine, geb. 18.6.1811, gest. 16.11.1861, heiratete Graf Sandor, eine Tochter: Pauline – Hermine, geb. 1.9.1815, gest. 1890.
1796 Studien in Wien, 1797–99 Delegierter am Kongreß von Rastatt.
1801–03 Kaiserlicher Gesandter am sächsischen Hof.
1803–06 Kaiserlicher Gesandter am preußischen Hof.
1806–09 Kaiserlicher Botschafter bei Napoleon.

1809 Staats- und Außenminister.

1812 Kurator der Akademie der Bildenden Künste.

18.10.1813 Völkerschlacht von Leipzig.

1814–15 Der Wiener Kongreß stellt den Frieden Europas wieder her und begründet für Jahrzehnte den Ruf Metternichs.

1818 Aachener Kongreß; 1820 Kongreß von Troppau; 1821 Kongreß von Laibach. »Die kleinen Kongresse haben mehr Probleme verarbeitet als der von Wien.« (Brighton, 15. Februar 1849, Metternich an Sir Travers Twiss)

1821 Hof- und Staatskanzler.

1822 Kongreß von Verona, gefolgt vom Monarchentreffen in Venedig, wo Rossini die Premiere seiner »Semiramis« gibt – Motiv mit dem Lieblingslied des Fürsten »Freut euch des Lebens«.

Am 5. November 1827 heiratet der Witwer Metternich manchen zum Trotz und einigen zum Leid Antonie Leykam. In diese neubegründete Harmonie fällt aber die große Politik mit einem Paukenschlag: die Vernichtung der türkisch-ägyptischen Flotte im Hafen von Navarino durch die vereinigten britisch-französisch-russischen Geschwader, die damit auch Metternichs orientalische Friedenspolitik trifft. Ein Kurier aus Triest bringt die Nachricht gerade zum Hochzeits-Dejeuner. Und schadenfroh bemerkt sein alter Partner, der russische Außenminister Nesselrode: »Was wird unser Freund Metternich nun sagen? Er wird seine langweiligen Grundsätze verkünden und wieder vom Recht reden – es lebe die Gewalt, sie regiert heute die Welt!«
Sohn: Richard, geb. 7.1.1829, gest. 1.3.1895, späterer Botschafter in Paris bei Napoleon III., heiratete seine Halbnichte Pauline Sandor.

1829 Tod von Antonie Leykam. 1831 dritte Ehe mit Mélanie Zichy-Ferraris. Kinder: Mélanie, geb. 27.2.1832, gest. 16.11.1919 – Clemens, geb. 27.4.1833, gest. 10.6.1833 –

Paul, geb. 14.10.1834, gest. 6.2.1906 – Lothar, geb. 12.9.1837, gest. 2.10.1904

1843 Ehrenpräsident der Römischen Archäologischen Gesellschaft.

1846 Begründer der Akademie der Wissenschaften in Wien.

1848 Sturz Metternichs.

1848–49 Exil in England. »Spectateur de Londres« von ihm ins Leben gerufen.

1849–51 Exil in Brüssel, wo er engen Kontakt mit König Leopold pflegt. (Breycha-Vauthier: »Metternich à Bruxelles – Lettres inédites«, in: »Revue Générale Belge«, Oktober 1957.)

1851 Rückkehr in die Heimat: »Der Beobachter in der Loge.«

1859, in den letzten Wochen vor seinem Tod, beauftragt ihn der junge Kaiser Franz Joseph, der bei Ausbruch des Krieges mit Frankreich und Piemont zur Armee eilte, damit, Österreich aus der Isolierung, in die es seine Nachfolger manövriert hatten, wieder herauszuführen. Er ist mit diesem Versuch gescheitert und stirbt am 11. Juni 1859: »Die Uhr Europas ist zerschlagen.« (Hebbel)

Index

Alphabetischer Index der in Léontines Tagebuch erwähnten Persönlichkeiten

Abrantès (Herzogin von) und *Madame Junot* siehe *Permond*, Laure

Aldenburg, Baron Roger, (geboren 21.10.1827 – gestorben in Wien 1906). Unehelicher Sohn von Victor Prinz Metternich und Marquise Henriette de Castries.
23.4.1854 wurde er in den österreichischen Staatsdienst aufgenommen und der Botschaft in London zugeteilt. (Außenminister Graf Buol schrieb dem Kaiser: »Der junge Baron Aldenburg, dessen Verhältnis zur fürstlichen Familie Metternich Euer Majestät bekannt ist ...«) Kurz darauf wurde er Geheimer Rat.
Er war ein treuer Begleiter der Familie Metternich in guten wie in schlechten Tagen und starb unvermählt, seine Erbschaft und seine französischen Erinnerungen an den Herzog Fitz-James (Onkel mütterlicherseits) den Metternichs hinterlassend.
Er liegt in der Familiengruft in Plass.

Batthany
Graf Vinzenz Batthany (1772–1827) k.k. Kämmerer, Geheimer Rat, Vizepräsident der Hofkammer, vermählt 1801 mit Josephine von Rudnyak (1778–1847).
Kinder:

1. Aglae (1805–1859), vermählt 1834 mit Graf Johann Batthany (1784–1865).
2. Aurora (1806–1881), vermählt 1831 mit Friedrich Prinz von Thurn und Taxis (1799–1837).
3. Isaura (*1809).
4. Athenaise (*1811).
5. Irene (1811–1899), vermählt mit Clemens Graf von Schönborn-Wiesentheid (1810–1877).
6. Arthur (1813–1893), vermählt 1849 mit Julie Gräfin Apraxine.
7. Hermine (*1815), vermählt 1840 mit Philipp Franz, Freiherr Stillfried-Ratonitz.

Bayern, Karl Theodor von (1724–1799), 1733 Pfalzgraf von Sulzbach, 1742 Kurfürst von der Pfalz, 1777 Kurfürst von Bayern (Erbe durch Aussterben anderer Linien).
Vermählt 1: 1742 mit Prinzessin Marie Elisabeth von Sulzbach (1721–1794). 1 Sohn Franz: 28/29.6.1761.
Vermählt 2: 1795 mit Marie Leopoldine Erzherzogin von Österreich-Modena (1776–1848), Tochter des Erzherzogs Ferdinand von Österreich und der Marie Beatrix von Este, Herzogin von Modena.
Die verwitwete Kurfürstin heiratete 1804 den Grafen Ludwig Arco (1773–1854).

Braunschweig, Herzog von
Herzog Karl II., Wilhelm von Braunschweig-Wolfenbüttel. (* 9.10.1735, gefallen gegen die Franzosen am 10.11.1806 in der Schlacht von Auerstädt.)
Vermählt 1764 mit Auguste, Prinzessin von Großbritannien (1737–1813), die eine Tochter des Frederick, Prince of Wales, und Enkelin König Georgs II. war.
Sein Sohn, Herzog Friedrich Wilhelm (* 9.10.1771), fiel in der Schlacht von Quatre Bras-Waterloo am 16.6.1815.

Er war seit 1802 mit Marie Prinzessin von Baden vermählt und hinterließ zwei Söhne:
Karl III. (30.10.1804–18.8.1873), seit 1830 als regierungsunfähig abgesetzt.
Wilhelm (25.4.1806–18.10.1884).

Bray, François-Gabriel Comte de (1775–1832), Franzose und Ritter des Malteserordens ab 1783, wird 1784 Ordensgesandter am Kongreß von Rastatt, emigrierte nach der Revolution und trat später in die Dienste Bayerns, dessen Vertreter er in Berlin, Petersburg und Wien wurde.
Als wissenschaftlicher Schriftsteller publizierte er u a.: »Reise in den Salinen von Salzburg und Reichenhall« und »Kritische Studien zur Livonischen Geschichte«.
Vermählt 1805 mit Baronin Sophie Löwenstern (1788 bis 1855).
(Nachkommen: de Bray, Rechberg, Maltzahn, Thurn, Goess u. a.)

Brugnoly, Amalie Brugnoli-Samengo, die 1824–1828 am Kärntnertortheater engagiert war.

Buol Schauenstein, Karl Ferdinand Graf von (1797–1865), vermählt 1830 mit Caroline Prinzessin Isenburg-Birstein (1809–1861). Österreichischer Diplomat, Botschafter in St. Petersburg 1848, wo er sich besonders bewährte, 1851 Botschafter in London, wo er ein gutes Verhältnis zu England anbahnte; 1852 nach dem Tod des Fürsten Felix Schwarzenberg Minister des kaiserlichen Hauses und des Äußeren, Präsident der Minister-Konferenzen. Er versuchte durch Mäßigung ein friedliches Verhältnis nach allen Seiten zu bewahren, was im Krimkrieg zu einer Isolierung und Schwächung Österreichs führte. 1859 wurde er seines Postens enthoben.

Castries, Claire Clémence, Henriette de Maillé Marquise de, * 1785.
Die »Marquise« von Victor genoß keinen guten Ruf. Graf Appony beschrieb sie in seinen Memoiren als »fern von einer Schönheit und wenig distinguierten Manieren«. Andere sagten, sie hätte »den Charme und die Leichtfertigkeit der Stuart«. Sie war sieben Jahre älter als Victor Metternich, der ihr bis zu seinem frühen Tode treu blieb.
Der Sohn dieser Verbindung wurde vom Kaiser Baron Altenburg genannt. Er starb 1906 und hinterließ sein Vermögen den Metternichs.
Balzac soll sie zum Vorbild für seine »Duchesse de Langeais« genommen haben und ihr sehr die sieben Jahre dauernde Verbindung mit Victor Metternich verübelt haben.

Caraman, Charles Louis Victor de Riquet Duc de (1762–1839), Sohn des Victor Maurice, Graf Caraman. Emigriert nach Preußen, lebte er lange in Berlin und erzog dort seine Kinder.
Nach der Restauration wurde er französischer Botschafter in Wien, und Mitglied des Obersten Hauses (Chambre des Pairs).
Charles Louis hatte 1785 Josefine Gräfin Merode-Westerloo (1765–1824) geheiratet. Sie hatten zwei Söhne:
Victor Maurice (1786–1837), Aide de Camp von Prinz Louis Ferdinand von Preußen, gefangen bei Jena, wurde er Aide de Camp von Napoleon, und starb an Cholera bei der Belagerung von Constantine. Er hatte 1810 Marie Anne de Riquet de Caraman geheiratet (1792–1823). Sie sind die Vorfahren der jetzigen Herzöge von Caraman.
Adolphe.

Clanwilliam, Richard = Richard Meade, dritter Earl of Clanwilliam (1795–1879), Sohn des zweiten Earl und der Gräfin Caroline Thun und Brude.

Er hatte zwei Schwestern:
Lady Caroline Meade, vermählt 1811 mit Paul Graf Szechenyi. Sie starb 1820. Ihr Sohn Anton (Anton-Pal wurde er in der Familie genannt) war zuletzt österreichischer Husaren-General und kämpfte in Syrien und Palästina. Er starb an der Pest in Damaskus (28.2.1841). Der Witwer vermählte sich 1823 mit Emilie, Gräfin Zichy-Ferraris, Schwester der späteren Fürstin Mélanie Metternich.
Lady Selina Meade (*1795), vermählt 1821 mit Graf Karl Clam Martinic, Generaladjutant des Kaisers (1792–1840).

Clanwilliam, war in Wien, weil seine Mutter eine geborene Thun und seine Schwestern mit Graf Szechenyi und Graf Clam Martinic verheiratet waren.

Clary, Karl Fürst (1777–1831), verheiratet mit Gräfin Louise Chotek (1777–1864).
Kinder:
1. Gräfin Mathilde (1806–1896), verheiratet mit Fürst Wilhelm Radziwill (1797–1870).
2. Gräfin Euphémie (1808–1867) unverheiratet.
3. Gräfin Léontine (*1811), verheiratet 1832 mit Fürst Boguslav Radziwill (1809–1873).
4. Graf Edmund (1813–1895), verheiratet 1841 mit Elisalex Gräfin Ficquelmont (1825–1878).
5. Gräfin Félicie (1815–1902), verheiratet 1845 mit Robert Altgraf von Salm-Reifferscheidt-Raitz (1804–1875).

Cowley, Lady, Botschafterin, verheiratet mit The Hon. Henry Wellesley, jüngerer Sohn des ersten Earl of Mornington und Bruder des ersten Herzogs von Wellington. Er wurde zum Baron Cowley gemacht und war Botschafter in Österreich 1823–1831.
In erster Ehe verheiratet mit Lady Charlotte, Tochter des er-

sten Earl of Cadogan. Geschieden 1810. (Lady Charlotte heiratete dann den ersten Marquess of Anglesey.)
In zweiter Ehe verheiratet 1816 mit Lady Georgina Cecil, Tochter des ersten Marquess of Salisbury. † 1860.
Kinder aus erster Ehe:
1. Henry Richard (1804–1884), erster Earl Cowley, Botschafter zum Kaiser der Franzosen 1852–1867.
2. William (1806–1875).
3. Gerald (1809–1882).
4. Charlotte (1810–1891) verheiratet 1831 mit dem Hon. Robert Grosvenor (später Lord Ebury). (Fünf Söhne.)

Czerny, Karl, geboren in Wien 1791 als Sohn des böhmischen Klavierlehrers Wenzel Czerny, machte seine Studien unter Beethoven und Clementis. Er war ein angesehener Künstler und fruchtbarer Komponist. Er war Haupt der Wiener Klavierschule, in der Liszt, Thalberg, Döhner und Kullak ausgebildet wurden. Er starb 1857.

Dahlheim = Thalberg.
Unehelicher Sohn Dietrichsteins und berühmter Pianist.

Dietrichstein, Julie (1807–1883), Tochter des Grafen Moritz, Obersthofmeister der Kaiserin und der Gräfin Thérèse Gilleis.
Vermählt 1831 mit Fürst Karl Oettingen-Wallerstein (1796–1871).
Graf Moritz Dietrichstein hatte einen Sohn, Graf Moritz Dietrichstein (1801–1852), der Botschafter in London war und sich 1842 mit Gräfin Sophie Potocka (1820–1887) vermählte. Sie war die Schwester der Gräfin Julie Potocka (1818–1895), die sich 1841 mit Prinz Franz von Liechtenstein (1802–1887) vermählte.

Die drei Gefangenen, Lustspiel von Dupaty, Burgtheater 17.12.1825.

Zu dieser Zeit sind zwei Sänger namens David (Davide) am Kärntnertortheater engagiert: Giovanni und Antonio Giacopo.

Dorbach = Dornbach – ein Schloß im Wienerwald, erbaut und Eigentum von Feldmarschall Graf Lacy (1725–1801). Er vermachte den Besitz dem Fürsten Schwarzenberg.

Eckmühl, Prince d', der 1770 geborene französische Maréchal Davout besiegt die Preußen bei Auerstädt 1806. Im Jahr 1808 wird er »Duc d'Auerstädt«, 1809 wird er »Prince d'Eckmühl«.

Esterhazy, Paul Fürst (1805–1877), k.k. Kämmerer, Geheimer Rat und österreichischer Botschafter in London, Herr des Fidei Kommiss., vermählt 1855 mit Helena, geborene Gattendorf (1835–1896).
Sein Bruder Nikolaus Graf Esterhazy, (1804–1885), k.k. Kämmerer und Geheimer Rat, vermählt 1833 mit Marie, Gräfin Plettenberg.
Moritz Graf Esterhazy (1807–1890), k.k. Kämmerer, Geheimer Rat, bis 1855 Gesandter am päpstlichen Hofe.
Vermählt 1834 mit Polixena Prinzessin Lobkowitz.
Josef Graf Esterhazy (Pepe), vermählt mit Prinzessin Marie Metternich (17.1.1797–20.7.1820). Er blieb 15 Jahre nach dem Tode seiner Gattin Witwer und heiratete dann Helene Besobrasoff.

Fesch, Josef (1763–1839)
Aus der Basler Familie Faesch, Sohn eines Kapitäns der Schweizer Garde des Königs von Frankreich, der 1757 die Witwe Ramolini (Großmutter Napoleons) heiratete. Er war also Stiefbruder von Madame Laetizia.
Auf den geistlichen Stand vorbereitet, wurde er 1796 Kriegskommissar in französischen Diensten. In Italien legte er sich durch Plünderungen eine wunderbare Samm-

lung von Bildern an, mußte aber deswegen sein Amt niederlegen.
1801 wurde er zum Priester geweiht, 1802 Erzbischof von Lyon, 1803 Kardinal; er krönte Napoleon zum Kaiser.
Er war dann maßgeblich an der Annullierung von Napoleons erster Ehe beteiligt.
Nach 1814 lebte er in Rom.

Floret Ritter von, Botschaftsrat
Vertrauter Mitarbeiter Metternichs, der seine Diskretion zu schätzen wußte und schrieb: »Die Diskretion ist seine Natur. Ich wette, daß Floret zu Mittag sich selber nicht zugibt, was er um elf gedacht hat.«

Fries, Moritz Graf, »Der junge Fries« (1804–1873), vermählt 1836 mit Flora, Freiin von Pereira-Arnstein.
1824 wurde er, als sein Vater aus der Bank wegen Unfähigkeit entlassen worden war, an die Spitze des Unternehmens gestellt. In der Nacht vom 28./29. April 1826, zurück von einer Soiree bei Fürst Metternich, wurde ihm die Zahlungseinstellung der Bank (der Konkurs) mitgeteilt, sowie der Selbstmord seines Vertreters Parisch (seine Großmutter war eine Parisch).
Er selbst erhält von Fürst Metternich eine Stelle an der Gesandtschaft in Rio und später als Legationsrat in der Staatskanzlei.

Fünfkirchen siehe Wurmbrand

Fürstenberg, Sophie Landgräfin von (1801–1829), vermählt 1827 mit Friedrich, Fürst von Oettingen-Wallerstein (1793–1842).
Ihre einzige Tochter Sophie (1829–1897), vermählt 1847 mit Georg Graf Buquoy (1814–1882).
Friedrich Oettingen heiratet in zweiter Ehe Maria Anna,

Gräfin Trauttmansdorff (Abstammung Oettingen-Wallerstein, Lobkowitz-Schwarzenberg).

Fuchs, Eleonore (Lori) Gräfin (geborene Gräfin Gallenberg), * 25.4.1786, vermählt 1801 mit E. Graf Fuchs.

Gentz, Friedrich von, 1764 in Breslau geboren, gestorben in Wien 1832: »Der Sekretär Europas«. Begabter Publizist, Sekretär und Vertrauter Metternichs. Er verfügte über hervorragende Beziehungen in aller Welt und war ein glänzender Stilist.
Eine langjährige Beziehung verband ihn mit der Tänzerin Fanny Elßler.

Großmama siehe Kageneck

Hatzfeld, Franz Ludwig Fürst von, gestorben 1827, hatte eine Tochter, Gräfin Hermine, geb. 1809, die sich 1829 mit Engelbert, Freiherr von Landsberg, vermählte.

(Die) *Heirat* aus Vernunft, Lustspiel von Scribe und Varner, Burgtheater 17.4.1827.

Hessen-Darmstadt, Emil Prinz von (1790–1856)
Zweiter Sohn von Ludwig I., Großherzog von Hessen.
Diente 1803–1807 unter König Friedrich Wilhelm v. Preußen und war eine legendäre Figur der Napoleonischen Epoche, nahm als General der hessischen Leibjäger und der leichten »Garde à Cheval« an der russischen Kampagne unter Napoleon teil.
Er kam mit nur sieben Mann nach Hause.
1830 wurde er General der Kavallerie in der hessischen Armee, er starb unvermählt.

Hitroff, Madame, geb. Elisabeth Golenischtchew-Koutouzoff, (1783–1839), Tochter des Feldmarschalls Michael Ila-

rionovitch Golenischtchew-Koutouzoff, Fürst Smolenskij, von Catarina Iljinitchna Bibikoff.
Verheiratet mit Ferdinand, Graf Tiesenhausen (* 1782, gefallen in der Schlacht von Austerlitz 1805), und in zweiter Ehe mit Nikolai Federowitch Chitrovo (Hitroff), gestorben 1819.
Aus der ersten Ehe waren zwei Töchter:
Catherine oder Catisch (1803–1888) Porträtsdame. (Sie bekam 1827 einen mysteriösen Sohn: Felix Nikolaievitch Elsten [1827–1877], dessen Vater Prinz Carl von Preußen, Bruder der Großfürstin Nicholas, sein soll.)
Dorothée (1804–1863), verheiratet 1821 mit Karl Graf Ficquelmont (1777–1857), österreichischer Diplomat, lange Zeit in St. Petersburg. Gräfin »Dolly« hinterließ sehr interessante Aufzeichnungen über den Hof von Nikolaus I.).

Hügel, Karl-Alexander Freiherr von (geboren Regensburg 25.4.1796 – gestorben 1870 in Brüssel.) Wie auch sein Bruder Freund der Familie Metternich in guten wie in schlechten Tagen.
Studierte Rechtswissenschaft im sogenannten kaiserlichen »Vorland« Freiburg. K.k. Offizier und Diplomat.
1821 nahm er unter Ficquelmont an der Expedition nach Neapel teil. 1831–1836 Weltreisender.
Er widmete sich später dem Studium der Naturwissenschaften und gründete eine berühmte Blumenzucht in Hietzing sowie die Gartenbau-Gesellschaft in Wien, deren Präsident er wurde.
Er veröffentlichte verschiedene Schriften über seine Reisen und war Mitglied bedeutender wissenschaftlicher Vereine.
Später Gesandter in Florenz, Brüssel, lebte dann in England. Er schenkte seine bedeutenden Sammlungen den Kaiserlichen Kabinetten und der Hofbibliothek.
Clemens, Freiherr von Hügel (1782–1849), älterer Bruder des Obengenannten. »Pressemann« des Kanzlers. Diplomat.

Hunyady, Josef Graf von Kéthely (1801–1869), k.k. Kämmerer, vermählt in Wien 1825 mit Henriette Prinzessin Liechtenstein (1806–1886). Sie war die Tochter des Fürsten Johann und der Josepha, Landgräfin zu Fürstenberg. Die Hunyadys hatten sieben Kinder:
1. Johann Baptist, geboren 7. Juli 1826 (der »kleine Janoch«). Dieser scheint früh gestorben zu sein, jedenfalls ohne Nachkommen.
2. Graf Imre, (22. Juli 1827–1902), vermählt 1869 mit Félicie, Gräfin Györy (1842–1913). Er war Vater des letzten Obersthofmeisters des Kaisers, Graf Josef Hunyady.

Ingestre, Lord Charles Thomas, Sohn des Charles, zweiter Earl of Talbot. (* 11.7.1802, verunglückte in Wien im Mai 1826 tödlich.)

Kageneck, Maria Beatrix, Gräfin von (Großmama) (* 18.12.1755, † 23.11.1828)
Tochter des Grafen Friedrich von Kageneck und der Anna Maria Freiin von Andlaw.
Vermählt 9.1.1771 mit Franz Georg Graf (seit 30.6.1803 Fürst) von Metternich-Winneburg (9.3.1746–11.8.1818).
Kinder:
Pauline Herzogin von Württemberg (29.11.1771–23.6.1855)
Clemens Lothar (13.5.1773–1859)
Josef (»Pepi«).

Kaunitz, Fürstin und Tochter = Franziska Xaveria Ungnad, Gräfin von Weissenwolff (1773–1859), vermählt 1798 mit dem Botschafter Aloys Fürst von Kaunitz-Riedberg (1774–1848).
Die Töchter waren:
1. Caroline (1801–1875), vermählt 1831 mit Anton Gundaccar Graf von Starhemberg (1776–1842). Keine Kinder.

Vermählt in zweiter Ehe 1860 mit Prinz Peter Arenberg, Witwer von Alix Talleyrand-Périgord.
2. Leopoldine (1803–1888), vermählt 1820 mit Anton Karl Fürst Palffy ab Erdöd (1793–1879). Keine Kinder.
3. Ferdinandine (Nandine) (1805–1862), vermählt 1822 mit Ludwig Graf von Karolyi von Nagy Karoly (1799–1863). Die Ehe wurde 1846 geschieden. Nandine war die Mutter des Botschafters Graf Aloys K. und Großmutter von Gräfin Nandine Berchtold.

Kolowrat-Liebsteinsky, Franz Anton (1778–1861), Sohn des Grafen Joseph K.-L. und der Gräfin Katharina Kolowrat-Krakowsky. Ritter des Goldenen Vlieses, Oberstburggraf von Böhmen, Staats- und Konferenzminister. Wurde als Gegenspieler des Kanzlers betrachtet. Vermählt 1801 mit Marie Rosa Gräfin Kinsky. Keine Kinder.

Lebzeltern-Collenbach Franz Freiherr von (1780–1863), k.k. Staats- und Konferenzrat im Ministerium des Äußeren,
vermählt 1. mit Caroline Bujanovics von Aggtelek,
vermählt 2. mit Aloysia von Vogel.
Sein Sohn Eduard, geboren 1812, war 1857 Gesandter in Lissabon.

(Die) *Leibeigenen oder Isidor und Olga*, Trauerspiel von Raupach, Burgtheater 15.5.1827.
(Die) Nachtwandlerin: Ländliches Ballett von Paul Taglioni, Erstaufführung: Kärntnertortheater, 13.9.1826

Leykam, Antoinette Baronesse, später Gräfin Beilstein (15.8.1806–17.1.1829), vermählt mit Clemens Fürst Metternich-Winneburg am 3. November 1827 in Wien.
Die Auserwählte war 33 Jahre jünger als der Fürst. Er hatte lange gesucht, ehe er die Wahl traf. Antoinette Baronesse Leykam wird von allen, die sie gekannt haben, als höchst

anmutiges, liebliches Wesen geschildert. Sanftmütig, ruhig und bescheiden, besaß sie, wie Franz von Andlaw erzählt, in hohem Grad die seltene Gabe des Zuhörens und wurde dem Gatten, was er erstrebte: eine empfängliche, schöne und seelisch reine Schülerin. In ihr fand er, wie er klagend nach ihrem Tod schreibt, ein Wesen, das ihm allein angehörte, das ihn jeder Überwachung enthob; ein junges Mädchen, das niemals den Ehrgeiz hatte, die Rolle der Mutter seiner Töchter zu spielen, sondern nur ihre ältere Schwester, ihr Beispiel und ihr Trost zu sein; »schön wie ein Engel und ein Engel an Eigenschaften« und – allein und ohne Familie. Denn die Familie Leykam genoß kein großes Ansehen in der exklusiven und medisanten Wiener Aristokratie. Der Vater Christoph Ambros war ein Sohn jenes Reichsreferendars, der Franz Georg Metternichs Förderer gewesen war, ein kleiner Diplomat ohne glänzenden Geschlechtsnamen und ohne nennenswerte Leistungen, aber ein begabter Musiker, Zeichner und Maler. Der Mutter, Antonia Pedrella aus Palermo, ehemals eine berühmte Schönheit und vortreffliche Sängerin, wurde mit Recht oder Unrecht allerlei über ihren Lebenswandel nachgesagt; ihr Wiener Salon, dessen anziehenden Mittelpunkt die älteste Tochter Antoinette bildete, wurde zumeist nur von Herren besucht. Der Staatskanzler widerstand der Einrede der eigenen Mutter und allen Intrigen und allem Klatsch, er folgte dem Zug seines Herzens und fand endlich das heiß ersehnte Glück in vollem Maß in der jungen Gattin, die Kaiser Franz zur Gräfin von Beilstein erhob. Mochte auch die Ehe in der Wiener hohen Aristokratie noch so große Sensation und Gärung hervorrufen, bald wurde die Staatskanzlei wieder der Ort froher Feste, auf denen die schöne Stimme der Mutter Leykam brillierte und Antoinette voll Takt und Würde die meisten Gäste gewann. Des Staatskanzlers Herz hatte sie ganz für sich, und sie betrachtete ihn als ihren ältesten und treuesten Freund.

Ihre Schwester sollte den Sohn eines reichen Amerikaners (Mr. Thorn) heiraten. Dieser war sehr dagegen gewesen, stimmte aber dann zu, als er erfuhr, daß sein Sohn dadurch Schwager des Kanzlers wurde.
Während der Hochzeit kam die Nachricht der Schlacht von Navarino, bei der die türkisch-ägyptische Flotte von der vereinten englischen, französischen und russischen Flotte vernichtet wurde.
(Am 1.1.1822 wurde die Unabhängigkeit des hellenischen Volkes verkündet. Durch den Interessengegensatz zwischen Österreich und Rußland in der griechischen Frage erfuhr die Heilige Allianz einen schweren Schlag.)
Dieses »Malheur«, wie es Léontine bezeichnet, wurde von Gentz als »böses Omen« für die geschlossene Ehe betrachtet.

Liechtenstein, Johann Fürst von (26.6.1760–20.4.1836), vermählt 12.4.1792 mit Josepha, Landgräfin von Fürstenberg-Weitra (20.6.1776–23.2.1848).
14 Kinder: Ida (Freundin von Léontine), die später Fürst Paar heiratete, war das vorletzte.
Feldmarschall, wurde er der »Bayard« (chevalier sans peur et sans reproche) der österreichischen Armee genannt.
Nach 1809 versuchte Napoleon, ihn für sich und seine Pläne, die Habsburger zu stürzen, zu gewinnen.
Liechtenstein wurde souverän in den Rheinbund aufgenommen, aber der Fürst gab nicht seine Unterschrift dazu und bestimmte abdankend seinen unmündigen Sohn zum Nachfolger.
Bei einer nächtlichen Unterredung, zu welcher, um Friedensverhandlungen durchzusetzen, der Fürst noch kotbespritzt vom langen Ritt in das kaiserliche Zelt geführt wurde, bot ihm Napoleon die Krone von Böhmen an. Der Fürst ging darauf nicht ein, worauf Napoleon mit bewegter Stimme sagte: »Ich sollte allen Monarchen solch treue Ge-

neräle wünschen«, und dann hinzufügte: »... aber vergessen Sie nicht, daß es leicht ist, nicht gierig zu sein, wenn man von Geburt aus schon viel hat. Meine Marschälle haben von der Pike auf gedient. Wer als Kind gehungert hat, ist später nie mehr satt zu kriegen.«

Liechtenstein, Ida Prinzessin von und zu, geboren in Eisgrub 12.9.1811, gestorben in Wien 27.6.1884, vermählt in Wien 30.7.1832 mit Karl Fürst Paar (1806–1881).
Zehn Kinder:
1. Guidobaldine (*1833), unvermählt.
2. Karl (1834–1917), vermählt 1866 mit Leopoldine Markgräfin Pallavicini (1845–1928).
3. Eleonore (1835–1913), vermählt 1856 mit Ernst Graf Hoyos Sprinzenstein (1803–1903).
4. Rudolf (1836–1873), vermählt 1864 mit Antonia Gräfin Crivelli (1840–1867). Keine Kinder.
5. Eduard (1837–1916), unvermählt. Gen.-Adjutant des Kaisers.
6. Josephine (1839–1926), vermählt 1861 mit Ladislaus Graf Falkenhayn (1833–1868), vermählt 2. mit Jaromir Graf Czernin (1818–1908).
7. Aloys (1840–1909), unvermählt, General der Kavallerie.
8. Franziska (1842–1881), vermählt 1862 mit Leopold Graf Bastatzky (1840–1902).
9. Marie (1843–1914), unvermählt.
10. Léontine (1844–1912), vermählt mit Oswald Graf Kielmansegg (1838–1896). Fünf Kinder.

Ligne, Eugène Prinz von (1804–1871), kaiserlicher Kämmerer, Ritter des Goldenen Vlieses von Spanien. Vermählt 1. 1823 mit Amélie de Conflans, Tochter des Marquis de Conflans und der Prinzessin Amélie Croy-Havré. Nach ihrem Tode vermählt 2. 1834 mit Natalie de Trazignies, gestorben 1835. Vermählt 3. 1836 mit Prinzessin Hedwig Czartoryska.

Ligne, Prinz Carl de, hatte eine uneheliche Tochter von Adelaide Nones (genannt Fleury). Diese wurde anerkannt und hieß Mademoiselle Christine (Titine) de Ligne (1788–1867), vermählt 1811 mit Graf Moritz O'Donnell (1780–1843), Kämmerer und Feldmarschall – Leutnant in Österreich. Sie hatten drei Kinder:
Maximilian, geboren 1812;
Moritz, geboren 1815 (Nachkommen: O'Donnell, Montjoye, Attems, Sprinzenstein, Uiberacker, Palffy, Henickstein);
und Euphemie, geboren 1823.

Ligne, Sidonie Prinzessin von (9.12.1786–1828), Tochter des k.k. Oberst Prinz Carl de Ligne (ältester Sohn des Feldmarschalls, gefallen am 14.9.1792 bei Croix-au-Bois), und der Hélène, Prinzessin Massalska, später Comptesse Vincent Potocki.
Vermählt 8.9.1809 in Mariaschen bei Teplitz mit Graf François Potocki (1788–1852). Die Ehe blieb kinderlos. »Wir liebten Sidonie nicht, obwohl sie Esprit hatte, aber sie war mokant und schlimm« (Lulu Thürheim).

Maria de Gloria, Königin von Portugal – siehe Portugal

Meade siehe Clanwilliam

Metternich-Winneburg, Richard Prinz (später Fürst), * 7.1.1829 – † 1.3.1895, Sohn des Staatskanzlers Fürst Clemens Metternich-Winneburg und der Baronesse Antoinette Leykam, Gräfin Beilstein, vermählt 1859 mit seiner Halbnichte Pauline, Gräfin Sandor. Drei Töchter.
Österreichischer Diplomat in Paris, London und wieder Paris, Gesandter in Sachsen, wurde 1859 dem österreichischen Generalstab zugeteilt und zum Botschafter in Paris ernannt (1859–1871). 1864 österreichischer Geheimrat. Er

und seine brillante Gattin waren sehr eng mit dem französischen Kaiserpaar befreundet und waren ihm auch bei der Flucht behilflich.

Metternich-Winneburg, Victor Prinz (15.1.1803 bis 30.11.1829), Sohn des Staatskanzlers Fürst Clemens Metternich-Winneburg und der Eleonore, Gräfin Kaunitz.
Er war der Stolz und die Qual seines Vaters, der über ihn schrieb: »Ich habe nur diesen Sohn, und wenn ich 65 hätte, wie der Schah von Persien, so würde ich ihn nicht weniger lieben. Der Gedanke, ihn zu verlieren oder ihn einem unsicheren Dasein ausgeliefert zu wissen, würde mich selber umbringen. Er ist ein schöner großer Junge, die Quintessenz des Eleganten (du fashionable), unwissend über das Leben, wie man es mit 18 Jahren ist, aber es fehlt ihm nicht an Intelligenz, und wenn er gut aufgelegt ist, bringt er zum Lachen, denn er hat Geist.«
Er wurde der österreichischen Mission unter seinem Schwager Graf Josef Esterhazy bei der Krönung von Georg IV. in London zugeteilt und nahm dann teil am Kongreß von Verona, wo sein Vater stolz über ihn schrieb: »Man kann nicht zufrieden genug mit ihm sein. Er wird ein nützlicher und guter Mann werden ... und liebt die Arbeit fast so sehr wie seine Freunde den Prater.«
Zum Kämmerer ernannt, und der Botschaft in Paris zugeteilt, verliebte er sich in die sieben Jahre ältere Marquise de Castries, der er bis zu seinem Tode treu blieb.

Metternich, »Pepi« Graf (Bruder des Kanzlers) († 1838).
Er hatte eine bescheidene Stellung in der Staatskanzlei, wurde aber 1810 Kämmerer. Vermählt 1836 mit einer geborenen Szulkowsky.

Montholon, Graf, später Marquis de, General (1782–21.8.1853).
Er begleitete den Kaiser Napoleon auf die Insel St. Helena.

(Die) *Mündel*, Schauspiel von Iffland.
»Mose« dürfte »Moses in Ägypten« sein. Oper von Rossini.

Neumann, Philipp Freiherr von, geboren in Wien 1778. Zuerst in der Hofkammer, dann in der Diplomatie. Botschaftsrat. Mehrmals Geschäftsträger in London; 1814 und 1815 beweist er besondere Umsicht bei der Erreichung der Subsidiengelder. 1824 leitet er die Verhandlungen zwischen Portugal und Brasilien, vermittelt die Aussöhnung zwischen König João VI. und seinem Sohn, Dom Pedro. 1829 bewährt er sich beim Handelsvertrag zwischen England und Österreich, 1830 Freiherr, Komturkreuz des Leopoldordens.

»*Peter* und der Ring«, Spiel in Versen von Deinhardstein, Burgtheater 24.10.1826.

Preußen Friedrich Wilhelm Prinz von (15.10.1795–2.1.1861).
1840 als Friedrich Wilhelm IV. zum König gekrönt.

Permond, Laure, geboren 1784, Tochter von Nicholas Charles.
Permond, Augustin Martin, Zahlmeister (Munitionnaire) in Korsika, Receveur particulier des finances des Bistums Narbonne, und der Louise Marie Comnène, welche behauptete, Nachkomme der byzantinischen Kaiser zu sein. Sie heiratete 1800 Jean Andoche Junot (1771–1813), Sekretär Bonapartes bei der Belagerung Toulons, Brigadegeneral in Ägypten 1798, Oberster Befehlshaber des Heeres in Portugal 1807, Herzog von Abrantès 1808.
Madame Junot, deren Memoiren eine unerschöpfliche Quelle von Informationen über diese Zeit sind, war eine Zeitlang sehr mit dem Kanzler Metternich befreundet.
General Junot kam auf die unglückliche Idee, sich darüber

beim Kaiser Napoleon zu beschweren, der ihm erwiderte, er hätte keine Zeit, sich um die Geschäfte Europas zu kümmern, wenn er die betrogenen Ehemänner seines Hofes rächen sollte.
Zu Laure d'Abrantès sagte er etwas milder, sie hätte besser getan, sich keinen Ausländer auszusuchen.
Der unbefriedigte General würgte seine Frau, stach sie mit einer goldenen Schere und schickte dann nach Metternich, sein Werk zu betrachten. Es erschien aber Metternichs Gattin, die den wütenden Ehemann rügte: »Die Rolle des Othellos steht Ihnen schlecht zu« und in allen Richtungen Frieden herstellte.
Kaiser Napoleon, der mitten in Verhandlungen mit Österreich wegen seiner Ehe mit der Erzherzogin stand, sagte ihr dann: »Sie sind eine gute kleine Frau und haben mich aus einer dummen Situation, in welche mich dieser ›Butor‹ (Tolpatsch) von Junot brachte, gerettet.«

Portugal, Maria de Gloria, Königin von.
Dom Miguel: zweiter Sohn des Herzogs von Braganza.
1826 verzichtete Dom Pedro, erster Sohn des João VI., Kaisers von Brasilien, auf den portugiesischen Thron zugunsten der Maria de Gloria, die den Thron 1833 bestieg und sich in erster Ehe 1836 mit dem Herzog von Leuchtenberg vermählte, in zweiter Ehe mit Prinz Ferdinand von Sachsen-Coburg.
Sie starb 1853.

Rasumofsky, Andreas Graf (seit 1815 Fürst) (1752–1836), Sohn des Kyrill und der Catherine Naryschkine.
Russischer Gesandter in Neapel, Kopenhagen und Stockholm. Botschafter in Wien seit 1801, nach Tilsit wurde er durch Fürst Kourakine und Graf Stackelberg ersetzt. Er blieb aber in Österreich und wurde russischer Delegierter beim Wiener Kongreß. Zum Empfang des Kaisers baute er

ein Palais, das aber in Brand geriet und restlos zerstört wurde. Er klagte vergeblich beim russischen Hof um Wiedergutmachung.
1. vermählt mit Gräfin Elisabeth Thun, gestorben 1806.
2. 1816 vermählt mit Gräfin Constanze Thürheim.

Reichstadt, Herzog von, Napoleon Franz Josef Karl Bonaparte, geboren in Paris am 20.3.1811, gestorben in Schönbrunn an Schwindsucht am 22.7.1832.
Sohn des Kaisers Napoleon und der Erzherzogin Marie Louise von Österreich.
Er bekam bei seiner Geburt den Titel eines »Königs von Rom«. Nach dem Sturze seines Vaters kam er zu seinem Großvater nach Schönbrunn, wo der nüchterne Kaiser Franz I. zu seiner Frage über diesen Titel dem kleinen Buben die Antwort gab: »Ja, du bist's schon, aber es ist eben so, wie ich König von Jerusalem bin.«
Am 8. Dezember 1817 bekam er den Titel eines Herzogs von Mödling, wogegen seine Mutter Bedenken äußerte. Mit kaiserlichem Patent vom 22.7.1818 wurde der Name Napoleon fallengelassen und der Titel eines Herzogs von Reichstadt und ein Wappen verliehen.
Nach seinem frühen Tode schrieb Erzherzogin Marie Louise rührende Worte des Danks an den Staatskanzler »für seine Güte ihrem Sohne gegenüber« und schickte einige persönliche Gegenstände zur Erinnerung, die heute im Museum in Königswarth aufbewahrt sind (u. a. das Sèvres-Waschbecken, das Napoleon auf der Insel Elba benutzte und das dann zu seinem Sohn kam).

Rettich, Karl, Schauspieler vom Burgtheater.

Rohan, Louis Prinz de, geboren 1783, vermählt 1800 mit Catarina Wilhelmine Prinzessin von Kurland. Geschieden 1805. Generalmajor.

Rudolf, Erzherzog (1788–1831 in Baden), jüngster Bruder von Kaiser Franz I. Er war ein großer Philanthrop, ein Freund und Schüler von Beethoven und ausgezeichneter Kupferstecher.
Kardinal-Erzbischof von Olmütz und Musikgraf der königlich-böhmischen Kapelle.
Er besaß eine vollständige Sammlung der Beethoven-Manuskripte, die er der Gesellschaft der Musikfreunde in Wien schenkte.

Salzburg, Erzbischof von, Augustin Gruber.

Sagan, Herzogin von (ab 1800) = Wilhelmine Prinzessin von Kurland (1781–1839). Ihr Vater war Peter Biron, bis 1795 Herzog von Kurland, 1786 Herzog von Sagan (1724–1800), in dritter Ehe vermählt mit Anne Charlotte Dorothea Gräfin von Medem (1761–1821).
Vermählt:
1. 23.6.1800 mit Jules Armand Louis Prince de Rohan Guéménée (1768–1836). Geschieden 1805.
2. 5.5.1805 mit Fürst Troubetzkoi (1776–1811). Geschieden 1806,
3. 17.7.1819 mit Karl Rudolf Graf von der Schulenburg-Vitzenburg (1788–1856).

Sandor, Moritz Graf (von Szlawnicza) (23.5.1805–23.2.1878), vermählt 18.2.1835 mit Prinzessin Léontine Metternich (18.6.1811–16.11.1861).
Er war ein berühmter und verwegener Reiter und zog sich dabei unzählige Knochenbrüche und einige Gehirnerschütterungen zu. Zuletzt wurde sein Geist dadurch getrübt.

Salisbury, Lady Frances Mary Bamber Gascoyne (Schwägerin der Botschafterin). Vermählt 1821 mit James, zweiter Marquess of Salisbury (1791–1866), gestorben 1839.

Schönburg-Hartenstein, Eduard Fürst zu (1787–1872), Ritter des Goldenen Vlieses, vermählt 1823 mit Luise Prinzessin Schwarzenberg (1803–1884), Schwester des Fürsten Felix.

Schönfeld, Ludwig Graf (1791–1828), k.k. Kämmerer, Rittmeister, vermählt 10.1.1827 mit Rosalie Gräfin de Grunne (1805–1841). Gräfin Rosalie heiratete später (1832) Prinz Karl Liechtenstein.

Schwarzenberg, Felix Prinz (aber stets Fürst genannt) (3.10.1800–5.4.1852), Staatsmann, General, Außenminister, zweiter Sohn des Fürsten Joseph und der Pauline Prinzessin Arenberg (1774 geboren und am 1.7.1810 beim Ball in der österreichischen Botschaft in Paris verbrannt).

Schweden, Gustav, Prinz von (1799–1877), Sohn des Königs Gustav IV. (1778–1837) und der Friederike Markgräfin von Baden, der 1809 seines Thrones verlustig wurde. (Es folgte ihm sein Onkel Karl XIII. [1748–1818], welcher General Bernadotte adoptierte, der ihm als König Karl XIV. folgte.)
Prinz Gustav nannte sich später Prinz von Wasa, lebte in Wien und diente zeitweise auch in der k.k. Armee.
Vermählt 1830 mit Luise Prinzessin von Baden.
Seine einzige Tochter Carola (1833–1907) war die Gattin Königs Albert I. von Sachsen.

Sedlnitzky, Anton Graf (1776–1850), k.k. Kämmerer, Geheimer Rat und Polizeiminister.
Vermählt 7.1.1808 mit Maria Anna Gräfin Wilczek (1781–1850).

»Sophie«, viele Jahre Zofe im Hause Metternich.

Spencer, George John, zweiter Earl (1758–1834), Secretary of State, First Lord of the Admiralty, Knight of the Garter, vermählt 1781 mit Lady Lavinia Bingham, Tochter des Earl of Lucan.

Stanhope, Lord und Lady. Wahrscheinlich Philip, vierter Earl Stanhope (1781–1855), vermählt 1803 mit Catherine Smith, Tochter des ersten Baron Carrington.

Stewart Charles (1778–1854), General, Botschafter in Wien, seit 1814 Lord Stewart. Er war Stiefbruder und Nachfolger des Robert, zweiter Marquess of Londonderry, besser bekannt als Lord Castlereagh (1769–1822).

Strown, Lady (Lady Strachan). Zu Napoleons Zeiten lebte ein englischer Admiral Sir Richard Strachan (Strown ausgesprochen) (1760–1828), der zusammen mit dem General Lord Chatham die Insel Walcheren an der Scheldemündung besetzen sollte, was kläglich gescheitert ist und zu dem Spottgedicht Anlaß gab:
Great Chatham with his sabre drawn,
Stood waiting for Sir Richard Strachan;
Sir Richard, longing to be at 'em,
Stood waiting for the Earl of Chatham.
Seine Frau, geborene Louise Dillon, war die fast offizielle Geliebte des Marquess of Hertford, der mit ihr nach Neapel übersiedelte, ihr das Marquisat Salza schenkte und sie und ihre drei Töchter mit Geschenken überschüttete.
Mathilde heiratete den ungarischen Grafen Berchtold,
Louise den Principe Ruffo di Sant'Animo
und Charlotte den Grafen Emanuel Zichy Ferraris, Bruder von Fürstin Melanie Metternich.

Stürmer, Bartolomäus Freiherr (seit 1842 Graf) (1787–1863), Geheimer k.k. Rat, Internuntius und bevollmächtigter Minister bei der Pforte bis 1850.

Er war 1816–1818 kaiserlicher Kommissar auf St. Helena. Vermählt 1815 mit Ermance Freiherrin von Boutet (*1797).

Tatitcheff, Dimitri Pawlowitch (1769–1845), russischer Diplomat, Gesandter in Madrid 1815, anschließend Botschafter in Wien, wo er bis 1845 blieb. Er wurde dann Staatsrat und Kämmerer unter Nikolaus I.

Thürheim, Ludovica (Loulou) Gräfin von, Tochter des Grafen Josef Wenzel. Geboren in Belgien, wo ihr Vater Abgeordneter von Lüttich war, übersiedelte dann 1794 mit ihren Eltern nach Österreich, wo sie auch bis zu ihrem Tode blieb. 1832 heiratete sie geheim den Sekretär ihres Schwagers Fürst Razumofsky, Charles Thirion, der kurz danach starb. Sie hinterließ interessante Memoiren: »Mein Leben; Erinnerungen aus Österreichs großer Welt.«
Josef Graf Thürheim: Ihr Bruder war der Besitzer von Schloß Schwertberg in Niederösterreich, heiratete Gräfin Leopoldine Starhemberg und hatte drei Schwestern:
Isabelle: verheiratet 1807 mit Peter Graf von Goess, k.k. Kämmerer, Obersthofmarschall usw.
Constanze: verheiratet 1816 mit Fürst André Razumofsky,
Josèphe: verheiratet 1832 mit Francesco, Conte Contarini.

Trauttmansdorff, Caroline (1808–1886), Tochter des Fürsten Johann und der Landgräfin Philippine von Fürstenberg-Weitra.
Sie vermählte sich 1831 mit Carl Graf Grünne (1808–1884), später General der Kavallerie und Oberststallmeister.

Vincent, Baron Nikolaus, österreichischer Botschafter, den Metternich lange Zeit trotz seiner Schrullenhaftigkeit bei der Pariser Botschaft beließ.

Als die Mission dann doch zu Ende ging, schrieb er seinem Sohn Victor (18.2.1826):
»Prenez un tendre congé de M. de Vincent ...«
(»Nehme er einen rührenden Abschied von Baron Vincent ...«)

Wallmoden-Gimborn, Ludwig Graf, geboren 1769 in Wien als Sohn des hannoveranischen Gesandten, gestorben in Wien 1862, Feldmarschalleutnant. Erst im hannoveranischen, dann im preußischen Armeedienst, trat er dann in österreichische Dienste (Wagram); 1812 diente er in der russischen Armee, wo er eine russisch-deutsche Legion kommandiert, gleichzeitig wird er 1813 zum königlichen großbritannischen General ernannt, nimmt an der Schlacht von Leipzig teil, säubert den Norden Deutschlands von französischen Truppen, kommandiert dann die österreichischen Truppen in Neapel und Mailand.
Adlatus von Radetzky. Gen. der Kavallerie 1843.
1848 Ruhestand.
Seine Schwester Wilhelmine heiratete den Staatsmann Heinrich Friedrich Karl Freiherr vom Stein.

Wellesley, Charles Lord (1808–1858), vermählt mit Augusta Sophia Manvers Pierrepont, Tochter des Earl Manvers. Er war der zweite Sohn des Herzogs von Wellington. Da sein Bruder Arthur Richard, zweiter Duke of Wellington (1807–1884), keine Söhne hatte, wurde sein Sohn dritter Herzog.

Windisch-Graetz, Alfred Fürst (11.5.1787–21.3.1862), Sohn des Grafen Niklas und der Prinzessin Marie Françoise von Arenberg.
Feldmarschall und Retter Österreichs im Jahr 1848. In den Kriegsjahren 1848/1849 stand er mit seinen fünf Söhnen im Felde. Unter vielen Auszeichnungen hatte er das Gol-

dene Vlies, das Großkreuz des Maria-Theresien-Ordens und den russischen Andreas-Orden in Brillanten.
Er war mit Marie-Eleonore Prinzessin Schwarzenberg vermählt, die in Prag am 12.6.1848 erschossen wurde. Sie stand an einem Fenster des Palais des Generalkommandos, und einer der aufrührerischen Studenten hielt ihr weißes Kleid für den Waffenrock des Fürsten.

Württemberg, Pauline Herzogin von (29.11.1771–23.6.1855), geborene Prinzessin von Metternich-Winneburg. Sie war die ältere Schwester des Kanzlers und vermählte sich am 23.2.1817 als zweite Gattin mit Ferdinand Herzog von Württemberg (22.10.1763–20.1.1834), Sohn des Herzogs Friedrich II. Eugen (1732–1797) und Bruder (unter vielen anderen Geschwistern) des Königs Friedrich I. von Württemberg, der Kaiserin Marie von Rußland und Elisabeth, erste Frau von Erzherzog (später Kaiser) Franz. K.k. Feldmarschall, Großkreuz des militärischen Maria-Theresien-Ordens.
Die Ehe blieb kinderlos.

Wrbna, Rudolf Graf (1761–1823), vermählt mit Marie Thérèse Gräfin Kaunitz (1763–1813).
Kinder:
Therese, vermählt mit Franz de Paula Graf Kinsky.
Franziska, vermählt mit Karl Fürst Liechtenstein.
Ladislaus (Lato) (1796–1849). Generalmajor, tapferer Offizier, wegen seiner ultrakonservativen Gesinnung von den Liberalen angefeindet und verleumdet.
1817 wurde er als Kämmerer mit der Mission betraut, nach Rio de Janeiro die Nachricht von der Vermählung der Erzherzogin Leopoldine mit dem Kronprinzen Dom Pedro zu bringen (die Vermählung hatte per Prokuration stattgefunden). Er bekam in Brasilien das Komturkreuz des Christus-Ordens und eine Pension von 4000 Francs. Auf der Rück-

fahrt geriet er in die Hand von Piraten, die das Schiff ausplünderten und die kostbaren Geschenke raubten, die für die Braut und ihren Vater, Kaiser Franz I., bestimmt waren. Rudolf (Rondi) (1802–1874). K.k. Kämmerer und Oberststallmeister. Vermählt 24.6.1806 mit Konstanze, Gräfin Chorinsky (Ahnherr der jetzt lebenden Grafen Wrbna).
Eugen Graf Wrbna (1766–1841), jüngerer Bruder des Grafen Rudolf, Sohn des Grafen Wenzel Wrbna, Staatsmann und Vliesritter, und der Marie Therese Kollonitz.
Vermählt 1798 mit Flora, Gräfin Kageneck (1779–29.9.1857), Tochter des Grafen Friedrich Kageneck und der Gräfin Marie Therese Salm-Reifferscheidt, die oft die Honneurs bei ihrem Vetter, dem Kanzler, machte.

Wurmbrand, Louise Gräfin, geboren 1802 als Tochter des Gundaccar Graf Wurmbrand aus seiner zweiten Ehe mit Sidonie, Baronin Ledebur-Wicheln, starb 1870. Sie war seit 1826 mit Otto Graf Fünfkirchen (1800–1872) vermählt. Sie hatten vier Kinder und einen Haufen Enkel.

»Zemire und Azor«, Großes Zauberballett von Paul Taglioni, Erstaufführung: Kärntnertortheater 8.6.1826.

Zichy, Viktor Graf, Bruder von Fürstin Melanie Metternich, geboren 11.6.1806, k.k. Kämmerer, Oberst des Dragoner-Regiments 4.

Sophie love

with

always.

x

CITRON
PRESS

CHARLOTTE **FAIRBAIRN**

Charlotte Fairbairn was born and brought up in Scotland, read languages at Oxford and now lives with her husband and two small children in south Cumbria. She has travelled extensively in the Far East and the Americas and, since moving to the Lakes, has developed a keen interest in dressage.

From poetry to children's verse, articles to short stories to travelogues, Charlotte Fairbairn has written all her life. *A Bear with an Egg in her Paws* is her first novel.

Fresh ideas from

NEW AUTHORS
CO-OPERATIVE

Published by Citron Press
Connors Corp. Ltd., Suite 155, Business Design Centre,
52 Upper Street, Islington Green, London N1 0QH, Great Britain
www.citronpress.co.uk

This Book is a Work of Fiction. Names, Characters, Places and Incidents are either products of the author's imagination or are used fictitiously. Any resemblance to actual events or locales or persons, living or dead, is entirely coincidental.

ISBN 0754400999

Printed and bound in Great Britain by Esparto Digital Ltd., Slack Lane, Derby.

A copy of this book is held at the British Library.

■ **A BEAR WITH AN EGG** IN HER PAWS

CHARLOTTE **FAIRBAIRN** ■

To my father, my mother, my husband, my son

CHAPTER ONE

Had she been a bear with an egg in her paws, a jeweller who had just found the Koh-I-Noor, had she been a fisherman who in ancient times mistakenly brought up the first pineapple or a starved man presented with a brandy-snap or a forester with the last-existing acorn, she could not in her clumsy hands have held more tenderly nor nursed more gently her new-born son.

She was transfixed, bemused, hypnotised. With the very strength of her longing, her fear, her dread, her aching need to touch, to lift, to feel and hold and glorify, she was paralysed, becalmed. And so, for many minutes after his birth, she does not dare to touch her tiny boy. Instead, she lies as still as she can, still as the dawn of the day when her husband and she combined in the huge, tearful, fleeting moments of their mutual need to make this, her first beloved baby boy — still as still with her arm outstretched, her heart thumping, her body limp.

There is a smell of warmth and blood, of sweat, of urgency and triumph. Her ears still ring with the pain and her throat is hoarse from the croaking yells which bubbled up, roared from her depths and helped her to push him forth, him. Everything else, every other part of her is wracked with a sense of release. Her arms flail like white flags of surrender, and her legs pin her, leaden, to the flat, exhausted floor of her birthing bed. She dares not move, cannot but lies instead trying not to breathe lest anything change, afraid lest she might not feel what it is that she ought to feel, afraid, wondering, apprehensive. And it is only after these minutes of sensing, savouring, fearing that she takes her child in her weakling arms and holds him, holds *him*, gently, gently up into the light.

Through the cobweb of veins that lace his milky skin, in the translucent wholeness of ten tiny fingers, ten tiny toes, in the veily tufts of his hair and the down on his cheeks, in the shrug of him, in the shell-curl of his head and his neck and his perfect, nestling body, through his eyelids, sleeping-purple, that do not open, she is taken back, drifts back to a dawn, that dawn when her child was truly born...

...there was a lick in the air, a whisper of rainbows in the trees. Crickets would have whistled, ships would have glided at full sail, seals would have rolled onto their backs in the kissing sun, flowers along the canals would have stooped a little to catch the murmured chatter of the moorhens. The birds must have sensed it too for there was a breathless hush and the deer that flitted across the fringe of the woods nearby did so slowly and unseen.

She lay next to the tallest, strongest, finest man in the world and she knew that in the sky-dried crispness of their lovers' bed, a son would be made. 'Love me,' she said. And they loved in the hum of the early morning. Storms might break and buildings might fall but theirs was the union of a gentle swell, a calm, dawny, loving act that was huge as it was fleeting. And afterwards, she snaked her legs around his sleeping form and watched the sky-dried linen grow a patch of damp from her tears of joy and pain.

***

Many people came and peered over the precipice of his basket to inspect and admire her boy. Some saw as of course Clara did what a beautiful child he was, how fine and fair and strong. They clucked and oohed and it was a genuine look of admiration that came into their eyes as they nursed him in the crook of their mothery arms. 'So handsome.' 'A fine size.' 'The image of his father.' Others saw how it could be, how a child could be, how their children had not been and though they nursed him in their arms, though they looked at him with the same admiring eyes, they could not squeeze from their hearts the words which Clara so needed to hear in the weakness and yearning moments of her early motherhood. And then there were those who openly begrudged Clara her fine son and they promised her with words of menace and warning that he would not stay so, that he would soon become the red-faced screaming, unreasonable monster which every mother should know to expect.

It was an endless stream of curiosity, an endless stream of sisters, brothers, uncles, aunts, mothers, fathers who came to visit the new arrival, to delve into the basket of fresh white linen which shrouded him, to pluck him out and inspect his every flaw. They held him up to the light and they made sure, each one, that their views on Clara's baby were made known.

But nestled in the cocoon which bound her and her child together, Clara was submerged in the sounds and the feels of her body and those of her child — cruel words just bounced off her happiness and fell like shards of glass on a flagstone floor.

***

The boy's father had been with her throughout.

When the wheels of pain began churning in her loins, when first she quivered and then she moaned, when the moans became whimpers and the whimpers became yells and the knives started to tear at her and the noise of her screaming out was joined by the sounds of her parting flesh, when she gnashed her teeth, when she cried her tears, when the women said Push and she pushed and the child's head came out, went in, came out — through all of this, he was there, he held her hand, he kissed her tears, he tasted the salt of her. And when the slippery, bloody bundle was at last lying on her belly, when the pain was gone and the tension was gone and all that was left of this gargantuan effort was a single tear that ran down the side of her face slowly, slowly, his eyes had blinked in spite of him. He was dazzled by the spectacle of his son's arrival. Olympian, proud as his swelling heart can allow, he whispers into the folds of the tiny boy. He will love him. 'I will love you.'

Finn's father builds monuments, dreams. He has shoulders that are broad and strong, that will carry the weight of a thousand details upon them. Not huts nor houses nor even museums he builds but projects, soaring, magic, boy-fantasy plans — and he sees them through with the determination and the vision which drive men to explore our great planet, sail the seas, conquer continents, wipe out civilisations, tame the hills and engulf the valleys.

Dream-builder, lover of Clara, father of Finn, strolling along the banks of the great waterway that takes his hopes out to sea, that brings in on its huge tides the goods and bricks and mortar which form the stuff of his projects. 'My Finn, my Finn!' he shouts out in the darkness to the souls of the river and the ghosts of the big city. 'My Finn!' He watches a cob swan guide its young through the treacherous obstacles of the piers and buoys and rushing craft. He too will steer and guide and chaperone this tiny bird that has come into his life. He will help him to duck the wake and dive from the spray of the great, ocean-faring monsters that lurk around every turn. The wreath of his wings will embrace him, the nest of his down will keep him warm. The wisdom gleaned from a lifetime's battling will be passed on with the food and drink which he will gather lovingly and diligently in the cool shore waters. This tiny bird which he helped to unleash from Clara's womb will be the project of his nights, his days, his every waking thought.

Finn's father, lover of Clara, builder of dreams, the man who could carry a house on his back, who could walk a thousand miles and build a forest of gold, the man who is so strong that he does not feel thorns in his feet or needles in his side, worries for his son, dreams his dreams, for a few small moments comes closer to God.

CHAPTER TWO

In the early days of her courtship with the builder-of-dreams, Clara found the waiting unbearable. She would be sitting by the window, rocking in her olive-leather chair, sick with anticipation as she waited for him to arrive. Or she would be lying in bed waiting for him to get dressed and leave so that he could come back again. Every single solitary moment was filled with the agony of suspense. When will he come, when will he come again, when will he come and stay forever, when could they make love, when would it stop, when, when, when?

He had a special smell — he smelt of oils and tar and tobacco and red wine and heather-blossom honey. It made her head spin when she smelt it. Every time he was late, she would stir herself up to protest. Why should he keep her waiting so? What kind of a heartless creature was he that he could not even warn her of his delay? But then he would arrive and wrap his huge arms around her and she would smell the smell that had become the stuff of her and all her fight would melt away. And then, after he had gone, she would march the caging boundaries of her bedroom once more, suddenly catch a whiff of him, sit down with a lurch and try to regain her breath.

Why did he choose me? Why did his golden eyes light on me? I am afraid of the clarity of those eyes. They see through the fog of things. What is it he wants from me? Surely there are a thousand women, a thousand painted cocktail-drinking evil-hissing mynah-birds who could more competently, more brilliantly answer his questions, match his energies, fulfil his needs? I can feel his gaze burning through my blushes. I can sense his interest piqued. He is spraying his musk at my door. I am just a child and he is the universe. What does he want with me?

***

Beneath a thousand watchful eyes — black, polished, gleaming eyes which do not let you know that they have watched many things, many deaths and births and famines and feasts — they dine together for the first time. It could be Rangoon or Macau, somewhere in the far realm of the British Raj. The ceilings are high and the walls are white and the creaking fans turn as lugubriously as the service is slow. From the sun-beaten wooden rafters descends the smell of juniper. They sit at the grandest mahogany table, face to face, a mile apart, their backs pressed hard into velvet-covered thrones.

To her, he has the look of a corsair. He is Errol Flynn and Burt Lancaster and Nijinsky and Montgomery Clift. He is the Great Caruso, Napoleon Bonaparte, Lawrence of Arabia, Caesar. He is Pierre, Mr Darcy, Rochester, Julien Sorel. And she, she is a grain of sand, she is a speck of someone else's matter. She is Mrs Pepperpot, Cinderella, Jane Eyre, some scarcely noticed handmaiden, she is a chink in his eye, a freckle on his arm, a spore on his lungs.

Months after the dinner, Clara lies dovetailed with him, her Errol Flynn. 'If you ask me, I will stay,' she whispers. He pulls her in towards him, so close, so warm and she buries her nose into his chest, gulps in the scent of him. Tears come to her and tickle him as they drip.

CHAPTER THREE

Slowly, slowly the days are passing and Clara's son grows with each one of them. Slowly, slowly to those around her, Clara's son emerges from the tininess, the mewling, sleeping, feeding cycle of tininess which marks his beginnings. Clara is enchanted with these days. These days are new and unimagined to her but she is not afraid – she rejoices in these days.

She sees that Nature played some devilish trick on her. The cord was severed and yet a thousand cords still attach him to her. The merest squeak, the slightest hint of unrest makes her heart somersault and her loins tremble. At night she sleeps but she might be on a bed of nails, for her sleep is tense and light and fitful. Her body misses his when he sleeps and aches in his presence. When he drinks from her breast, she feels that all those thousand cords which connect him to her are also straws and he sucks through each one, sucks his life from her, grows from her. When he opens his eyes, she strains with her own, trying to will him to see. When he opens his mouth to feed, her lips copy his. 'I must not let him down,' Clara whispers. They are hopelessly intertwined.

And just as her every organ seems to be working overtime, so her hearing, her seeing, each of her senses is stretched to its limits. To smell the warmth of her child is to bathe in primroses and dandelions and buttercups and honey mead. When she puts her nose to his head, she smells the sky. Her nose is keen, keen as a hare-hound's, and she can feel the whiskers on the back of her neck stand on end whenever she smells the odour of another person on his precious head. 'This is my son,' her heart screams. 'He is my son!' Clara inhales deep into his folds and then throws back her head, careers over the breaking sea with the wisps of her long, fox-brush hair gently beating the small of her back. 'You are my son,' she whispers into the wafery bundle.

And every time she comes to sit in her olive-leather chair, dozing while he feeds, still aching a little, rocking back and forth, alone in those half-lit dawns, she wonders what on earth it is, this journey that she has embarked upon, where on earth it will lead in the full, bright staring-sun days that lie ahead?

***

When he was just born, just born, when he was weeks old, my Finn was the other part of me. He was the missing link between my heart and my lust. He was the ache in my arms and the moan in my groin. I am a great cow of the night and a great cow of the day. I am his ship and his nest, his chariot and his larder. I am his fire and his water.

Finn cries in the night and the bells of a thousand churches ring in my ears until I reach him and hold him and feed him from the fountains that miraculously sprout from within me. His every cry, every whine and whimper has exact meanings and I know each one. He is uncomfortable, he is tired, he is hungry, he is blinded by the sun, he is battered by the wind, he is cold, he is hot, he is mine — I know him as I know myself.

Time has taken on a new dimension. Now I am no longer one of the young, one of the restless, aimless young. There is no longer the pregnant pain of boredom which hangs on my seconds and minutes between one need and the next, between one night and the next, one day and another, one party, one kiss, one letter, one scream and the next. Time is slower and kinder, kind like the glow of a log fire, kind like the mists of autumn on dipping hills. Now I have the slow times, the warm times, the times when I am bathing in the flush of exhaustion in the afternoon, when I am waiting for my child to wake and I am watching his sleeping-purple eyelids and I am happy to watch and wait until the stirrings of a new need rouse this perfect, beautiful child from his sleep.

Those times when he drinks from me and he is being satisfied and I know I am feeding him well. I put him outside to sleep in his pram, in the garden and the dogs come and they curl up at the foot of Finn's pram, while the horses who are nearby sniff up and down on the air, their ears pricked for they can smell the smell of birth and extreme youth and it is a smell they understand. And the cows gather round his pram and they stare and the cats pace the boundaries and a robin comes and he perches on the handle of the pram and he seems to be looking into my Finn's pram (is he awake I wonder?) and he cocks his head to one side. These are the times. I see the robin and the horses and the cows and the dogs and the cats. They are proud, excited, intrigued by my son. He is a new addition to their place.

I am the mother after a million, billion other mothers. I am a mother after Mary, after Eve, after the first cave woman, after the first mother ever. Today I saw a woman with her new-born twins. She has a look in her eye, a softness about her that was mine when my Finn was born. She plucks one of her twins from his crib and she nurses him in her arms, feeds him gently, looks at him, with the swan-beauty of her neck as it turns down towards her son. How do I differ from this radiant mother with her perfect, perfect babies?

In my heart, I know that I have nothing, that there is no difference, that I follow the example of a thousand million mothers, that I feel the same things, smell the same scents, wish and love and need and ache in the same ways. I am the mother after a million, billion other mothers. And yet I am the first mother. It is my miracle, Finn is my miracle, motherhood is my invention.

CHAPTER FOUR

They did not discuss their need for a home, but a subconscious, mutual yearning for a place that they could share, a place where they would live and love and die, somewhere which would form the warp and the weft of their children's earliest and most precious memories, guided Clara and the builder-of-dreams in a grand, trawling search of the countryside.

One day, their search came to an end. One day, they came across a house, old and brittling, covered with a thick voile of dust and age. It was not smug, not sad but a house which Time and Circumstance had conspired to emasculate, hiding its identity behind the years of cobwebs, smuts, veneers of passing families. It was a house waiting to be discovered, a shrub waiting for the tiniest ray of sunlight to allow it to flower after years in the dark.

***

And so they began to strip away my layers. I am the house and for many years I have been peacefully enjoying my sleep. Like the fabled beauty, it seems I must awaken. Someone is chipping at my feet, another is wrenching out my eyebrows. I have pains in my gullet and aches in my kidneys. For years my toes have been dipped in water and my stomach has played host to a horde of vermin. Rats have scurried along my veins and water has dripped down my face, into my ears, up my sleeves. The discomfort of dampness and in the summer dustiness has become my habit, my way of life and I have grown numb to the decay and inured to my tottery old age. But now, someone is trying to wake me up, to make me take part in this life, to take up where I left off two hundred years ago, to play a part, to live and breathe and be.

I can remember the time when I was young, when my heart was full of hope and my eyes saw the good in things. I can remember when my limbs felt strong, when my bones were wet with sap and my muscles could bend in the breezes. Indeed, how well I remember the man who built me...

...it was in the time of the diseases and the famines, in the time when the hills were nothing but trees and the valleys were explored only by weasels and foxes and cats and deer. I came about in the time when cities were villages and the countryside was little more than a wilderness, when horses were more numerous than men, when a man in his forties was considered to be old, when laughter was edged with cruelty and treason was open and rife. I was born in an age when materials were plentiful, when Cathedrals and palaces were hewn from the very earth by a thousand men with a thousand picks, when ships set sail often never to return, when wolves roamed the continent and the seas were black with fish.

The man who made me was prosperous and ambitious as any man. He was a greengrocer and when the potato appeared, he saw its value and bought when others dared not. Against the predictions of his peers, the greengrocer managed to persuade people that there was some worth in this curious oblong vegetable and he sold it in quantity. Then one day, when his purse was bulging with gold nuggets, the greengrocer instructed his builder to create him a grand hall, equivalent to that which the squire next door had commissioned but with the very best and most modern materials.

'Build me a palace,' he boomed. 'Build me a hall that is taller than the tallest, grander than the grandest, more gracious than that which is lived in by the highest in the county.'

And so his builder set to and the greatest oaks in the valley were felled and the finest stones were split. The builder did not stint on expenditure for he had seen how fat his master's purse was, how greedily it bulged and in his secret heart, he was disgusted by this profligacy and jealous of his master's success. He determined to build the most expensive hall he could and since his master gave him only the vaguest of instructions and spoke in the superlative, the builder saw it as his duty to fell the greatest oaks and split the finest stones and create as his master instructed the tallest and grandest hall that he knew how.

Each day, the master came to inspect the progress on his grand hall. He was a man from a modest background — his family lived in one room and he had shared a bed for most of his childhood with his four brothers, while his five sisters fought for space and warmth in another, his parents in a third. His father was a woodman, his mother a seamstress and God knows, there was little enough. But the master was bright and fortunate, favoured indeed to catch the eye of the local greengrocer and at the age of twelve, he was taken on as a grocer's boy.

So when it came to matters of taste and discernment, the master was a little lost and when it came to matters of show and extravagance, he was unashamed. Thus when the builder proposed that I have twenty-eight windows downstairs as well as six vast fireplaces, when he suggested that the front door be lined with gold and that there be ornamental gardens along the Italian style to the front and acres of trimmed hedges to the rear, the master was only too happy to agree, sure as he was that his family, his neighbours, the local gentry, his God indeed would be impressed.

By chance the builder came across some fine ship's timbers — his men sweated and toiled and strained under the weight of these huge, old oaks which were harder and heavier than stone, stronger than a thousand men with a thousand horses, but they were finally put in place and they lent to the atmosphere of the hall a very significant, as the master saw it, sense of vastness and purpose.

He found a tree whose diameter was so great that the front door could be made of one plank. And the master was delighted and many times he would come and run his hand across the grain of this magnificent slab of wood and feel proud to his core. Next the builder found some stones which had the same dimensions as many a working man's house and he asked what the master would think if he carved them into slices and paved the lower floor with them. 'Just think, master!' he enthused. And the master agreed.

Slowly, slowly, slowly, the palace was teased out of the trees and the rocks. It grew as a cloud grows in the sky and one day, it had joined up, the walls and the windows and the floors — all the latest in method and design. The finishing touches were put to the outside — the guttering was inlaid with the master's monogram at intervals along the front of the house, the grand gates hoist on their pillars, the paths laid through the ornamental gardens.

It was sure — I was a fine, an impressive achievement. And when at last the builder took off his cap and scratched his sweated brow and said in his awkward way to the master, 'Well, there she is, master', he felt quietly and justly pleased with his work.

I was tall as no houses were at that time, with tall windows and great stone hearths. And the master stepped within, his heart bursting. Admittedly it had cost him a deal more than he had expected but by the Lord, it was worth it. He felt — for those brief instants when he stepped through the door and onto the great flags, when he peered up to the oak beams and along the tall corridors — he felt free. 'I am a rich man, a proud man,' he roared within himself. 'I am a free man!'

He tossed his cape upon the floor, he threw his boots across the room, he roamed throughout the house touching the walls and the windows and sniffing the doors and the flagstones and the iron and oak and sandstone that made his palace. He looked out of the windows on his fine gardens and he summoned his servants and he bade them do things for him — make him drinks and bring him food and stoke his fires — and he marched up and down the sweeping staircase, relishing in the echo of his feet upon his own stairs, his own wood, his own palace. The master could barely sit for a moment.

And in the days that followed, in the days and weeks in which he first enjoyed the possession of a fine house, the master still had to pinch himself, to bow down on his knees before the Lord and say his prayers of thanks and humble pride because he was the owner of a fine house and, within its great walls, he might do as he pleased.

***

Slowly, the master became used to his palace and he found that although he was free and proud and grateful and joyous, he was also lonely and he set out to find himself a wife. He imagined for himself a good woman and a strong woman, a woman who would enjoy his house, share, improve even his station, mother for him a fine and extensive family. She would be God-fearing and hard-working yet she would be cultured and refined. She would make a caring wife and a loyal companion and above all a worthy mother of his children.

Little did the master imagine that he would fall in love with a girl, a slip of a thing, quiet, frail, with skin of the finest bone china. Little did he guess that a fair and delicate girl, a child almost would cross his vision and steal his heart in the flash of a God's whim. Little did he imagine this but once it had happened, once he had caught sight of the bone-china girl with the eyes of brightest silver, there was little he could do. She was slight and pale and red-haired, daughter of a tailor. She came with a small blue canary and a dowry of five hundred pounds.

They married in the tiny flintstone church which sat in the valley below the master's house. They were married and the master was simply delighted. Now his idyll was complete. Now he had someone with whom to share his palace. Now he knew that his estate which he had worked hard to create would soon be assured of an heir. The master looked in his mirror, and a successful businessman, a proud man of property and now a euphoric husband, smiled back at him.

And as he came to know the girl with the skin of bone-china, the master loved her more and more. She had unusual qualities. She was very quiet but surprisingly strong. She had a striking affinity with animals and a penchant for long walks through the hills. The master found this deeply endearing. He adored the way she tilted her head when she was confused, the way she touched the top of her right arm with her right hand when she was thoughtful, her gift of taking the sentence out of his very mouth and wording it better and more just how he would have liked to say it himself if only he could have thought of those words. He found that he no longer cared what the gentry or his friends or his neighbours thought. He was in love with his wife and, the Lord knew, it made him a better man.

When she disappeared for her walks, the master missed his fair and delicate wife. He would picture her in the heather with the dog at her side and he would hear her singing the lonely laments which she had taught her canary. He adored and was daunted by his young wife and he treated her as carefully as if he had hatched her himself.

And when at last after months of quiet expectation on the part of the master, his fair, delicate wife announced in that curious heavenward voice of hers that she was bearing his child, he felt a huge surge of joy in his heart and for the first time since their marriage, he wrapped her in his arms and planted a hearty kiss upon her cheek.

Slowly, slowly, as slowly as his house had matured from the rocks and the trees, the master's heir grew inside his delicate bride. The anticipation, the waiting was almost unendurable.

Every day, he would place his big, bear hand on her stomach — gently! — and he would look at the stars and wish deep inside himself for a son, strong and proud.

But listen! Look! As her time comes closer, see how the master's wife grows quieter. She seems to be wilting within herself. She shrinks as her child grows. The master cannot understand it. She should be happy! She should be radiant and blooming! She should be singing out loud, as loud as her frame will allow, blowing her voice up to the birds in praise of the Lord who has granted her a child. They are expecting their first child, first of many. She is going to make him proud. 'What is it, my wife?' he would ask softly (for she had made him tender and solicitous). But in reply, she turns her head away from him — she cannot answer him for it is a mystery to her also and she resumes her pacing or her sewing or her dreaming, trying as she can to while away the hours until the birth of her child.

And then the day comes and the child comes and the master's wife dies. And the child, or children, for they were twins — two great, strapping boys — die also.

The master is grief-stricken. My rooms echo to the sound of wailing. The lightness which had briefly filled these walls disappears. The master's heart, tender for a while under the tutelage of a strange and bewitching girl, grows cold. And in his grief, a painful truth reveals itself to the master: he has built himself a great hall in beautiful gardens, nursed some grand pretensions in his bursting heart and in so doing, planted himself in a land that no one from his past who might share his grief, support him in it, can inhabit. He is too different now from his farmhand brothers and yet a mile away in culture and knowledge from the gentry he once craved to know well. He has lost his beloved wife and his two sons. He has no friends and no allies and no one to whom he can talk. The master is broken-hearted.

One day, the master calls on his servants and pays them each a handsome sum. They are instructed to cover up his furniture, close the shutters, batten down the doors and not to return. Just as my beginnings had been glorious, so they were brief. The man who made me closed me down, turned his back on me and left. Some people said he fled to the colonies and made a fortune in tea. Others said he headed for the nearest lake and sat on the rocks above for two, three weeks, pining with grief and singing strange laments, then drowned himself. Many believed he threw away all his riches and resumed the clothing and appearance of a poor middle son of a poor, undernourished family. All I know is that the man who built me, who made me grow from the great oaks and the deep quarries, broke his heart and left and for fifty years, I sat silent and empty.

Then a farmer came and he lived in me and so did his son and his son after him – but it was not the same. I never enjoyed the same glory of those early days and after six generations the farmers died out and no one came and for many years I stood alone and now a young woman and her lover are poking about inside me, scraping out rooms and tearing out ceilings and unblocking windows. They are trying to make me young again and I am reluctant because it has been so long.

***

They know this is the place, their palace. They see ornate gardens, engraved guttering, vast stone gate-pillars. They see the huge, single-panelled oak front door, the yawning stone-frame windows. It is a marvellous idiosyncrasy. To Clara and the builder-of-dreams, the cracks, the ivy, the dust, the cobwebs, the smells of damp soot and wet stone and rotten timber and stale air, the whiff of cats' pee, the tumbledown staircase, the rot and the damp and the neglect of the place — none of these is apparent. Instead, they feel its smiling, embracing feel, they see a house that is strong, more than able to protect them from the wintry storms which every year blow in from the sea and batter its west-facing walls. Perhaps they can sense the optimism which fired the house's construction. Perhaps the master greengrocer looks down on them from the gable turret and beckons them in to visit his dream-house, to walk his corridors, to bathe in the albeit short-lived glow of his love affair.

Whatever it is, whatever it was, Clara knew and her husband knew. And years later, when Finn comes to root through the childhood memories that are stacked and boxed in Clara's attic, he finds some of the early photographs, of the house as they found it, and he wonders how it was that they knew.

CHAPTER FIVE

Follow Clara through her garden. She is rushing from the bamboos to the grove of poplars. She is four years old and looking for her Mamma who is somewhere, she knows she is somewhere in the garden but where, where? Clara is wearing a smocked orange dress made of fine cotton. She has white flounced petticoats beneath the dress and matching orange bloomers beneath the petticoats. Her shoes are black and shiny, quite the pride of her wardrobe, and her hair is halfway down her back, bouncing curls. She rushes on towards the bamboos. The path is bumpy and her shoes are hurting her for the stones on the path are too hard and keep pressing the bottom of her feet through the soles. 'Mamma, where are you? Mamma, come here.' She is running as fast as she can and at last she comes to the bamboos and she runs between each bush looking into every one to make sure her mother is not playing hide-and-seek with her. But there is no sign of her mother.

Clara runs on to the wishing-well, down the track which winds through the pine trees. Some of the trees have been blown down by the wind. She has to climb over one and squeeze under another. Her tights get caught on a sticky-out branch and she cries because the skin on her calf is broken and she can see blood trickle down her leg. 'Mamma, Mamma!' She arrives at the wishing-well which is quite old and a bit decrepit but really very pretty and she cannot see her Mamma, but for a moment she forgets her knee in her quest and the hurry and she bends over and picks up the shiny, pink pebble she has spotted just under the bramble bush and she reaches up to touch the top of the wishing-well wall and throws in the pebble and wishes as hard as she can that her father will give her for Christmas a small wooden, green wheelbarrow with a red wheel just like the one she saw in the toyshop when they went to the town together last Thursday.

As she stands and waits for the plop of the pebble into the water below, Clara hears voices and she suddenly remembers that she was looking for her mother. 'Mamma!' she shouts and the voices stop and so she cannot work out in which direction she needs to run next. Clara is tired. Her feet are sore and now she can't remember why she so desperately wanted her Mamma. She is also cross because she is not sure whether or not she made her wish when the pebble dropped or before it dropped because she knows from past experience that the wishes have to be made in a special way if they are to come true and so now she is afraid that she will not get the wheelbarrow after all.

She picks up a stick and starts back along the path, hitting the trees as she passes them. This is a good game as the trees are close together and the stick bounces up and down in her hand as it rebounds from one to the next. Clara starts to hum a little tune as she goes. It is the Brahms lullaby although of course she does not know it is by Brahms. All she knows is that it is the tune which her little toy dog hums when she pulls the string in its neck. Instead of heading back up towards the bamboos and home, Clara decides to carry on and take a right fork along through the woods. She is not really supposed to go along here on her own and she feels a bit scared and rather brave. She wants to go along to the old wooden shack where the mad woman lives. Clara has never seen the mad woman.

Hum, hum, hum, stomp, stomp, stomp. Her feet are not sore now and she is feeling happy. She comes upon a clearing in the woods. There are two people lying on the ground together. They are whispering and cuddling. Clara stops and leans on her stick which is a bit broken at the end and rather wobbly. She sees that the people who are lying down together, who are cuddling and whispering and kissing and giggling are her father and the girl from the toyshop. The girl from the toyshop wipes her mouth with the back of her hand when she sees Clara – the girl looks as though she has been eating blackberries.

Her father looks up and then leaps up and rushes towards her and says 'My darling' and picks her up in his arms and starts to run back towards the house. 'My darling,' he says again and again and then he says something about her being alright and everything being alright and now Clara is frightened and feeling sick because of the rush and she wants her mother and shouts 'Mamma' over and over again until they reach the house and she finds Meriel in the kitchen where she has been all along, sitting there at the kitchen table, stirring her cup of coffee and waiting for the greengage jam to come to the boil.

Years later, when Clara recalled that scene as she did many times after her father and mother went their separate ways, she tried to remember what happened to the girl from the toyshop. Had she jumped up too, did she stand up and pull down her skirt, did she shout 'Freddie, look!' or gasp out loud or did she blush or anything? But all Clara could remember was leaning on her wobbly stick, looking at the two people who were lying in the grass before her, near the falling-down wooden shack where the madwoman lived, lying in the grass and whispering and cuddling and then the faces turning towards her and then the rush up the bumpy path and she remembered too that afterwards she had had sore thighs where the elastic from her bloomers had been pulled tight by her father as he gripped her hard in his run back up towards the house.

CHAPTER SIX

Everyone called her Lily although it was widely and somewhat mysteriously believed that she had been christened Grizelda. She was Clara's great-aunt, a woman famous for her caprice, her sharp tongue, her glass eye, her booming voice, her bath-chair, her passion for hats, cats, birds and, above all, for plum brandy. 'Bring me a brandy,' she would thunder and the very floorboards would tremble while the dried flowers which festooned her grand drawing-room rustled like reeds.

No one knew the truth of Lily's origins but many myths were invented to compensate for such a lack of substance. She had had a lover to whom she had been devoted, to whom she had been betrothed, from whom she was permanently separated by the deadly hand of war; she had been found swaddled in a basket in Clara's great-grandmother's garden and adopted by the family on account of her dark grey eyes which in those days were huge and bewitching; she had been a great, radiant beauty but at the age of twenty, had lost one of those bewitching eyes in a mock sword-fight; she was the illegitimate daughter of Clara's great-great-aunt who had fallen passionately in love with a young Maharajah of spotless pedigree but somewhat casual morality; she had had an illegitimate daughter herself but the child had been sent for adoption against her will by the previous generation.

And it was not only her origins that were mysterious. Why, at the age of thirty-five, did she give up walking? Why, when she consumed so much plum brandy, did she never appear drunk? Why was she so well informed when no one saw her read anything, newspaper, novel, biography? And why her penchant for the young? Why every now and then would she adopt someone, some young person as though they were her own? Oh yes, there was no doubt about it, Lily's past was a mystery, her behaviour was frequently impossible to explain and for most people she remained a frightening enigma.

Two, three times a year, Lily liked to invite her family, those people to whom she may or may not have been related, to come and share with her a feast of finely cut breads and cakes, exotic drinks from far-off lands, fruits, meats and cheeses from the very furthest reaches of the continent. For the curious, the gossiping, the intrigued, these teas meant the glorious possibility of snouting under Lily's curtains. For those, however, unable to spar with her on equal terms, Lily's teas were to be dreaded because Lily did not suffer fools in any shape or form.

But however they were for the adults, for the children Lily's teas were opportunities not to be missed. Her house and gardens were a jungle paradise and anyone under the age of twelve was given free rein to explore.

On one such occasion, seven-year-old Clara is bounding around the garden, thinking vaguely that she might be hungry, trying not to be seen as she skulks past the parlour window. Her eyes light upon a round, shiny, black grape which perches amidst a bunch of extremely shiny looking fruit on the small, round garden table. How was she to know that it formed an intrinsic part of Lily's latest hat? How was she to know that Lily was sitting in her bath-chair in the window, bored by the company, eyes scanning the garden, longing for such an excuse to disrupt proceedings and hot up the pace? There is a shriek; everyone drops their cups into their saucers with nervous clinks. As fast as the inscrutable Mister Percival can wheel her bath-chair, Lily speeds to the scene of the crime. Clara sprouts large, tropical tears as she is railed for being so idiotic as to mistake a hat for something she might eat. To the tittering tension of the party is added a dimension of extreme embarrassment.

And afterwards, once they have thank God all gone home and Lily can sit with her parakeet and her silence by the parlour fire, she regrets her haste and her ferocity and she determines to ask Clara the following week to tea.

CHAPTER SEVEN

Come with me, now. Come with me and dip into the boxes which Clara has preserved from her childhood, from the days of The Knock and her sojourns with her great Aunt Lily. See how Clara's possessions, the trunks and wardrobes and boxes which spill out of her attics and outhouses are filled with the smell of Lily, filled with the whiff of her cinnamon wit and her old-fashioned wisdom and her riveting eccentricity. Look how her letters are dotted with references to The Knock, to its gardens and to Lily herself and her kaleidoscopic menagerie. Open some of her books – look at the bookplates: 'Stolen from The Knock'. And look at all these old, tarnishing trophies which refer to Sports Days held at The Knock or to awards and recognitions made by Lily – Fastest Sack-Race Runner, Best Young Poet, Silliest Hat-wearer; and the Christmas cards containing timid good wishes to 'my dear Great Aunt'; and these sheafs and sheafs of postcards from all over the world telling tales of Lily's latest trips to 'her dear, beloved Clara'.

These were bright and vibrant days to Clara. Lily was daunting but she was captivating. She poured fuel on the fevered embers of a young girl's imagination. She had words and actions and attitudes and experiences and tastes which were quite different from anyone else's.

She was brave and forthright and she made you laugh. And besides Lily, there was her house — a place of magic and mystery, a place to lose yourself in, somewhere you could play a thousand games with a thousand creatures, a thousand props and no one to scold you except occasionally Mister Percival who made it plain that he did not enjoy having to scrub a young girl's soiled garments.

***

Each successive generation stamped its mark upon The Knock. In consequence, it was a house of no symmetry, no order, a maze of corridors, some rooms tiny, others vast, some corridors unending, some rooms crammed up against one another, chambers in a honeycomb. There was not a room that resembled another. There was not a uniform outlook nor any remote sense of cohesion. The front was Queen Anne and the rear was Tudor and there was a vast Gothic greenhouse, The Orangery, and in between, turrets and towers and privies and courtyards which demonstrated, each one, architectural whimsy on a grand scale. There were wooden-framed windows and stone-mullioned ones and glazed slits in the wall. There were doors tall enough for a child to walk through and others wide enough for a horse. Atop the front section of the house was a great glass cupola and along one side of the old part were rings set into the wall for the tying up of the steeds of the warriors and knights gallant who had once marched along the bumpy cobbled courtyards of The Knock of old.

And Lily herself was the very embodiment of her house. Just as it was a hive of muddle and invention and madness, once graceful, now eccentric, so she too looked strange, not at all conforming to anything anyone could think of as normal. Her dark grey eye was clear and beautiful and her skin was tawny and smelt of joss-sticks. She was large-chested and broad-hipped and had a striking face of an unlikely and surprising beauty. She often wore feathers and fruit on her head and there was usually a variety of strangely contorted gold and silver which crowded round her neck and dangled from her ears. No one knew how she lost her eye and no one asked. Her bath-chair was an ancient contraption, basket-woven, burnished iron, spoked wheels, leather-backed. Her Mister Percival was short and demure. She smoked and held her cigars (cheroots, perhaps?) in a holder made of amber with a small, perfectly-preserved South American beetle protruding at the top. She wore seamed stockings on her legs and her shoes were elaborately buckled. She was a fantastic flightless bird, was Lily, and The Knock was the perfect island to house her.

***

I remember her garden and her magical house with its windows and The Orangery and the countless statues of angels and gods and the dining-room draped with heavy damask curtains. The house smelt of wood, wood old and dry, wood burning, wood highly polished and gleaming.

Yet I could not describe that house accurately. There were too many corridors and too many different feels and too many ghosts whose passing shadows hung in the air like the smell of fresh saffron in a Turkish market. The wallpaper was soaked with the best of times and the worst of times and as I live and breathe the walls and ceilings of my adult life are held together by those scents from a childhood spent in and out of Lily's house.

When I was three or four or five or six, I played in the woods between the lines of Scots Pines and pretended they were soldiers at the frontline of battle. In Spring, when the azaleas and rhododendrons flowered, I would gather up the trumpets and lay them end to end, from the edge of the great lawn, round the fountain, down the bank, along the castellated wall, up and down the buttresses of the private chapel and back up the stone staircase which led to the flagged patio where tea was served in the summer. The garden smelt of the nectar of the flowers and Lily liked to come out into the middle of the largest circle of petals and just inhale their scent.

***

Today I went to tea on my own to Aunt Lily's house. Today I am seven. It is the first time I have been here on my own. Aunt Lily gives me buttered bread with hundreds-and-thousands on and bread-and-honey and chocolate flake-cakes and banana sandwiches. I have home-made lemonade to drink but I don't like the bread-and-honey so I give it to her boxer dog when she is out of the room. Aunt Lily's dog is called Cerberus. She has a small hut where she keeps lots of her birds and another larger hut where she keeps a pair of barn owls. They are very dangerous and I am not allowed into the barn-owl hut on my own. But I can go down with Mister Percival and help him with the feeding if I like.

Mister Percival is a funny man. He calls me Miss Clara and he says 'Very well.' He likes polishing the copper pans which Lily keeps in her pantry. Aunt Lily says horrid things to him all the time and he just says 'Very well.' I would be scared and sad but Mister Percival seems to stay the same – he doesn't smile but he doesn't cry either. They must be very good friends, Aunt Lily and Mister Percival. The boxer dog did not like the bread and honey and Mister Percival stepped in it but luckily he did not say anything. He did have to spend a long time in the pantry wiping the honey off his black shoes and I felt very cross with Cerberus for not eating the bread like I told him to.

Sometimes I am afraid of Aunt Lily. She looks at you in a funny way, you know, with her eye and everything. The tea was all right, I suppose and she did let me give her new finch a name. It is very pretty and has a tuft on its head and so I called it Marzipan. Aunt Lily looked quite pleased with that and said 'Marzipan it is!' in a very loud voice and I could see that Mister Percival did not really like the idea as much as Aunt Lily did. At least she did not mention the hat again. How was I to know it was a hat? It just looked like grapes.

If you know your way and you are brave, you can walk to Aunt's house from our house. I've come here lots of times. I know most of it pretty well now. There are some ponds which are covered in nets, so the herons can't steal the fish and there are the stables which are full of old bicycles and wellingtons and hockey-sticks and things. I like Aunt Lily's place best. There are more places to hide in the garden. Once you have been here a few times, you will know how to find your way out of the maze. You just have to keep your eye on the tall green tree in the middle. At our house, we have bamboos which you can't get lost in so easily because they are not so confusing. Our garden is quite big, actually.

But Aunt Lily's garden has more magic in it. There's a row of old tree trunks and mushrooms grow out of the sides. Some of the mushrooms are tall and fat like turnips and some are tiny and thin and look like old ladies. Sometimes, I sit on the stone staircase leading to Lily's chapel and stack up the worms on the bottom step. Sometimes I go down to the part of the garden where Aunt has buried her cats and birds and I read the poems on the stones she has made for their graves.

Sometimes if I am staying here and Mister Percival is not about, I sneak out of the garden by the old black, cast-iron gate at the bottom and I slip down the steep hill into the Special Woods. These woods are the best woods you have ever been to. I don't think they belong to Aunt Lily or to anyone. Nobody goes into them, nobody cleans them out or cuts down the weeds or clears up any of the fallen trees. The bank I have to go down is not too bad really because it is covered with trees and lots of roots stick out so I can get a grip with my feet.

Aunt Lily told me that when The Knock belonged to rich and grand people a long time ago, these woods were their pleasure garden and they built bridges and fountains and wishing wells and special spots where you could sit and look at The Knock without being seen by anyone else. One of my favourite places is the little bridge. I think the grand people must have built it for their children because it is so small. The ground around it is very soft and mushy and I have to be careful in case I get stuck in the mud but when you get there, you can stand on top of the little arch and watch the water as it trickles under your feet.

If you go further down through the woods so that you can see the kitchen window of The Knock on one side and our back door on the other, you will come to an abandoned stone building which looks like a miniature castle. It has holes in the side and pigeons fly in. Right the way round in the other part of the woods, you can find a really, really steep bank and I am sure there is another castle, just the same, built into the bank. It is above the big waterfall.

I know there was a house in that bank some time, just like I know that there was a miller who lived in the little mill down at the bottom of the woods. I heard him when I was out one morning and I had sneaked through the black gate with my drawing pad and I decided to go left instead of right which I don't usually do because I prefer the right side because of the bluebells and the otter which you can sometimes see carrying twigs in the river. But I wanted to study the house in the bank and so I went to the big waterfall and I took out my pencil and I was just about to start my drawing when I heard a Psst-y sort of a noise and I thought, Oh No, here's Mister Percival and he wants me to go in in case 'I catch a chill' and I crouched down as low as I could so that he wouldn't see me.

But it wasn't Mister Percival. It was an old man, shorter than Mister Percival with white woolly hair and a walking stick. He was bending over as he walked. He was wearing a white shirt and some trousers and a big leathery overall covered in powder which I knew must be flour because of the mill and he had boots on which were dark and cracked and looked too big for such a little man.

The miller walked towards me and I was frightened and I crouched down even harder but he still came towards me and I was going to scream but I couldn't so I just stayed where I was and he came closer and closer and then he kept going. He sort of stepped on me and walked over me and yet I didn't feel anything. His boots marched right over my legs and my legs didn't feel one little, tiniest little thing. I had my head squashed down into the leaves on the ground and I just peeked round from under my drawing pad as he came over me and I could see that his eyes were not there. There were just holes where his eyes should have been and I could sort of see the light through his tummy. But I could hear him speaking. It was very quiet, he was whispering, he was saying 'Where are you, my Jane, where are you?' and he kept saying it over and over again and as he went past me, I couldn't see him any more but I could still hear him and so I got up and ran after him but he wasn't there. I ran back through the woods, over the humpy bridge, through the muddy patch, up the rooty hill and in through the black gate and I ran across the lawn and up the steps and into the back of the house and Mister Percival was there preparing Great Aunt Lily's breakfast on a tray and I asked him why the miller man was looking for a girl called Jane? Mister Percival put down the marmalade which he had been spooning into a special dish and he put down the spoon and he turned and looked at me and he looked at my shoes and he said, 'Why, Miss Clara, your head is full of fancies!'

And after, after I had been made to change my socks and shoes and after I had been given 'a good scolding' by Mister Percival, I asked Aunt Lily who the man was and she said that I must be making it up.

CHAPTER EIGHT

The first flush of love and yearning for her builder-of-dreams did not wear off for many years. Clara loved him very much. There was a comfort in their being together and a pain in their being apart. The smell of him continued to play on her senses and she felt increasingly ill-equipped to go out into the world without having her small hand enclosed by his lion's grip. He was night, day, sun, moon, light, dark, cold, hot, fear and fantasy to her. He was all the things that all the poets have written about – love and need and feeling and passion and warmth and friendship and closeness and physicalness to her.

And their palace, stripped back, denuded of all the grit and the layers of distemper and the accumulation of vermin and grain and jetsam, is a fine house now, a house that has rediscovered itself. You can almost smell the sap from the beams.

Over many months, the builder-of-dreams made the palace strong. He strengthened the stone and waxed the wood and supported the roof and levelled the floors. And now Clara has made these rooms plenty-coloured and she has filled them with a thousand objects, cushions, a hundred chairs and the sun, which can filter unobstructed from one side of the house to the other catches on these objects — gilded dolls from India, sequinned tapestries from Burma, all kinds of glass, bottles, jars, vases from Italy and China and Morocco — and the palace glitters. On a sunny day, you are inside a kaleidoscope, legion colours and shapes, a thousand countries and although it is not at all as the master green-grocer must have foreseen those years and years ago, Clara and her lover's house is still a great and glittering, many-splendoured thing.

***

I admit it, I admit that it is better now, that I am alive again, that they have done a good thing for me, that now I can watch and live and be. I can tell my stories now for they come back to me, all the things that I have seen and the times that I have lived through. Come closer, put your ear to me and you will hear the rumble of past families, the cry of new-born sons and daughters, the ringing of tiny feet as they pounce up and down my stairs, the snores in my bedrooms of exhausted fathers, of mothers who have fretted from the beginning of the day to its end, the echo of laughter round the dining-room table, the creak of furtive doors, the billowing of curtains in windows that have just been climbed through, the slamming of angry doors, the quiet, moaning sobs of new grief, the pitter-patter of rats in my attic.

And outside — watch the changes in the landscape. See how the land has been cleared, the trees felled, the glowering crags and bogs and rough fells tamed over much, much time. See how the animals in the fields have transformed, grown, lengthened, widened; how the machines have slowly, slowly become bigger, the tired old progress of the work-horses receding into the orange, dusky, glowing, beautiful nostalgia of my early days.

***

So Clara and her lover and the young Finn revel in their palace, in the days when the house is taking its place in their minds as their home, in those days which years later they cannot remember because they were normal and ordered and slowly constructive and easily forgotten. They are good days and Finn, when he roots through Clara's attic once he has grown up and married and is enjoying a son of his own, finds photographs of family picnics and diaries with short entries — '*Went to Seal Rock*', '*Lovely afternoon in the garden*' — and he smiles and is grateful for those days.

CHAPTER NINE

At fifteen, Clara's world comes tumbling down around her ears. It has been a terrible and shocking climax. For many days, Meriel has looked gaunt and cowed and worried and troubled and ready to do something of moment. For many days, Meriel has been pacing up and down, wringing her hands, tossing in her bed at night, wandering the corridors trying not to make the floors creak but failing and Clara who is wakened each time her mother walks past waits to understand what it is that preoccupies her mother so.

And now she has finally snapped, broken under the strain of the mynah-birds — cackling, highly painted — who have flitted in and out of the shadows, haunted the backdrop of her family life.

Years later, Clara remembers that at about this same time, the house was stricken by a plague of houseflies. You would go to put on your clothes and out would fly a hundred bluebottles, another hundred dead on the chair. You would be standing in the kitchen and all of a sudden there would be flies and wings and buzzing everywhere and you would be swatting and chasing and shooing as hard as you could and then just as quickly as they appeared, they would go. There was a brittle atmosphere in the house – day and night, the tension brought about by Meriel's pacing, hand-wringing, sleep-walking anxiety compounded by the mystery and the nuisance of the flies. Nerves stood on end. Tongues snapped. Tears welled at the slightest provocation.

And it was only years later again when she sat in her chair in her attic that Clara understood that her mother was trying to summon from her depths the courage to tear her life apart, to rip up everything that her children held to be warm and safe because she could not take it any longer, could not bear for another year, another month, another week the grinding humiliation of Freddie's careless, ceaseless treachery.

The flies and the tension and Meriel's anxiety are about to culminate. Meriel is trembling in her belly and her heart is thumping in her ears and the same tortured thoughts are whirling in and out and in and out of her mind and she can feel her stomach heat up and her face burning and there are flies everywhere, in her eyes, in her hair, around her fingers and Freddie walks in from a trip – he has been away, unexplained, for days – and Meriel finally has that courage, the courage of the timid, the courage of the cornered, the courage which bubbles up and bursts out and screams, and Freddie, who is astonished, makes out through the clouds of bile and anger and flies the words 'No more!' 'I love you no more!' 'Leave!'

And now that Meriel has at last mustered the courage, faced the truth of her unhappiness, she finds that she cannot stop herself and she keeps bellowing from her loins 'Go! Go! Get out!' going on and on until her husband cannot possibly stay any longer. If he stays, the birds will flock down from their nests, the bees will leave their hives, the trees will bend down from their heights and they will ask him what it is that is happening, why it is that their nests, their hives, their branches are being shaken and made to tremble by a woman whom they have known to be quiet and calm. 'What have you done to her, Freddie?' they will say and Freddie will be forced to voice an answer.

So Freddie goes and Meriel stops roaring and the flies are gone and the tension at long last is broken.

***

The shock of having once and for all given vent to her deepest, truest feelings proves great for Meriel and after her cruel, errant, impossible, neglectful, thieving partner of sixteen years does eventually leave her, her heart breaks. And so it is that, while her mother's heart lies in pieces on the hearth-rug of the home she spent so much time and care nurturing for her husband and family, Clara finds herself at an age when she knows so little of life in sole charge of her younger siblings and a father who blows with the winter winds.

Containing Freddie is like trying to bottle spider's webs, to whistle chords, to plough with a teaspoon. He is a wild figure, unruly. He loves women and he detests being alone. He reviles his wife for having rejected him, hates looking after himself, hates the fact that he has not been allowed to continue the expansion of his acquaintance of other women from within the confines of his family.

Clara has been commandeered to take care of him, to wash and bathe and dress and feed her father. She is to take the part for which her mother had once groomed herself so lovingly: she is to feed his friends and entertain his women, to charm with her wit and dazzle with her intelligence, to nurse and feed her sisters and brothers through the wilderness years of a childhood which has been summarily torn up by its very roots. Clara's role is too big for her and she has a sense that she is inadequate to deal with it.

Clara loved her father. She never felt any need to condemn or therefore to forgive him. But the long, hot summer of her childhood had little prepared her for the adversities of premature adulthood. How could she have learnt to keep a house and cook dinner, to look after her younger siblings and protect her father from the vagaries of his own wayward temperament when she had spent large chunks of her time growing up in the jungle forest of Lily's garden?

Years later, Clara remembered how she spent those first few months of tending her father waking up in the middle of the night, being conscious of a slowness, a languor, a sadness. Years later, she recalled so clearly, so vividly the fear and awkwardness she felt, the fear of her father, the fear of her own incompetence, the fear of returning to her mother and finding the same broken heart scattered about the floor for her to tidy away. She was a step to growing older. She could barely stand for the shock of her rudely truncated youth. She was too young to know what it meant to have a heavy heart. She was too young to realise that the long hot summer of her childhood had overnight become autumn, the glorious greenness of a childhood spent roaming gardens, living in the great lushness of her imagination gone — and all in the twinkling of an eye.

***

Of course, what was a twinkling of an eye to Clara had been a slow and painful process of discovery to her mother. But precisely because she was kind and innocent, for the very reasons that made Freddie love her in the first place, Meriel chose to hide from the dawning realisation that her husband was not worthy of her great love. She knew but she would not know. This dashing hero who had swept her up from behind, who had turned her head so fast, so absolutely was three parts illusion and Meriel, who had been so willingly swept up, chose to embrace the illusion entirely.

When Meriel first met her husband, father of Clara, grandfather of Finn, she found him beyond words. He was a basket of flowers, an eclipse of the moon, a pomegranate in a basket of pebbles. Had all the world been plunged into darkness, Meriel would have seen him — for the light of him, the strength of him, the glister, the lust, the spark of him were to her unmissable. He was the compilation of her best, most heady hopes, the apogee of any young girl's desires. How could she have turned her back on a young man who marched up to her when she was barely eighteen and in a room full of strangers, pronounced, 'You are the most beautiful girl in this room'? How could she have ignored the fantasy of his beauty, his wit, the inescapable style in his daring and fearlessness? From the moment he paid her that ineffable compliment, Meriel was his. She was utterly at his mercy.

For his part, Clara's father, the swashbuckling young musketeer, as tall as Achilles with eyes like diamonds and the face of David, found the young Meriel eerily alluring. He felt like King Arthur must have when he saw the Lady in the Lake. To him, Meriel rose from the mist of things and beckoned him with a thousand whisperings of her body. From the depths of her loins, a siren called him, moaned its come-to-me call and reeled him in. Freddie went soft as duckling down when he first saw the girl in the muslin dress.

Years later when he lay in the arms of a mynah-bird, regretting as he had so many times his failure, his loss of her, Freddie remembered the day on which he strode up to Meriel and whispered into her ear that most poignant of sweet nothings. He remembered the room, came in, filled with people, shaking hands, well-thank-you-nice-to-meet-you-also, the hostess with her bosom, fine things on the sideboard, smell of food, wine, ticking clock, kissed the hostess's hand. He remembered bending over, dipping down, eyes caught by a girl, waify dress, muslin, dark eyes, dark hair, soft. Drops the hand, brushes past, towards the girl, the muslin dress, people silent, mouths moving but no words. Say something to the girl, something nice and she seems pleased.

How bold he was! How bold and how dashing! The people started whispering again, they had seen the boy, the man with his hair and his walk and the look in his eye, how he pushed past the hosts, how he fixed on Meriel Stetford, how he bent to her ear and said something, who knows what but she melted, you could see it.

***

And so it was in the months that followed that when Freddie pursued Meriel, when he turned his compliments into words of devotion, of invocation, of a request that she be his wife, the young and fair and very innocent girl, believing herself to be the most beautiful person he had ever met, consented and married the man who would break her heart into a thousand pieces and leave her sixteen years later with five children and an empty home. She consented to become the wife of the most handsome and dashing man she had ever met and he carried home the most precious flower that his dreams had ever envisaged.

***

Indeed, for those first two years, Meriel felt genuinely, deliriously happy. For two years, Freddie remained the sum of her desires, careful and attentive, kind and patient. He loved her as if she were a precious orchid which he had grown himself. And when, at the end of the second, she told him that she was expecting his child, his face transformed and his hands softened and she loved him more at that instant than she believed was possible.

Oh yes, theirs was a true needing love, a love that guided them rather than was guided. They were drawn physically and matched temperamentally. She was the flute to his harp, the accompanying piano to his virtuoso cello. They loved to eat together, to drink together, to be still and to be quiet, to scream and to sing together. Together, they were alpha and omega, complete. She did not notice his need to be alone, his need to wander off and search out other smells, other sensations. And he was touched by her hint of solemnity, her air of demureness and sobriety. He thought her good, she thought him brave.

Imagine how trusting and how vulnerable she was. Imagine the feelings of a soon-to-be mother, just nineteen, deeply in love, nestled comfortably in the House of Cranlarrigan that was her and her husband's den. Imagine when Meriel, mother of Clara, grandmother of Finn, two years, three months and five days into her marriage, three months, five days into her first pregnancy, comes round the corner of the corridor that leads from the kitchen to the larder and collides with her husband and her cook, the two hopelessly and passionately entwined. Imagine the rush of sensations that flood into her face as she finds her adored, her adoring husband in the arms of a cook who is little short of a prostitute. Try and believe, as Meriel did, that what you are seeing is an image from hell, a wild foray into the darker side of your mind which is temporarily unhinged. Try to see, as Meriel tried, that he is not folding himself into this witch of froth, that he is merely taking something out of her eye or picking something off her shoe. Try, like the shocked and saddened Meriel, to believe that the cook is forcing herself upon him, that he is resisting, that he is shouting at her, that he is wailing 'No, No, No!' Can you do that, can you sing aloud a day-long poem and hope that when you have come to the last line, reality will be restored and Meriel's husband will in fact be found seated elsewhere, perhaps in his library, innocently reading a book or studying his papers? No? Can you not?

Meriel's hands turn cold and her body turns cold as her thousand mirrors of happiness shatter into pointing, evil shards that stab every inch of her. To the fearful, thumping music of a satanic march, her heart pounds and her head spins. That leaden feeling in her chest which was to oppress her daughter Clara fifteen years later descends with full force and Meriel gasps aloud. She gasps and she puts her hand as mothers do upon her stomach and she tries to shield her unborn child from the horror of all she has just so unexpectedly, so unfortunately witnessed.

In the two or three or four minutes in which this wretched trio stands in shocked silence, Meriel turns her eyes to the floor. Then her senses return and she runs, hard as she can, out of the corridor, out of the house, into the woods and she heads, she does not know why, for The Knock and she plunges into the garden and comes to rest on the ground by the tall green tree in the middle of the maze and she weeps aloud, moaning on the wind. Rain pierces the black sky, the ground around her becomes wet and her clothes grow sticky with mud. She feels her hair cling to her head, her ears become chilled, her nose turns to ice.

She tries to imagine what will happen in the next minutes, in the next hour, then the coming afternoon. She tries to picture herself laughing again or smiling, even, with her husband at her side. She wants to know whether or not she will love this child that is swelling within her now that she knows what she does. Will she care anything for the child of a man who after all seems to care little enough for her? How will it be when she goes back into the house? Will he be angry or defensive or sullen or ashamed? Will he be loving, will he take her in his arms and say that it was all a mistake, darling, that he loves her still, that he will never do anything like it again? Or will he be angry with her because she has found him out, will he push her aside, strut with indignation and pretend that she was making a big thing out of a little thing? So she sits, awash in a torrent of emotions which drench her one after another, alone in the rain in the middle of the maze with a heart that is heavy, heavy, heavy.

Slowly, the rain dies back and the clouds part and Meriel, too exhausted to sustain her anger, too drained to keep up her feelings of resentment and hurt, allows her mind to clear. Slowly as the first needle stings cease to throb, Meriel comes to realise that what she saw was really very innocent. It could have been so much worse! In fact, now that she comes to think of it, it must have been an illusion! A veil of uncomprehending, a cloud of mindless optimism comes down and surrounds her, enshrouds her as it will do so many times during the coming years of her marriage. Slowly, slowly, Meriel surfaces from the torment of her six hours in the flooded maze.

And she emerges with the determined feeling that 'Everything will be fine'. Numb to the bone, her dress sticking to every part of her, happier now that she has come to a palatable conclusion, she returns to the house. She manages a smile, albeit hurt, at her husband and then trailing a thread of water behind her, she busies herself once more with the search for a reel of cotton on which she had been engaged when she came across her beloved husband in the arms of the whore from the kitchen.

CHAPTER TEN

To the young Finn fifty, sixty, seventy years later as he scavenges the attic of his mother's past, his grandfather is someone he wished he had known. Photographs of him in frock coats and lace shirts, fedoras and canes; letters written to him by Clara, from him to Clara, from him to Clara's brothers and sisters; certificates and memorabilia bearing his monogram; an old Latin vocabulary book adorned in careful script with his name on almost every page; bits of jewellery, fob watches, seals, an old badger-hair shaving brush; fine leather gloves and fine silk cravats — Finn is intrigued and bedazzled by the extravagant trappings of his grandfather, this legend about whom he heard so much during his childhood.

Finn finds invitations to balls with costume themes like 'Court of the Sun King' and 'Imperial China'. He finds photographs of his grandfather as a Chinese opera singer, as the Grand Duke of Gerolstein, as Yum-Yum, as Marie Antoinette, on his arm in every one his lovely wife as exquisitely and elaborately and humorously dressed as he. Finn finds a scrapbook filled with fliers and reviews relating to the many theatrical productions which his grandfather undertook when he was young, when his veins were coursing with the firewater of ambition and the energy of youth. '*A Midsummer Night's Dream*' – set in Morocco with Grandfather as Puck wearing a lunghi and a wreath of cactus leaves on his head; '*The Three Wise Men of Lahore: A Tragedy in One Part*' – sadly no script remaining but a lot of irreverent photographs of his grandfather and two of his friends dressed in wigs with their faces darkened by burnt corks; and a review from the local paper in which Finn read that Freddie had been responsible for 'one of the rudest, most sloppily acted, most painfully funny experiences this critic has had for years'.

Finn begins to read some of the love letters with which his grandfather wooed the young Meriel. They are written with a broad fountain pen in black ink and Finn detects the same fair calligraphic hand which was as yet an experiment at the time of the Latin vocabulary book. They extol and they worship, these letters. They are true love letters. 'My love, my love,' they say, 'My love, my love', and they are urgent and intimate and yet they do not embarrass Finn who reads them sixty, seventy years after their first composition and wonders at the ease with which these beautiful words seemed to have tripped off Freddie's pen. Finn reads some of Freddie's poems – many are pretentious and convoluted but some are strong, beautiful. Finn pictures the scaley, torpid, aged, dying image that lurks in the shadows of his memory and finds he cannot marry in his mind the vibrancy of the young man's words and the pity of the old man's struggle.

Finn finds notebooks in which Freddie had carefully annotated the flowers in his garden, marking when they had been planted and in what type of soil. He finds others in which flowers are pressed or beetles and insects are drawn. Nowhere in his searches does he find references to any of the lovers or the misdemeanours for which Freddie was infamous within the family and beyond. Admittedly, Freddie appeared to stop writing things down during the final quarter of his life. The last notebook is dated a few months before Meriel banished him to his grim and darkening hinterland. And Finn, as he flicks through its carefully hand-numbered pages, as he journeys patiently, rivetingly through the boxes and troves and chests that amount to the remains of Freddie's life, feels only a sense of loss — sympathy and above all a sense of loss.

CHAPTER ELEVEN

The boomy-voiced, straight-speaking, one-eyed, bird-loving ogress that was Lily thought Meriel's husband, Clara's father, a frightening and undesirable addition to the greater scheme of things. She found him tiresomely vain and flirtatious. He would try and charm one so! He made friends with Mister Percival which irritated her and mocked her fondness for animals and birds which infuriated her. 'He's nothing but a fop!' she would intone to anyone who asked. 'He's a fop and a charmer!' Lily said this lightly and preposterously but she said it with the more serious understanding that some day Freddie would break Meriel's heart. Although Lily did not especially treasure Meriel, she was fond of her and felt that no one, no matter how handsome, should be allowed to tinker with the delicate balance of her adopted family.

More privately, Lily recognised in Meriel's dashing young lover a kind not unlike her own. He was bold and he was quick and he was unafraid. And they shared too a genius for the unusual, for the strong, for the outspoken. She recognised in him her own touch-paper temper, her dauntless candour, her vanity. Ha! How she would have loved to have been loved by him! If only she had known him before, when she was younger, fitter, more lithe! They would have lit the mountains with their fire, singed the forests, burnt and blackened the dust and sand of dreary loveless wastelands! They would have crimsoned the sky and bleached the sea and made young again the Old Man Time!

But all that was in fantasy and the truth was that Lily found that she did not approve of Meriel's husband and that was because she understood him a little too well.

Perhaps it is unkind to say that Lily cares little for her niece. True she had a sense of humour tinged with cruelty but at heart, Lily herself was not unkind. Intrinsically she was generous and optimistic that the good that existed in the people she knew outweighed the bad. But Lily was a magpie. She picked up only those gems which caught her eye. In these, Lily's interest was intense but for others, she could necessarily entertain but a passing consideration.

Lily is a good collector of people. She appreciates idiosyncrasy and independence. Meet the elderly widow who ran away from her respectable family at the age of fifteen and married a Romany, then a shepherd, then a farmer, then a gentleman until finally she completed the social cycle upon which she had embarked at a shockingly young age. And here, how about the minister, the one with dark eyes who never stops smoking, the poetic look, sad somehow. Over here, Clara, serious, intense Clara. And here, can you smell the scent of peat and fox? It's the mole-catcher. His fingernails are ingrained with soil, he has a long drawling stutter, he knows when it will rain. Such a gentle prophet!

Countless other exotica and brightly coloured flotsam drift through Lily's parlour. There is the one-armed doctor with a passion for Rabelais, the farmer who knows each of his sheep by name, the engineer who lost his best friend in the war and is prone to tears, the retired sailor who boasts a questionably large selection of ships' accessories. To Clara, the fascination of being included in this catholic huddle is endless: not only that but Lily has paid her the splendid compliment of treating her as she would another adult. Clara adores her Aunt Lily.

***

Perhaps it is Lily's friendship with the dark-eyed, chain-smoking minister of God that is most unveiling. Contrast her reactionary turn of mind, his gentle, sardonic liberalism. Lily abhors free will, so-called rights; the minister, on the other hand, is a zealous man of the people. Lily is fierce when she argues. She brooks no opposition. She has the gift of taking hold of a word or an idea and worrying it, worrying it like a dog would a bone and she is determined and unshakeable. She believes in flogging and hanging and keeping women in their place behind the stove. She thinks women are too stupid to vote and that education should be reserved, as it always has been, for the rich and the well-connected. Not surprisingly, perhaps, the minister dissents vigorously. He believes in women's equality, in rights for children, in the welfare state, in the right to silence. Their debates are gladiatorial, conspiratorial, night-long, fug-smothered. The minister loves his evenings with Lily. And for all her lightning ferocity, inside Lily is laughing, laughing, laughing.

***

In his ageing and private thoughts, the minister dares to look back on the time when they first met, when Lily might have come to share his bed. It is a long time ago, at a village fete. The minister is ambling round the produce section, has absent-mindedly walked across the prize-giving for the dahlias. Embarrassed at his mistake, annoyed by his embarrassment, the minister quickly withdraws to one side and conceals himself behind the marigolds. And there too is Lily.

In these times, Lily is at her most handsome — one-eyed, yes but intoxicating. She too must be oblivious to the ceremony of the occasion for she has marched past the dahlia-growers, marched straight into the minister's vision with her perfume of violets and tobacco and brandy and mothballs and leather and linen. She comes a touch too close. She turns to him and in her deep throaty voice, 'I'm most awfully sorry,' she says; and he is so taken, so drawn to her look and her voice and her smell and her manners that when she offers him a drink at the bar by some way of recompense, it is all he can do to sound like a delighted vicar instead of a panting, lusting, greedy schoolboy whose every dream about the opposite sex has come true in one fell swoop.

He leaps into her eyes, he leaps into her invitation, he leaps into the vision that is Lily and for one brief glorious instant, the minister is a man and not a man of God. He downs his ginger wine as though it were tea and he swims into her heart and he makes a friend from whom he vows he will never be separated.

That night, the following, for every second and minute and hour that drags on beyond, the minister prays. He prays for strength and humility and the wit to curb his lusts. He prays for indulgence and understanding. He prays that the Good Lord might turn a blind eye while he momentarily diverges from the path of righteousness. Please God, forgive me for I must sin. The minister is fighting a big battle with his God. He has been offered a temptation and it seems to represent the very essence of his frustrations as an intelligent, rational thinking man who has embraced a dogma.

And though he shouts aloud, though he paces up and down within the stone-cold confines of his Norman church, inside the minister lacks conviction. It is not in him to sin, it is not in him to break his promises. Years later, when he comes to survey the disappointment of his clerical life, the minister contents himself with the understanding that that was the day on which his battle with his God was finally resolved, the day on which the minister who had seen himself once upon a time as a luminary of the Church, a bishop in the making, finally accepted that the path of compromise was the only one he could embrace in all sincerity. For though he had not strayed, he had realised at that time that he could stray, might stray, wanted to stray, that when he stood up and eyed his congregation, he was not deep down in truth the man of God whom they should, would, had every right to expect. In that small Norman Church with its hideous altar and its glorious pillars lay the remnants of the minister's most cherished secret dreams.

All that was a long time ago. Today, as the minister ponders these memories, he and Lily have reached some kind of peace in their friendship. The minister no longer feels the dagger edge of anticipation as he steps into Lily's parlour. And Lily no longer has that giddying sense of power that she used to feel when faced with the minister's pleading desire. Today, the still waters of an amicable relationship are filled with great pleasures for both parties — late night dinners and mid-afternoon assemblies in the parlour. They share other things besides, a taste for days at the races, reading poetry, naming the stars, sitting in silence. The minister is grateful to be able to share his time with a woman of such wit. Lily is pleased to have the company of a man who is so wise.

CHAPTER TWELVE

Let me take you back to the time before Lily had even found The Knock, to the time when Lily's veins coursed with the elixir of life. This Lily is tall and imposing, big-chested, broad-hipped, strong. She has a surprisingly cosmopolitan taste in clothes, in people, in pastimes. Strangely hatted, one-eyed, fearless, she flits from European city to European city tasting their wines and their foods, spending money with the ease of a king's mistress.

And make no mistake, Lily does not make her journeys unnoticed. Who could fail to be struck by her poise, her elan, her striking face slashed across its corner by her fierce black patch? How can you not turn your head as this tall figure with one deep grey eye, long, hooked nose, full lips sweeps past you, confident, sensual, strong? How can you not stop in your tracks as this woman as tall and strong as a man but so feminine, alive to her own attraction, strides past you, wreathed in smoke, smelling of cinnamon and the nectar of the Gods? Lily has wit and flair and gumption. She is a glittering object. You are drawn to her. You are touched by her. You feel her magnetism and it pulls on the fibres of your being. You wish to be with her, to follow her, to watch her. But if you touch her, beware. Be sure that you too are strong and that you know yourself — for this Lily, this creature with her glitter and her sheen and her strange powers can toss you on the wind of her breath, can flick you like a leaf in the fire of her eyes, can suck the very life from you with a glance of her tongue.

So far you have joined me on a quiet journey, a gentle odyssey through the times of being a mother and a father, through the times of death and love, through the times of childhood and memory. We have travelled through a quiet valley, through a place where there is no hustle and bustle. Bluebells waft in the breeze which washes over this valley and we bask in a scent of green. But now, in this time of Lily's life, we must enter the hurly-burly of the city, of many beings, of the clink of money and the rattle of wheels on smut-covered cobbles.

Lily at this time is very different from the Lily we are acquainted with. She is a great ship who sails through the dark, hectic waters of the night and she moves noiseless but menacing. Sometimes she docks, sometimes she passes through and only the fizzing whoosh of a million, million bubbles tells you she has been. And the thousand men who bob on the high seas in their modest craft, tossed and flipped in the wake of this beautiful, brave behemoth take to their cots and for many nights the dark skies echo to their whimpering dreams. It is Lily they take with them to their sleep and she leaves them tortured and disturbed long after she has gone.

Lily sails on the sea of the rich and the spendthrift. Casinos and palaces are her mooring-places. She docks for days, weeks at a time. She travels alone. She is not sad nor lonely but enjoying her freedom, her power over the little men in their floating skiffs.

Few and far between are the men who are a match for her. But this does not worry Lily. Lily does not need equals. She is a latter-day Boadicea and men are merely her playthings.

Picture Lily as she plays these helpless creatures, as she dangles one leg from the chair over which she is casually but elegantly draped, as she sips nonchalantly at her brandy, as she spots a victim in the haze of greed and exchange of lusts to which they have been drawn. Picture this Lily in her dark green velvet dress with her cigarette holder and her décolletage and her apparent circumspection. Unknown to him, her victim plays the game at Lily's behest. He invites her to dance and he does not understand that Lily dances as no other. It is an invitation which she graciously, silently accepts and they join arms in the middle of a crowded room and Lily is away — the game has begun.

The hapless young man does not feel it but Lily's invisible threads are beginning to weave themselves around him, to ensnare him. He does not know it but Lily enters another world when she dances. She is rapt, glazed in the ecstasy of her own movement and the young man, enthralled by her rapture, feels sure that it is he who is inducing this ecstasy and he is thrilled. Fool! If he looked at her, if he just stood back for a moment and appreciated her, the young man, every young man who was caught in Lily's snare, would see that she did not dance with them. She did not dance the better for their presence. Lily danced with herself and the hapless young men were merely agents. Lily says nothing but she moves with the grace and the rippling of a woman in love and the hapless young men draw their own, foolish conclusions. She offers them the scent of their desires and in their intoxication, in their anxiety to accept her offer and bathe in the compliment of her beauty, they lose sight of the palpable truth.

In a ballroom on the Riviera deep in a summer's night, Lily sits at a table. She is playing her game with a pup from Italy. He is naive and splashy, too eager and Lily is tiring of her game. She has been on the move for some time now, has played her game, danced, gambled, drunk, smoked, wafted and strode and she finds to her quiet, slightly peevish surprise that the game is not what it was. It no longer excites her as it did. The pup is panting bella-che-(wonder-do-you-dance-very-strong-i-am-count-mansions-diamond-furs) but it is a distant, background hum to Lily and it does not move her.

She does not know it but Lily is being watched. There is a tall stranger and he wears moustaches. His eyes are dagger-sharp, his hands are strong; he has an inner repose. We are watching him as he watches Lily. Notice the glimmer of humour around the corners of his mouth. Notice his style, the cut of his jib. He wears clothes from the best tailors and they hang on him naturally. This man has distinction and he wears it with ease. He is not especially handsome but he stands out in a crowd — he is a peacock among chickens, a Gipsy Prince.

And this man for some time now has been watching Lily as she plays the Italian pup. He watches her casually at first. He sees as the pup sidles towards the one-eyed woman and he watches as a silent exchange begins, as the couple waft across the floor and at first he takes only slight notice because she is just another lonely, sea-roving harpy and the Italian just another greedy young man. But slowly the style of Lily, her reserve and yet her confidence make an impression on our dagger-eyed, humorous-mouthed observer and he resolves one day to meet this woman, to play a round of her game.

That night, the Gipsy Prince takes to bed with him a dream in which he becomes wrapped in a long, silken sheet, wrapped so tightly that he cannot move. In the distance he hears the floating voice of a woman singing. It is plaintive and mournful and beautiful singing and he is drawn towards it. The sky is grey and pink, the mist is low and the sands of the beach, enclosed by their sheer walls of wind-charred rock, are cold. The Gipsy Prince makes towards the singing but he is lying in the lapping waters of an incoming tide, and he is wrapped from top to bottom in a silken sheet, his arms tied to his side, his feet pressed together and all he can do is roll. But the singing does not sound any closer and the waters are coming in on a rushing tide and he is helpless and rolling inexorably.

On the following evening, Lily is in her same place in the ballroom and the Italian pup has resumed his obsequy. The Gipsy Prince too is in his chair, once again nestled in the gloom. His forefinger strokes his nose, his middle finger caressing the top of his moustaches. Secretly, he is haunted by the tightened, limbless feeling of his dream but he lays this image to one side, rises from his chair and like an eagle on a moonbeam, he enters the dazzled vision of Lily the seductress.

Lily who has been drifting off to another land as the hum of the puppy-Count drones pantingly on suddenly looks up and sees the tall, dagger-eyed man and she is struck between her ribs, in her loins, in the middle of her forehead. Her wrists prickle, her heart quickens. She cannot see for the vision which fills her eyes and even the Italian who is not a particularly perspicacious man can grasp that he must bow out now, withdraw because a searing heat has started to radiate from Lily and meekly he understands that it is not directed at him.

To his surprise, the Gipsy Prince finds that he too is struck, he too is dazzled as he draws towards Lily and the limbless, tightening feeling comes over the full height of him. You could ripple the tension with your little finger. You could melt the tips of your fingers in the heat. Were you to approach the table now, try to join this strange, strong couple, you would sense this tension and you would be knocked by this heat and you would, like the puppy-Count, feel out of place, an interloper, a fool, caught like a child between important men in important suits discussing matters you could never understand.

Not a word passes between them, between the black-patched, grey-eyed enchantress and the handsome, wry-mouthed stranger. She watches as he approaches the table, as he rattles a chair on the wooden floor, scrapes it, rustles his suit onto the seat. He looks fixedly, greedily only at her. The world around them has closed down and for several minutes, hours, days even they share a table without a word passing between them. And then he offers her his hand and they step out onto the floor and Lily closes her eyes. But this time she does not enter her world alone.

Lily floats like a pink hibiscus on the Mistral and the Prince is with her, he is floating, caught up in the brilliance of the moment. He guides her and is guided, a noble creature in the arms of a great, electrifying beauty and the gasps of the onlookers and their fellow dancers puff out like silver droplets on a floor of ice.

By now, the Gipsy Prince is dizzyingly confused. He had come to Lily's table with his bugle's cry to summon her, a grandmaster, to a thrilling round of the game at which he knew they both excelled. They would challenge each other to a joust and they would raise their instruments and kick on their horses and for a while, they would enjoy the matched prowess of champions. It would be a simple but ennobling encounter. Our Gipsy Prince is not a person who is used to being confounded. He is a strong man, a lone warrior. He raises his jousting pole and the opposition tumbles and time after time he bathes in the glow of his famous victories. He has never tasted the waters of defeat, never been scarred, never suffered for his art.

And here in the deep of a summer's night beneath the arching splendour of their lovers' ballroom, he finds himself bewitched by the vision of Lily, bewitched and transfixed by her, held in a gaze, pierced to his heart with a steel-sharp sword, unable to think or feel or breathe or raise his trusty weapon, gripped as he had been on the floor of the beach when he was wrapped in his silken sheet. The Prince and the siren have embraced one another in the delicate tremble of a dance.

They dance and dance for weeks and months and in that time Lily becomes deeply, intensely intoxicated with her dagger-eyed hero. She is drunk on his musks. She buries her long nose into the folds of his exquisitely sculpted clothes and she breathes in the essence of her needs and it fills her heart and her loins with the heady, spiky, glinting savour of risk. She has never met a man like this man before. She has never met an equal. She has never felt so strong and so radiant. She looks into the mirror and she sees her face and his face, her grey eye and his black eyes, her devil-may-care and his devil-may-care. She feels out of control of herself, in a spiral, giddy and spinning. She does not know this man, has barely spoken to him, does not know where he comes from. He has appeared as a ghost does, as a storm can from a sun-licked sky, materialised from the depths of her Riviera ballroom and he has taken her heart and her body and made them his. He is her Rodolphe, her Aeneas, her Abelard.

Lily's suite of rooms is on the water, long, balconied, grand, with a mesmerising view of the sea and the boats and the sunsets. It is palatial: Louis Quinze furniture, tall, swagged curtains of rough silk, a bed the size of a stately park. And in these rooms, behind this grand view, between their meetings, Lily sits alone and wrings her hands. It is a week now since she last saw him, since they last joined hands in the timeless ecstasy of their dancing. She is waiting for him and the waiting oppresses her. Daily she becomes thinner. She has lost her taste for brandy and cigars — now they offer nothing in comparison with her Gipsy Prince and she needs him more and more. Why is it that Lily seems to be becoming a shadow of the broad-hipped, large-chested Cleopatra who was once such a familiar, coveted figure throughout the casinos and ballrooms of Europe? What is it in this special love that is changing her, wilting her? Lily is no longer what she was. As the affair goes on, she is weakened by her love, weakened by her infatuation, her obsessive need to be with the Gipsy Prince, to be in his arms, in him, to be devoured by him, to know everything about him. More and more, Lily ignores the kind angel who whispers in her ear that she must hold back, must try to stay detached if she is to emerge from this — the most thrilling, demanding, vertiginous tournament she has ever played — with a little, tiny little pool of self-respect.

The Gipsy Prince comes infrequently to Lily's rooms. He stays for a day, maybe two and then he has to leave-must-go-urgent-important-back-soon-I-promise and Lily is alone again, at first bathing in the glow that she feels, holding the things that he has touched, drinking in his smells, dancing again and again in her head the dances and dances that they have enjoyed and then, soon, too soon, losing the warmth that he has left with her and once again fretting and moaning inside.

The Gipsy Prince too is tortured by this affair upon which he has embarked. He too is withered by the tumult of lusts which being with Lily provokes in him. When he leaves her, of course he does not go to business or important matters but he finds a quiet place and he retreats to the back of a soft, enfolding chair and he lights his pipe and caresses his moustaches and thinks about Lily all the time, far more than he ever has any woman. He is disturbed, shaken to the core by his obsession, almost emasculated. Sometimes, he sits alone for three, four, five days at once. The landladies of the inns he frequents are worried by this unhappy figure but they do not ask and they bring him nourishing soups and they are unsettled.

Weeks become months and gradually the shift occurs. Gradually, imperceptibly Lily loses her ground while the Gipsy Prince resumes some semblance of control over himself. Lily becomes more demanding. She blocks out the wise words of the kind angel and her voice once deep becomes simpering and rat-a-tat-tat. She tries to be slow, to hold herself back, to make the Gipsy Prince wait. But she cannot help herself — she leaps up, rushes forwards, snatches at the door handle, whips back the door, hurls herself into the musky, long-anticipated embrace of her lover and it is all lost, all gone, her determination to be herself wilted on the breezes of his long-last arrival. Oh Lily, Lily!

Now he can toy with her, taunt her with her need for him. Now he can mock her, laugh at her pitiful state and the hint of sorrow that he feels recedes with every meeting.

Soon he is so cruel! Of course, this should not surprise Lily —

after all, she too has been cruel, merciless to the sprats and the minnows who have lost round after round of the game — but Lily *is* surprised, dazed by the change. Where is the warmth and the passion of just a month or two ago? Where is the fluttering ballet of their early days, the trance of needing and forgiving? Where is the lightness and the laughter and the red wine of delight and rapture?

Soon the Gipsy Prince is to leave Lily again and Lily senses something, some cataclysmic thing and she bows down on her knees and begs him to stay. She weeps, she wails but the wry corners of her hero's mouth simply turn up and sneer. She crumples on the floor, beseeches him but his heart is cold. Then in one last desperate attempt to keep him, for she knows he plans to leave, she says it, says the thing you must never say if you are to win the game. She does not mean to say these words but her instincts are pell-mell, topsy-turvy and she is bumping along the rocky bottom of self-loathing, has lost the threads of herself and she just spits it out, blurts it out and afterwards, when he has gone and she is alone, she knows that she has seen her Gipsy Prince for the last time. It has been a crushing, crushing defeat and the echo of the closing door seems to resound with contempt.

Lily has never felt more abject. She did not know that it was possible to feel so, to be so utterly drained of will. She has lost all dignity. She sits for hours on the floor, not daring to move from the position in which he left her. Absently, she traces her finger along the carpet trying to feel the impression left by his feet. She can smell him on her skin and she vows not to wash for many days. Oh, Lily, Lily. How can you have let this happen? How can you have allowed yourself to stray so far? Look at yourself. You are slumped on the floor and your face is drawn and your eye is tired and your skin is grey and your dress is that of an ageing harlot.

But Lily has no will left. For days, she does not leave her room and she slumps into her fauteuil and gazes blankly at the glittering sea. Inasmuch as she is capable of any thought at all, she wishes she were dead. She wishes that the rat-tailed demons which are clawing at her insides would once and for all carry her off to their fiendish lairs. She longs to be at peace, away from the hurly-burly of her pounding heart and her shattered body. At night, the great, swagged curtains billow in the sea breeze and Lily roams the lonely space of her park-sized bed, sleepless. She does not eat. Occasionally, she tries a cigar but they taste foul, mouldy and they lie half-smoked around the room, soggy and unwanted.

And then when demons have nigh on clawed the very life out of her, Lily makes one last effort at survival and she woos back the kind angel and she points the angel towards a desk, towards paper and a fountain pen and she dictates a letter which brings as fast as the winds can carry him Mister Percival. Mister Percival sweeps into Lily's by now putrid swag-curtained rooms and he scoops her up in his servile arms and carries her home, away from the glittering sea and the Louis Quinze suite and he takes her to a place where she is safe, where he can keep her under his watchful gaze and he bathes her and mops her brow, brings her water and wine and morsels he hopes might tempt her to life. Slowly, slowly she re-emerges, Lily comes back but she is not the same, she is no longer the fine woman that haunted men's dreams, no longer the proud siren. A light has gone out in Lily and she never walks again.

***

Years later, when she had found and settled into the safety of The Knock, Lily dares to reopen this cupboard which for so many years she has kept locked in the deepest recesses of her mind. She plucks out of it the love which she had so urgently, so foolishly confessed to on that last day and she hangs it before her eyes and inspects it with a coldness she could never have achieved before. Even all these years later, the sight of this ragged handkerchief of passion which she once so desperately waved causes Lily's heart to moan, its sinews to part and sting her with the pain. But she is brave and she looks on and she sees herself once more on her knees, pleading, begging, hoping against hope. She sees how great a challenge she had set herself. She sees how ephemeral a lover her Gipsy Prince was. She understands that, as a loner, he was treacherous, that you should beware of clinging to him for he is shards of broken glass and he can slash your hands to threads.

Of course, she knew when she said those deadly words, she gave him all the ammunition he needed and more to win the game. She knew that it was in her terms a game of the utmost importance and that if she lost it, she risked her very soul. And yet in spite of this clear understanding, Lily rejected her instincts and did the very worst thing she could.

And now Lily, permanently marooned in the safety of her basket-woven bath-chair, relives her dismay as she watches the cold chill come through the eyes of her Gipsy Prince. She can see as his mind is made up. She can practically hear the cogs of fear and retreat clunking in his head. She has pushed him away as clearly as the sea laps against the hulls of the rich men's boats beneath her balconied window. Lily gasps as she trawls the tatters that are housed in her cupboard. How good a love it could have been if only she had taken more care!

***

Nor did the Gipsy Prince recover from his encounter with Lily. Oh yes, he had won all right, trounced his opponent, thrashed her in fact. He had danced her into oblivion. He had taken her heart, her finer feelings, every ounce of her person that she had offered to him and he had scorned them — as indeed you must do if you are to play and win this oh so treacherous, unhappy game of his. But it had been a costly victory and it had not tasted sweet as it should have. It had cost him, cost him dear, more than he expected or appreciated at the time. His spirit was numb. He did not cock his head with the same insolence, the corners of his mouth had a more mournful turn, his eyes lost something of their glint, their danger. And it is true also that the Gipsy Prince did not play the game again.

Years later when he looks back on Lily, he sees her as he saw her for the last time — on her knees, neck bent, hands outstretched, face drained of all strength, drenched with misery and complete, abject defeat — and he hears still the echo of Lily's voice and the words which she poured out, spilled across the carpet in her last beseeching plea. And he knows now, as he knew but would not know then, that this plea has been uttered in desperation, that Lily does love him, that she needs him, that he has made her love him with his cruel taunts and his take-it-take-it-now-take-it-my-love-what-are-you-waiting-for-too-late-I-am-leaving-now torture, for that is what it was. He knows now that he should have loved her back, should have dared to love her too because she was the only one, the only woman he had ever known who had thrilled him to the very depths of his soul.

Years later, the Gipsy Prince is racked by guilt and shame. He did not give her anything but she gave him everything – she stripped herself down to the raw and begged him, pleaded with him to forget about the game, to love her as she said she loved him. Yet all he had done was to submit to his fears, to retreat behind his handsome, last-resort sneer and to knock her out of his way. Cruel, cruel man! Fool! To have been so weak!

CHAPTER THIRTEEN

Even when he was young, Freddie was amazed and overwhelmed by the bounty of his own creation. He was a gilded butterfly and yes, they were real gems set in his wings. And it was true, Freddie was gifted. He had insight, understanding. He had flair. He had an intelligence which was razor-sharp, cut always to the heart of the thing, saw through clouds and fogs which only confounded others. He took words and made them diamonds. He spoke and people listened. He had ideas, motivation, will. He would see something wrong, an injustice or a plan that would lead to calamity and Freddie would fight it, open his mouth and pour out the words and make sure by his perseverance, by the power of his reason, by the devilment in him, that the wrong was averted.

You looked at Freddie and you saw quicksilver, a peacock among chickens. You talked with him and the words were pulled from beneath you. You laughed with him and you always remembered those laughs, those times. You cried with him and God how those tears ran.

After he had gone, people remembered Freddie. They had stories about him, when he had said or done something that was mad or bad or brilliant, when he had touched their lives somehow. They always remembered. Freddie was not ordinary, not ordinary at all.

But if he was dazzling, Freddie was also weak. He was in love with his genius, utterly absorbed in the kaleidoscope of his own existence. God had given him some marvellous gifts — the gift of speech and the gift of language and the gift of love. He did not see when people were bored by him, humiliated, overshadowed, cowed by him and his relentless talent. He did not see when they wanted to push him aside or steal his ideas. And he made no effort either to curb his appetites. He had a voracious need for thrills and since he found most challenges easy to overcome, he became easily bored. So Freddie would plunge himself into wine, into women, into the arms of any harpy that came along, into riches and feasts, into worlds that themselves were bored and greedy. He would go on boats, he would stay with kings, he would greet as friends the great and the good. He would dress in silk, he would feel the best, he would lie with the softest limbs entwined around his body. His bible was decadence, his cassock made of cashmere.

Conversely perhaps for a man who took so much pleasure in the theatre of his life, there was a dark and secretive side to Freddie. As his appetites took hold of him, as he became prey rather than predator of the mynah-birds, as the needs of his body dictated the successes of his mind, Freddie became less and less honest with himself. He had always been able to see beyond the superficial, to comprehend the schemes of lies or deceptions or desires which fired people to do what they did — when it came to human motivation, he had insight and intuition — but somehow his own reasons for doing things were always so much more complicated. Yes, he knew the moment the cook came out of the larder with her apron tied loosely and the top buttons of her blouse undone and her hair tousled and flour on her hands that he should not have put his arm around her waist and pulled him to her. He knew that he did not need to pay even more than scant attention to a girl who was after all not very attractive to him. He knew that Meriel was his great love, that she was everything he could have hoped for. He should have been radiant, blinkered, in rapture, he was to be a father —Praise the Lord! He should have revelled in the joy that washed over him, he should have knelt down in thanking, humble homage before this goddess wife who had held and grown his seed. He knew that to kiss the floury-handed cook was a wanton and lascivious act. He knew that to be caught kissing the cook by Meriel, his beloved wife, would be to cause not just pain but shock. He knew that the creak of the kitchen door meant that Meriel was within five seconds of catching him with his hands wrapped in the hair of the cook...

...and yet none of this knowledge stopped Freddie from kissing the whore with the flour on her hands or from carrying on until Meriel burst in upon them and made the discovery that was to damage her brittle heart forever.

What could he do if mynah-birds presented themselves to him, asked him to share a pleasurable moment? Was he to turn them away? How could he refuse these delightful, charming compliments? Poor Freddie! He could not see when he was fine, when he was contented, when things were good. He had to pour tar into his milk, sprinkle bitter aloe into his cup of life. Poor Freddie! He might have had intuition but he so lacked sense!

***

Freddie's ceaseless quest for the perfect lover, she who would kiss his body all over with the brush of a thousand butterflies' wings, the one who would love away the demons which swarmed around his heart and bizzed and buzzed with their relentless evil hum, took him to the very depths of human dignity.

After the episode of the cook and the brief moratorium that followed, a moratorium hailed by the birth of Clara and Freddie's delight at finding himself a father, Freddie came to resume his quest with renewed enthusiasm. First there was a secretary, then a maid and after these, a woman who wanted him as a father and a husband ('The Oxpecker,' Meriel secretly called her). Too afraid to admit to The Oxpecker that he had no intention of leaving Meriel, Freddie set her up in a small house with a large bed and no curtains. Furtively and on random occasions, he crept into the small house, into the large bed and indulged the whims of The Oxpecker. But she would bleed him dry! She was so demanding, so needy and all Freddie wanted was to be loved a little. After all, who needs a second family? So The Oxpecker was abandoned to the mercy of the neighbours who peered in through the curtainless windows of the small house with the big bed and clucked at the habits of a lonely, greedy mynah-bird.

Only once did Freddie encounter a woman who might have posed a threat to the hold which Meriel albeit unwittingly exercised on this restless, questing man. She was Guinevere. She smelt of Camellia blossom and honey and she made him think of a Bedouin beauty with her Eastern-pleasure eyes and a deep voice that reminded Freddie of the winds which moaned round his house when he was a boy. Freddie buried his nose into the luxury of her scented linen and he breathed deep and for a while, he was on the verge of the love affair which had never quite developed between him and Meriel since the day she found him in the arms of the whore from the kitchen.

But Guinevere was afraid of taking responsibility for such a man. She sensed how great would be the burden of his emotional muddles and, with the gift of a special vision which only beautiful, intelligent, caring, independent women can have, she saw how troubled Freddie's heart must always be and how thorny the path that she would travel with him. Guinevere was the only woman, the only one of Freddie's myriad, peacock-coloured trophies who turned him out of her bedroom. For that reason alone Freddie might have loved her greatly. She was the one woman apart from Meriel who was a worthy prize but she was sharper than Meriel, more keen and more cunning, and she did not wish to become embroiled in the maelstroms and infernos that must always accompany a bold musketeer with a restless heart.

On and on, there were hundreds more besides. Some were good, some were kind but most were desperate, witchy, scratching harpies, women who would cling to Freddie only until they found a better catch, women like dung-beetles who swarmed to anything that smelled rank. And as Freddie became more afraid that his quest would never be fulfilled, as his own desperation grew, he cared even less how people saw him, he ceased to care about his brilliance, he did what he could when he could where he could, he dragged the good through the mire, Clara and her siblings, Meriel, anyone. In these days, Freddie was bad, so, so bad.

CHAPTER FOURTEEN

In the early days, Meriel had loved Freddie like a water-lily loved its first taste of sun. She needed him, she was dazzled by him, she yearned for his warmth — but Meriel was also afraid. For so long now, she had been tightly wrapped up in her own bud, tightly, tightly. How would it be to open up to the warm rays of the sunlight, to feel the pitter-patter flitting of the water boatmen over her fragile, rice-paper skin? The weeds will pull her and push her, they will try to take all the water from her roots, to starve her out or steal her sunlight. 'Take me back home, take me back, back, back,' she whispers to the rustling reeds.

On one of these days when the fear makes her fret, Meriel wraps her arms around her belly and she rocks herself to and fro and she drifts back to her childhood home, the vaulted confines of Martineau Park. The sky-high doors of the jutting portico open as if by magic. Wind rattles the field-sized panes of glass and the four square towers of this great sandstone edifice glower like watchdogs. Meriel is shown into a room — a room that is taller and longer than you could imagine — and she stands alone, a tiny person in a space with no horizons. At one end, her mother Patience. She is straight-backed, angular, perched on a music-stool, her feet hidden by a trio of reclining Russian wolfhounds. Then Meriel's eyes drift towards her father, towards Meredith, titanically tall, wiry-bearded, unsmiling, unloved.

Patience being a less than natural mother, 'a succession of Withered Shrubs', as Octavian described them, was imported to look after Meriel and her brothers while they were young. No beauties, these! No warm, loving, buxom mothers with kind thoughts and good baking skills! They were like the watchtowers of the great, dark monolith that enclosed them, dark and grey and square and cold.

Withered Shrubs came in all shapes and sizes. There was Miss Wiggin who had a thatch of hair on her upper lip and chin and was nevertheless very poorly covered on top. To Octavian, this seemed to be the cruellest trick of Nature, but his sympathy for the redoubtable Miss Wiggin was short-lived. She had a cold, cold heart and was not at all inclined to treat her charges with anything less than an unbending and Spartan strictness. To be sent to have a cold bath in the middle of winter was the very least of the punishments meted out by Miss Wiggin. At the other end of the scale was Miss Handforth who had the voice of a dying man, was barely five feet tall and very, very thin. Miss Handforth was not at all unkind but overwhelmed by the coldness and the size of her vaulted prison, she committed many crimes of omission and as a consequence was almost as feared and disliked as had been the dreadful Miss Wiggin.

These few unbending ingredients make up the fabric of Meriel's childhood. It is to Martineau Park that she withdraws in her private times, to Martineau Park, to Patience and Meredith, to the Withered Shrubs and of course to her beloved Octavian.

How could such a background be a fitting preparation for a real life? How could it possibly have prepared Meriel for the whirlwind that would be her marriage to Freddie? Meriel and her siblings, they were not shown how to be loving and loved, to have time and compassion and the courage of honesty. Their contact was exclusively with the prune-dry Withered Shrubs and with Patience and Meredith, parents who themselves had known little love, who married not for passion, not through desire but out of desperation and expediency.

Of all of these, there was only one whom Meriel had loved — Octavian, her elder brother. It was Octavian who taught Meriel the fastest way to slide down the banisters and how to replace the summerhouse floorboards without disturbing the dust so that the Withered Shrubs could not tell where you were hiding. He it was who taught her how to catch rabbits in your hands and how to build a tree-house and where to find the answers to a thousand other vital questions of survival. It was Octavian who steered Meriel carefully through the minefield of disapproval and admonishments that was presented by each successive Withered Shrub. But Octavian, for all his sense of humour and his solicitude towards his younger sister, was a mere pinprick of a shadow in the gleaming light cast by Freddie. Octavian had been the best elder brother that any girl could have hoped for — but he was no preparation for Freddie.

So if you can imagine how sheltered and isolated Meriel was as a child, you can understand that even when she reached late adolescence, Meriel was quiet, withdrawn, unworldly. With his D'Artagnan capes and his wit and his fevered energy and brilliance, Freddie Polmeir provided a shocking, delirious, brilliant, frightening contrast to all that had gone before.

CHAPTER FIFTEEN

How little of her parents' affairs can Clara have known! Like Finn years later, her most comprehensive understanding of her parents and her grandparents was gleaned from those days when she tripped up to the attic and allowed herself an hour or two to lose herself in the boxes and bags and chests of family belongings.

Needless to say, these magical discovering days all took place after her parents were dead and Clara had to hold her breath so that the regrets would stay at bay. Why she had not taken the trouble to ask Meriel any questions or to listen to Freddie when he recounted stories from his past and the past of his family? Why had she not pestered them to tell her about themselves, to portray to her the smell of their youth, what they did when they were four, how they were taught to write, why they knew the things they knew? Why had she not pestered them to explain who everyone was in the pictures or what the origins were of the trinkets and furniture and chattels that peopled their house? Who did this belong to? Why did you buy this? Who is the man with the fedora and the pale eyes? What did you feel like when your mother died? Why did I not ask them more? Clara tries not to think these questions because the only answers lie in faceless headstones.

In the aftermath of the deaths of both her parents, Clara takes to the attic for she has sorting and arranging and stacking to do. She is being brave and practical and dogged even because if she does not busy herself with these trivial, mechanical jobs, she will become swamped in the I-wish-devils which are clawing and scratching at her door of grief. And she is managing well to keep these heinous creatures at bay because there is indeed a lot of stacking and sorting and arranging to do — letters in one box and official papers in another and invitations in a third and trinkets in a fourth and then Clara makes the mistake of looking closely at one of the trinkets because she has not seen it for many years and she remembers that it always sat on her mother's dressing table next to her ivory hand-mirror and her silver-topped glass powder boxes. It is a small tortoiseshell box and bears a tiny oblong gold plaque with the engraving, '*To my darling Meriel, with all my love on the birth of our most beloved daughter Clara. F*'. Clara shudders as one of the I-wish-devils cackles in her ear, reaches out, scrapes at her shoulder with its wiry finger.

Plunging deeper into her folly, Clara opens the box. She extracts a cameo brooch. In the centre of the brooch is a tiny opening chamber which contains a lock of hair. Clara opens the chamber and tweezes out the hair and feels it in her fingers. She sees that caught between the pin of the brooch and its catch is another hair. Clara knows that she is holding parts of each of her parents between her fingers. They are still alive, these bits of hair. They still have colour and shine. They are not greyed and rotting like the real hair on their heads now enshrined in the brittle earth. Clara's breath leaves her and for a moment all she can hear is the thud of her own heartbeat. She is shaken to find bits of her parents, those people to whom she owes the breath in her lungs, the wind in her hair, the sight of her eyes. The world must still be littered with their scurf and bits of their skin and their fingernails. It is still peppered with memories of them nestling in the minds of their friends, their lovers, their chance acquaintances — all those pictures still surviving of the goodness, the badness, the laughter, the sadness, the follies, the strengths of Freddie, her golden-edged, diamond-tipped, fire-hearted father and Meriel, the mother of kindness and of dismay.

***

Clara delves further into the treasury of memories that is her attic and she comes across a photograph of Meriel and her brothers. It is faded now but she can see that her Uncle Octavian had a wry smile and a kind of handsomeness loosely connected to Meriel's beauty. Look how thin he was, how tall! From an older group photograph, Clara could guess that he had some special affection for his younger sister and that by his two younger brothers, he was admired. There was a gentle contempt in Octavian's eyes. He wore a squashed Homberg and a coat of bird's-eye tweed which was just a touch too short for him. At his side, Meriel in a thick coat and matching hat trimmed with fur, and next to her, the twins. About her twin uncles, Clara knew little except that they died in a flying accident when they were in their early twenties. This last photograph must have been taken perhaps a few months before they died for she could see rings on Meriel's finger and in the corner in faint ink she could discern the year.

***

Clara finds a book on weasels and she reads the inscription – it is from Freddie. She is transported to that morning, early morning when she presses her nose to the window and cries out to everyone in the house, to Freddie and Meriel and her brothers and sisters and Lily and Mister Percival who are somehow present. Look! Look at the weasels! And they all come rushing to join her and they stand around, behind her and they are silent as the weasels dance on the West Lawn. First there are three, then five, then twenty weasels. They skirt around each other, dance in pairs and in threes, they join up and form one long wheel of a weasel which rolls over and over and over. They do acrobatics – circusy, jumping, leaping, trapezing – and then there comes a hush and they move more slowly, quietly, evenly, tip-toeing on their back legs, stalking one another, snaking and curling and waving about. Clara remembers being told by every grown-up who was there how lucky she was, they all were to have seen the weasels dance, that it was a very rare thing indeed. Clara remembers the weasel dance as if it were yesterday. She can still see in her mind's eye the trails of footprints which their mystical, magical manoeuvres left in the glittery dew. She remembers that the tip of her nose grew cold because of the drips on the windowsill.

CHAPTER SIXTEEN

At the age of six months, Finn has fists of dough and a face designed to bring happiness. He is a child blessed with sunshine and an equable temperament. He is a child who laughs when there is laughter. Perhaps he knows that his parents are lovers still. Perhaps he senses that the day on which he was conceived was a day when his parents loved each other unconditionally. In the streets, people stop to admire and smile at this child. He is so much a baby, so much the baby which everyone carries in their mind's eye when they talk about having children, raising families. He has the perfect blend of independence and vulnerability.

And then Finn reaches the age of wanting to speak and he creates a word which is in itself an entire vocabulary. The word means Thank you and Hello and Goodbye and the name of the dog and Mother and Father and Hungry and Thirsty and Please. Finn uses it when he wants something and when he gives you something and when he wakes up and when he goes to sleep. Its uses are myriad and yet each time it is used, it makes perfect sense. At other times, when the grasses and reeds and the forests of his imagination lean over to whisper in his ear, Finn lets out an entire sentence, a surge of sounds and rhythms which sing along together in the chorus of a very private understanding. Finn knows what he does. He is joining the realms of the grown-ups, he is becoming a member of the Big Tribe and slowly, quickly, stutteringly, graspingly he is learning their passwords. The sounds are little and squeaky, birds singing in the bottom of a glass bowl, leafy sea-dragons huddled together muttering sweet nothings. And yet there is intonation and rhythm and it is plain as a summer's day that Finn has said a thing which has meaning.

Before he could walk, when he was barely a year old, Finn wanted to sit in things — in Clara's favourite flower-gathering basket or an empty box or his big abacus or an upturned pan-lid — and he would spend hours manoeuvring himself into a position so that he could place his bottom squarely inside. Then somehow he would become stranded, there would be a terrible wobble, a shrill scream of frustration and over he would go, over and onto the floor. And then when Finn did start to walk and he bumped into furniture and doors and people coming through doors and dogs and other objects which had no consideration for a small boy just newly established on his pins, Clara used to watch this tottering progress and she used to wince every time she heard that so reminiscent thud of a small head on a hard surface.

But seconds later, he would look round at her, take his head away from her shoulder where it had been resting for comfort so magically and he would lean back in her arms and smile a big smile and she would know that it was alright, that everything was alright, that she and her son were safe and together and that that was the only thing that really, truly, absolutely counted.

He has an ability to amuse himself almost endlessly. We see him as he plays alone — he talks, he chats, he whistles, he hums, he examines his fingers and plays with his toes and thrums and bobs and diddles. For a long time now, he has enjoyed tasting but this is soon superseded by talking and singing and whizzling to the pieces of coal and soap and insects and muck that previously would have been propelled straight into his mouth. Finn stacks and builds and wheels and pushes. Wheeling involves many objects, not always round and soon it progresses from wheeling on the floor to wheeling over her body and Clara lies there while Finn rolls and wheels a wooden steam engine or an apple or a stick up and down her arms and legs. There is a rudimentary form of counting and then there is pressing and fitting (lids onto boxes, balls into bags, coins into holes in the floorboards). There is emptying and filling, opening and closing, throwing and fetching.

Clara wants to be little again, she wants to know how it feels to be the age of Finn, to be in his head, to follow the logic that leads him to build up tall, tall stacks of papers or great big heaps of toys. She wants to see what he sees when he sees his first snowfall or his first fox or his mother with wet hair or his father in tears. She wants to feel what he feels, hear what he hears, to touch and taste and sniff as he does. What is it like to put your fingers in fur, to taste a mango, to smell lily-of-the-valley, to see a rainbow for the very first time? Clara is jealous of Finn's experience. She wants to be so young, so little, so fresh again.

And suddenly, so quickly, that magic smell that you would savour in your lurching gut, suck in from the skin and hair and downy folds of your child, begins to wear off! Clara can no longer remember how it felt to have the baby dropped on her belly or fixed to her breast. How was it to be near-death-exhausted as the child from your loins screamed that scream-that-you-could-not-ignore, the scream that would rouse a new mother from the Sleep of a Thousand Sleepless Nights, rouse her as surely as would the pierce of a knife-blade through her bulging, nursing chest? How was that feeling of groping through the fog of oblivion, groping and stumbling in the depths of sleep to your child who is hungry or thirsty, who needs you, needs you? How was that sensation, you still deep in coma, of lying limbs akimbo, flopping from tiredness, drained of all energy, the tiny bairn slooching the few granules of remaining strength from your vast, flopping, flopping, exhausted breasts, its tiny hands beating you, its tiny body keeping you warm, a part of you still? It all seems like a dream. You hurtle along in a train and you are a carriage, stretched on your back and you are sped along as fast as fast can be and you cannot stop and you cannot turn and you are drained and your body is a vessel and a nest and a larder and your eyes are open and yet you are barely conscious.

Finn does not need you now. Now he walks, now he talks. He can walk up to people and he can say hello and he holds a spoon and feeds himself. You feed him and clean him and bathe him and bed him but you cannot be in his head. Your heart is heavy with the love you have for your son. Now Finn is three and he can say several words and he is running everywhere and you are not afraid to leave him on his own. He knows about you now, he knows how to make you happy and to make you sad and to make you do what he wants you to do. You are his mother, his mother, you belong to him and he takes you about, he slips his little hand into yours and he pulls you here and he drags you there and he says I want this or do that and you agree or you do not but always you marvel at the source of his ideas, his thoughts, his sentences, his poetry because they have come not from you but from somewhere else. You watch as he builds things, so like his father, as he builds houses and boxes and monsters and wheely-things. Or you watch as he takes things apart, dismembers to its very last spring his newest toy, intent on some curious, gentle form of destruction.

Finn discovers the joys of Nature and wildlife and he collects some tadpoles in a jar and he adds some slimy water, like he saw the older boys do, and he waits for a while to see them turn into frogs but after a whole day, they are still the same and Finn becomes impatient and with a disgusted look on his face, he tips the contents of the jar back into the canal where he took them from. He discovers that if you lift up a stone, you will often find slugs and ants and beasties that crawl and creep about and so he takes to going outside with a little box and lifting up a good-sized stone and collecting from beneath it all the crawly-creepy beasties that he can fit into his little box. And then the dog brings a stick or one of the cats comes along and brushes itself against Finn as he is absorbed in his endeavours and at once, he will drop the box and throw the stick or pick up the cat and all the beasties will take the opportunity to march out of the box and off in search of another likely stone under which to hide until Finn next comes out on a beastie hunt.

This is how we learnt, Clara. This is how we learnt to savour the days and dream away our nights. From these tiny acorns of enquiry and endeavour, we grew into great oaks of poetry and confusion. This is how we learnt to stop and think, to be above the earthworms, to reach out to the skies and the stars beyond, to leave the rutted caves of our forebears and to house ourselves in the gracious sophistication of stone buildings with plumbing and books.

Clara watches Finn and she remembers how, as she grew up, she lost the feelings towards her own parents which she so desperately hopes Finn will never lose. The years of her childhood had been so good, so good and important and the life which she shared with Freddie and Meriel was the only life and then Time had stepped on and she rushed away from the warm breath that had licked down the back of her neck during all the good years and as she stepped on, that precious friendship became tangibly more brittle. How she wished that she could have stopped the clock and waited for her parents! If she had stood and she had waited, how much more understanding she might have been of their demons! How much more gently she might have treated with the friendship which they had once so genuinely shared! Wait for me, Finn, wait for me! Clara wants her baby back because she is afraid for their friendship. How will it survive this quickly, quickly transition into Finn the man?

And Clara knows, as she observes Finn's rapid ascent into boyhood and manhood, watches as the folds of flesh around his wrists and his ankles fall away, as his face stretches and his body lengthens, that he too will take off, he too will run on and down the path and past the signposts and through the ruts and grooves and he will know the best route and then when he looks back for Clara and her lover, his father, he will see that their faces are no longer the ones he thought he had known since the moment he was born.

CHAPTER SEVENTEEN

It was always unclear to Meriel and to Lily and to the many lookers-on who made up the vast and various connections of their family just where Freddie had come from. That day, the day of Meriel's eighteenth birthday party, he had simply materialised. Yes, he had been invited but nobody was quite sure who knew him. Freddie was some kind of an overnight mushroom. He appeared, he popped up and once he had made his presence known, no one could ever remember what life had been like before his arrival.

In fact, there was no mystery in Freddie's past. For all that he might like to pretend otherwise, Freddie had origins. Somewhere, there were trees etched with his name, places in the woods that knew his footsteps, people who remembered him when he was a child. He had a mother, father, sisters, a home.

His father was dour perhaps, a little dry but most of all, patient, thoughtful, modest, a professional man, conscientious and within his limited field, admired. Archibald Frederick Polmeir — Archie — born, raised, educated and now in practice within the same five-mile radius.

Then one day, a young doctor, working hard, Archibald Polmeir's eyes lighted upon a girlhead. He had not thought of marriage, had not thought of much beyond his daily rounds, his daily conscientious grind. He had not thought a girl more lovely than any other he had ever seen would marry him, Archie Polmier. Many courted her, wrote her letters, threw themselves at the hem of her dress and begged indulgence. Some were better than Archie, richer, more distinguished. Others were younger and more impetuous but they were all, every last one, completely in her thrall. They would do anything for her, anything. They would leap from tall buildings, steal entire gardens so that she could be immersed in fresh aromas. They would cheat for her, kill for her, sing or lie or die for her – but the girl was not to be had, she remained aloof, unmoved and on each of them, with that alluring but so cool way of hers, she turned her aquiline profile and drooped her eyelids and they knew by the shrug of her shoulders and the tilt of her head that they had been refused and would never be considered again.

He did not know why it was that she had accepted him. He did not see why he, sensible, hardworking, plain, was sufficient for her where the crowds of young sophisticates were not. But Archibald Frederick was shrewd enough to understand that it would be unwise to question his luck. With a skip in his heart and a lump in his throat, he scooped up his beauteous prize, allowed himself one glorious bathing look in her deep green eyes and rushed her back to the basket of earthly warmliness that would remain their home for fifteen, twenty, thirty happy years.

She had a restless and haunting quality. She rarely appeared at peace, preferring instead the pacing, stirring, far-away uneasiness that visitors to the zoo might have associated with a tiger whose roots remain firmly in the forests of Bengal. But though her throat was tied and her heart seemed bound, her dark green eyes told a thousand tales of adventure and romance on the high seas and Archibald Frederick soon came to worship, to adore her very shadow. Through the depth of his love, he came to understand that his wife was by nature brushed with a tint of melancholy. He saw that her restless spirit was something he could barely hope to touch. He indulged her and he loved her and from that first day when he saw her across the market square until the day that they died together under the wheels of the locomotive, he made sure that she lacked for nothing.

***

At the birth of their son, Archibald and his wife were just as overjoyed as they had been earlier at the birth of their two daughters. Furthermore Archie's beauteous wife seemed to warm and soften. She was enchanted by her children. Her gifts as a mother were many and great and she nestled her babies in her long, pale arms and fed them from her pale, white breasts and leapt from her favourite fur-covered armchair whenever she heard the tiniest squeak or whimper from her brood. The lightening of her melancholy was slight but it was sufficient for Archibald Frederick, who saw in his wife an even more radiant beauty than ever.

And as the youngest child and only son of a hard-working man and a gifted, caring woman, Frederick Archibald Polmeir was indeed favoured. How many mothers the world over would wish for their children the warmth and the security of Freddie's infant life! His mother nursed and adored him. She knew his smell and she ran her finger down the side of his face and she kissed his hair and she even dared to love him more than she had her two daughters. Freddie was the son her heart had been crying out for. He was the son who would bring her over his broad shoulders to her last and final resting-place. He was the son who would chop down trees and fell great bears and protect his fragile mother from the elements of which she was so afraid. He was her son, her son. 'My son!'

***

It was his eldest sister Camelia who noticed it first. She noticed that Freddie had anger. 'He's got anger,' she shouted to her Mamma one day as Freddie banged and banged with frustration on the door of the hen-house. Freddie was indeed very angry. He was just two years old, barely walking, but he was bright, quick, eyes of a weasel and brain of a fox. He would pit-pit-patter behind his older sisters, gobbling away to himself, pitter-patter, pitter-patter, and the two little girls became used to this and they did not notice the tiny hands and feet that mimicked exactly everything that they did.

Somehow this 'infant terrible' as Mrs Capstick the cook called him would climb up to the top floor of the hay-barn or walk the mile and a half to the village post office or gather pounds of vegetables in from the garden and nobody could understand where such a tiny boy with his thick, black curls and his big, green eyes derived his strength and his energy from. How could such a little person possibly climb all twenty rungs of the hay-barn ladder unassisted? How could the girls walk all the way to the post office and not even hear a whimper from him? And how did he manage to pull up all those carrots by himself? Freddie gobbled away and he pitter-pitter-pattered and the girls did not hear him but kept going about their business, for his noises and his determination to see what they were doing had entered into their subconscious.

Then one day the girls were collecting the eggs and they put the hen-house door on the latch behind them because the cockerel was a bit fierce and they did not notice Freddie, pit-pit-pattering down the path. Suddenly, there is a rude bang on the door, first one, then several. The girls look at one another, peer out of the trap door, see Freddie and Wee-wee his bear, Freddie with a furious look. The latch does not give, the girls do not release it, the little boy pit-pit-patters away. A few minutes later and he returns with a stick and he hits the door again, bang, bang, bang and still it does not open and he goes away again and this time the pause is longer. Finally he comes back and he has an adult with him, the girls cannot be sure who at first — he must have taken this adult by the hand, put his tiny hand into theirs and led them, pit-pit-patter down the path to the hen-house and pointed at the door and somehow gobbled out some kind of instruction which persuaded the adult to open the door and let Freddie into the hen-house even though everyone knew that he was not allowed in because of the cockerel.

And afterwards when the girls' mother was remonstrating with them for allowing Freddie into the hen-house, Camelia in a desperate attempt at self-defence made this comment about Freddie's temperament which no one, not Mrs Capstick (who was surprisingly circumspect about the hen-house incident) nor any other member of the household had previously countenanced and that was that Freddie had anger.

Many other episodes throughout his childhood confirmed the wisdom of Camelia's unwitting judgement on her baby brother. There grew into his expression a frown which came it seemed from no one and from nowhere. He had a resolve and a determination which at times scared his mother for she did not, could not recognise its ferocity in either herself or in her beloved husband. If a worm would not go neatly onto its hook or one wooden block sit squarely on top of another, the howls of frustration which gurgled up from the very depths of Freddie's drinking-straw legs were frightening to hear.

Alongside all of this, Freddie had shocking charm. It was nothing to him from the very earliest age to march up to a stranger and win his or her heart in the blinking of an eye and the beaming of a huge grin. It was such a beguiling thing, to be accosted by this little chap who came barely up to your knees and to be addressed with a big green-eyed smile and the toss of a headful of black, bouncing curls. Wee-wee would be held out summarily to be admired and the smile would be beamed and the eyes widened and before you knew where you were, this child had wrapped the tendrils of his uncanny charm and wiliness round the very workings of you, around your soul.

There were other things about Freddie which made him stand out as an adult and which had been with him, as Camelia would testify, from the outset. His fascination for plants for example and his raging need to draw and paint. Camelia recalled the days when he trotted off on his own with a small wooden box which doubled up as a mounting-block for the rocking-horse and his pockets bulging and Mrs Capstick would have made him a picnic with perhaps an orange and a small bag of sultanas and some biscuits and she would have tied this into a spotted handkerchief which hung from the end of a bamboo pole and everyone would know that Freddie was off to the rock in the stream where he liked to sit and draw the butterflies that settled on the shrubs at the other side of the water.

Freddie was an unusual achievement, there was no doubt about it. Against the calm and sober backdrop provided by his two elder, pretty and conscientious sisters, he stood out starkly indeed. Many a time did Mr Capstick hear from his wife as she came home of an evening how 'quaint and priceless' a boy young Freddie was. And he made a note to himself, for he was a shrewd man was Mr Capstick, that one day, be sure as sure, Master Fred would be something.

***

We make a jump in Freddie's life, a jump to Freddie on his tenth birthday. He is quite tall now, still thin but already he is assuming the mantle of a young man with his own tastes and his own obscure but nevertheless weighty responsibilities. His sisters, Camelia, fourteen and Rosamund, twelve, have become used to the eccentricities which Freddie seems to have adopted almost subconsciously. They barely notice when he lights up a pipe (behind his parents' backs, of course) or when he settles down for probably hours on end to indulge in a one-man chess tournament.

Freddie is attending to the cockerel, whom he eventually befriended in spite of the fears of Mr Capstick and other members of the household. He wears a bow-tie and is wrestling inwardly with the concept of ennui which he has just discovered and which holds an immense appeal for him. The cockerel pecks him but he barely notices. He is too deep in his thoughts.

Inside, his mother, a little gentler now, less haunted, her features softened. She has discovered for herself the pleasures of singing and often you can hear her humming under her breath the folk-songs and ballads which she has carefully learnt, along with her friend Elvira, from Mrs Capstick and the vicar's wife and any other woman she might come across who can help her in her quest. In the olive-leather chair behind her, Archibald Frederick. He is smoking his pipe and reading some papers relating to the latest case in which he is involved. He too has softened. The lean, hungry look which used to cross his face when he looked at his wife has diminished, replaced instead with the more prosperous, more contented demeanour of a successful family man.

***

And then we see Freddie at fifteen and he is the leading pall-bearer for the two coffins which he is escorting into the small village church near his home. Freddie still looks thin and very, very serious and who would not expect him to be so when he is overseeing the burials of his mother and father who have died together, caught in their motor-car on the railway-track, unable to flag the driver and warn him of their terrible situation, unable to move from the car because neither of them could believe that what was going to happen would happen, unable to drive forwards or backwards because the car's wheels had become locked somehow over the tracks, unable to do anything to save their own lives, unable to stave off the pain which both knew would come to their children and especially to Freddie when it was discovered that they had both died together, too young, ill-prepared in a ghastly avoidable accident.

Freddie has chosen Zadok the Priest because it has always been one of his parents' favourite pieces and when the choir finally chimes in as the two coffins are processed into the Church, Camelia and Rosamund are unable any longer to control themselves and the tears pour out of them both like tea from a samovar. Freddie is on his own, in a pew on his own, and he grits his fingernails into the palm of his hand and wishes that he were older and more ready for what must inevitably face him now that his mother and father have left him so unjustly, so prematurely, so bloody thoughtlessly.

The choir lumbers through one of his mother's favourite folk-songs and then through the *Laudate Dominum* from the Vespers, with Elvira doing a truly dreadful job of the solo line for she is overcome with grief and cannot reach the high notes, and Freddie sits there and squirms and he is very angry because it is all some terrible mistake and his parents just should not be leaving him in this mess.

And then we see Freddie at seventeen and, for a moment, he has shaken off this serious side to his nature, now he is carefree, a will-o'-the-wisp and he is at University where he has become an instant success, instantly appealing to all the other young blades and young ladies who are his contemporaries because of his wit and his flamboyance and his intelligence and his devil-may-care.

Now, at seventeen and eighteen and nineteen and twenty, Freddie is the very image of glamour and youth and brilliance and each time he looks in a mirror, he sees a picture that he would happily paint, a picture of himself which is deeply satisfying, pleasing, as it should be. Freddie does not, at this time, not for one moment, allow himself to dwell on the effects that the premature and tragic death of his parents might have had on others. He does not for a moment cast his mind to his two sisters, both of whom feel absolutely bereft after the accident and in the years that follow it because they are left on their own in their largish country house with the chickens and the dog and the geese and the frightening responsibility of a roof that is falling in and a small pile of debts and no one, no one to turn to except Freddie who is away at University enjoying himself thoroughly and Mr Capstick who is old now, a widower and blind.

Freddie is deeply, deeply absorbed with the tragedy and the glamour of his own existence. He does not feel in the slightest the responsibility that should fall upon his shoulders to look after and take care of his sisters, both of whom as he well knows were groomed to be perfect wives and conscientious mothers but who can have no clue, or hardly any, of how to survive on their own without the bolstering support of a younger brother and two competent and loving parents.

And on the days when Freddie does remember his mother and father, when he feels it would be appropriate to don his tragic look, his doleful, downcast, Byronic air, he wanders about in his longest black velvet-trimmed cloak with his head low and his iroko cane by his side and his pipe in his hand and he waits for the young blades and young ladies who admire him so as to ask what is wrong. It comes to him slowly, drip-driply. It is insidious, seeps in his blood, drip, drip. It is a sense of loss which Freddie uses in these times, milks like a cow. It enables him to add sparkle to his wit, a dash of bitters to his repartee. In time, this sense of loss will be all that Freddie has. But now it comes slowly, it is something he can use.

Do not understand by this that I do not like Freddie or that he was any the less remarkable in the other fields of his brilliance. Perhaps my picture of him as a young man is a little brutal, a little raw in its careless exposition of the self-preoccupation of one determined to make his mark. Perhaps I have not emphasised to you enough just how dazzling a figure the young Freddie was. They were not all fops and sycophants, these blades and ladies who flocked to Freddie's coat-tails; many of them were at the vanguard of their year, renowned in their own way for their respective talent or wealth or good looks. And in Freddie, though they may not have known much of his origins, though they may not have been told the truth of things by Freddie who was a master-elaborator, they saw an intellectual equal, someone moreover destined to journey to the top of whichever path he chose to follow.

Freddie made an astonishing impression, one which could not be ignored. When he entered the atmosphere of the freshman's year for the first time, it was as though a carpet of exotic scents and fabled colours had suddenly been laid between the assembled lines of undergraduates. It was as though the air had been sucked out and replaced with the essence of vigour and freshness and spring. Something which Freddie had made heads turn and tongues click. He would march in without a trace of self-doubt or a hint of modesty and he would shake his great mop of dark curls and flash his green eyes and then he would say something, something totally unexpected and original and it would cut away the very ground from beneath those who were just preparing themselves to prick his bubble.

Freddie's mother would have been proud, had she been there to witness the impression that her son made in the outset of his career. She would have stood by and secretly her heart would have swelled. She would have been proud too to witness how he sparkled in his academic life, how he soared more or less effortlessly over his fellow-students, how he amused and frustrated and intrigued his professors by his uncanny mixture of incisive intelligence and outrageous daring. And many times, in his deepest, deepest soul, Freddie would regret that his mother was not there to see, to hear, to witness his success because deep down, deep, deep down in the secret soul which Freddie was just beginning to nurture, he missed his parents more than he knew how to admit.

***

Three or four times during his life as a student, Freddie went home to his sisters and took with him a group of his friends, a cross-section of the bright and the unusual and the well-connected, and they would veritably swamp the house, take over completely, fill every room with their legs nonchalantly crossed on the backs of the chairs and their loud, careless voices echoing up and down the corridors. Camelia and Rosamund were dazzled by these visits, overwhelmed by this bouncing and laughing and team-leading Freddie and at first they were afraid of his friends. They were daunted by their wit and puzzled by their laughter and could not begin to keep up with the banter and doggerel which made up their routine conversation. Food was consumed with ravenous greed and wine disappeared at an alarming rate. The girls were kept constantly busy, rushing hither and thither catering to the needs of Freddie and his rabble of friends. But then Camelia and Rosamund came to enjoy the life and freedom which Freddie's troop brought into the girls' otherwise mundane and trivial existence and just when they had become used to the invasion, to the noise and the chaos and the disturbance of their quiet routine, Whoosh they'd be off again, off back whence they came and the two girls would be left faced with a scene of devastation throughout the house and just a few echoes of laughter ringing in their ears.

On the other occasions when he came home, Freddie would be alone and then he would be more quiet, more sombre, more like the old, serious, thin Freddie who played chess with himself and casually adopted quirky mannerisms. He would drift through the house reading philosophy and political histories and improving poetry and he would wear the faraway look which they remembered from the photographs that hung in the front parlour of their mother in the early days of her marriage. He would smell different, less radiant and fresh, more musty somehow and the girls would look at each other and hope that he was all right and not in some terrible trouble or too sad. They never begrudged Freddie his freedom. Since he had magicked the cockerel and won smiles from their mother and even given Mr Capstick food for thought, Freddie could do no wrong in the eyes of his sisters. It never occurred to Camelia or to Rosamund to chastise their younger brother for not staying in touch with them. Nor did they utter a word of complaint when he did make contact only to abuse them and their goodwill hopelessly. They adored Freddie, they forgave him everything, every selfish thing and they missed him dreadfully when he was gone. Truly luck smiled on Freddie Polmeir.

CHAPTER EIGHTEEN

At eight years old, Clara is especially proud of a small green tricycle which she rides as fast as she can round the duck pond. A small dog called Small Dog runs in front and chases away the ducks and ducklings and hens and chickens that litter the pathway. Sometimes Clara cycles down the bumpy, stony track that leads to the great pasture known as the Pleasure Park. It is a very jolty ride and Clara's eternal challenge is to find the way down the hill that will cause her the least discomfort. From the bumpy road there is a second narrower path which leads up to the top of Strawberry Hill. It is red, the path up Strawberry Hill, and the best brambles in the county can be picked in the bushes and scrub that line it.

On the very top of Strawberry Hill lives an old man. He has no animals and no wife and his children have long since left him. He wears a beard and a jacket with holes in and he carries a long piece of gnarled ash which he uses as a walking stick. The old man is always friendly to Clara — he smiles — but he does not say much and in the silences they occasionally share, Clara's head soon fills with the rumours and stories that she has heard about this strange old man. She will be carried off, turned into a toad, she will spend the rest of her life in a murky bog, she will never see her mother and father again. But her fears are always groundless for the old man is content just to sit still, to puff on his pipe and to look out across the sea which fills the sky at the bottom of the hill and swims far into the distance.

Bump your way back down the red path (careful of those deep grooves!) and you come to the mad woman's house. In the furthest reaches of her memory, Clara can recall going to the house before it had fallen down, before the old woman had died. She can remember a woman with a hairnet and a dark blue beret, (one of those ones with a tiny little tail on the top), always dressed in a huge cotton dress (very dirty) and a pinafore. The woman is well over six feet tall or so it seems to Clara and she must weigh a ton at least! She wears black shiny men's lace-up shoes and she rocks and rolls backwards and forwards as she walks. She shouts in a mad-sounding bark 'Come away in' and she pulls out a small bentwood chair which is tucked under the grime-covered table and bids Clara sit down.

Clara is with Freddie, one of those grand days when he takes her about with him, and she is duly lifted onto the wooden chair and she sits with her legs dangling and she swings them back and forwards and tries not to breathe too deeply because the smell of the kitchen is very nasty. For a very long time indeed, Clara sits on the chair and listens to the grown-ups burbling away about this and that. Something is steaming on the stove – it looks as though it has been there for many years. The pot is black and has lots of thick black drips down the side. Clara asks to go to the loo and is shown to a little hut outside. As she clonks shut the loo-door and makes her way back to the kitchen, she catches sight of a second old lady in a room at the back of the cottage.

One day the foresters came to chop down the trees which surrounded the mad woman's house and which had been sold. They knocked on the mad woman's door to let her know that they had arrived, but there was no reply. A terrible smell was coming from inside and the head forester, who was familiar with the reek of death, pushed the door gently to and found a cat mewing on top of a very dirty kitchen table. On the stove was the blackest, dirtiest pot the head forester had ever seen. And in the back room, the bedroom, he found the bodies of two elderly ladies. One was very large and the other was very thin and they were both lying dead side by side in the double bed which they had shared since the day their mother died and they were forced to come and live together in a tiny wooden cabin on the edge of a forest.

The whispers that ran through the small group of people who had converged outside the shack to watch the coffins being taken away all showed amazement that there had been two old women. Years and years they had lived in the cabin, surviving no one knew quite how and no living person in the vicinity had realised that the so-called mad woman had had a sister. Clara was not allowed to watch the coffins being taken away but the following day she persuaded Mister Percival to take her down to the woods, against all orders. From a distance, the two of them watched as the foresters nailed boards over the windows and doors of the old shack and used axes and hammers to chop up the little wooden privy at the back.

***

Fifteen, twenty, thirty years later, on his visits to his grandmother, Finn enjoys the playground that is offered by the fallen-down shack. He cycles down the bumpy track and hides beneath the wood, among the labyrinthine passageways offered by the bricks of the tumbledown home that had once belonged to a mad woman and her hermit sister. And the forest too becomes his paradise. Perhaps some of the bumps on the tracks are bigger, perhaps the undergrowth is more vigorous. Certainly there are fewer trees and the old man has long gone. Now, when Finn climbs to the top of Strawberry Hill, he can explore the house and its buildings. The house is derelict – there is ivy growing on the floor of the porch and one of the chimney pots lies in fragments on the garden path. A pane of glass in the drawing-room window is cracked from side to side to side in a big Y and the garden is overrun with willowherb and dandelions.

Finn pokes about in the stables – he finds some old horseshoes and a sickle. The rats have left a trail of nibbled things, nibbled wood and straw and hessian sacks, and there are many, many swallows' nests in the rafters. He finds a wooden cartwheel with one of its spokes missing and he tries to sit on it and wheel himself forwards but the wheel is too thin and he wobbles off onto a pile of nibbled, rat-smelling straw.

***

On one of those grand autumn days when the wind blows cold but the sky is clear and the light is low, Clara climbs onto her bicycle and takes Finn for a ride. She goes ahead on her large, wide-handled push-bike and he behind on a tricycle very similar to her green one of old. Clara decides to take Finn down the bumpy track and up the red path, to show him the tree-stump on Strawberry Hill.

At last they reach the top and Clara launches into fascinating stories about the old man and his beard and how he always looked sad and she tells him of the madwoman and her surprise sister and the day the forester found them dead together in the big iron double bed which they had managed to smuggle out of their mother's house all those years ago.

But Finn is too young. He is too far away from all those special memories which Clara has. He has his own discoveries to make. Quiet mother, stop telling me all these things. This is my hiding-place, my hill. Leave me be!

CHAPTER NINETEEN

On a day when he appears to be utterly contented, installed as he is with a new and perfect mynah-bird, Freddie is struck by a big and unhappy bolt of understanding. Suddenly and painfully, Freddie understands that the bazaar full of dancing women dressed in beads and fool's gold into which he had burst with such high hopes all those years ago has turned out to be just an empty place lined with mirrors and vainery.

Suddenly and painfully, the full bitterness of his disappointments both in love and in his career comes home to him: the absurd and needless death of his parents, the failure of his marriage, the moment when he was passed over for the most important position likely to be given to anyone of his generation — suddenly these moments form in Freddie's febrile imagination a deadly conspiratorial pattern. Freddie's confidence in his own untaintability is shaken to the core. He had always assumed that he was free from the long-armed reach of failure and despair, that that gilded future which had beckoned to him when he was a young and bright and laughing little boy was still there, always there, waiting, waiting until the brilliant, seeing Freddie might find the right moment to pluck its ripest fruits.

Why did this moment come? Why did Freddie's meteoric rise suddenly turn and become a spiralling descent? Freddie did not understand it himself and yet, paradoxically, he believed in the moment, in the turning-point. He embraced the change in his life, almost loved it. It was another drama which he could add to the many that had gone before. Freddie was a theatrical being. Hitherto, his dramas had been mere rehearsals. But those who could see into the mirror of his soul understood at this moment that the greatest drama of all was yet to be enacted, that Freddie had become bent on an early death. He realised that he could not be loved, that he could never find the perfect woman with the kiss of a thousand butterflies. He saw with frightened, instant clarity that reality could never match his dreams. He was not as he had always thought great and talented, a genius. His talent was wasted, unneeded, his life a loveless farce.

For those such as Clara who watched as a man of destiny set himself out on this dreadful path, these were painful times indeed. Freddie was giddy and drunken and headlong. He did not wait, he did not hesitate but he rushed into his disaster. He did not disappoint himself lightly but hugely, catastrophically. Freddie took hold of the reins of the carriage that was hurtling him towards the final abyss, slapped them hard down the horses' backs and roared 'Go-on!' as loud and as long as he could.

Lily's minister sits by the dying Freddie's bed. He tries to understand what it is that has driven such a gifted and unusual man to this very brink of self-loathing. Each day, he visits Freddie in the Round House, Freddie's last refuge, and he prays silently, fervently — for he sees being acted out before his very eyes the very lowest mortal sin and he prays that his God will be strong enough to halt its deadly progress. But Freddie's will is more than a match for that of the minister and his God, and his decline through the various states of decay which a man can bring upon himself through greed and weakness and self-delusion, self-deceit, unravel themselves rapidly before sad — no, sickened — eyes.

Clara remembers the last day she saw him, one of the last on which he held some kind of mortal grip on this world. She remembers Freddie sitting in his round drawing-room where he had insisted on dragging himself. He is struggling to keep his head up on top of his shoulders because it is heavy now and he is tired. Clara and a host of others who love Freddie, still love him for all his impossible, deliberate cruelties and betrayals, bring Freddie glasses of water and read him poetry and pander to his frailing body but Freddie does not acknowledge them, cannot and he sits in the middle of his drawing room, bathed in the glow of a fabulous winter's day, his head lolling. There is a burst of music — opera! — and the diva who sings does not realise how cruel she is with all the vitality and beauty that she invests into her singing. She does not realise how bitter the contrast between the radiance of her voice and the putrid smell of death that fills Freddie's drawing-room. Freddie's head lolls in time to the music because he loves this diva, loves her singing, it is one of his favourite arias and it has roused him, just briefly, from the creeping haze into which he is descending.

This is Freddie's end. This is Freddie's death. He is achieving it himself, taking his own life before the Lord has even had time to consider his hand. The minister has come every day and every day he has prodded and joked with Freddie and secretly prayed and fought in a small, small way to reverse the tide of Freddie's will.

Not one other person in Freddie's family fights the battle with as much determination as the minister. No one else understands with the same humility and the same respect just what it is that Freddie does. Clara and Finn and Meriel and Camelia and Rosamund and Lily and all the others do not understand. They love Freddie now because he is dying but it is a long time since they have been able to grant him their unqualified regard because for a long time now, Freddie has pushed them away. Freddie has convinced himself that no one loves him and it is essential that this is true if he is to complete the theatre of his life with the melodrama he desires.

Beneath the soaring eulogy of the diva's voice, through the dim hazes of his creeping death, Freddie can just decipher the weeping of all those others, all those Claras and Camelias whom he has kept at bay for so long. Somewhere, these tears stir something in Freddie. His head is lolling and his strength is waning and he cannot speak for his voice has long gone but he can feel a stirring deep inside him at the sound of his family's tears. And the minister who sits beside him notices that Freddie has moved, gestured in some way and he is solicitous, a true pastor and he tries to understand just what it is that Freddie is trying to articulate — what is it that you need, Freddie? — but he cannot. It is far, far too late for Freddie to turn back. It is far, far too late for Freddie to realise that he has made a dreadful mistake, too late for him to know that they really all did love him, that he had loved, had been loved, that he had had a place, that his genius had been something real, that his career had been a journey, that he had made for a while a good and lasting mark upon this earth.

Clara has watched Freddie's death only from the sidelines. She has tip-toed in and out of the round room and she has tried to make Freddie better with her words and some kind thoughts but she has been away for a long time and the guilt of her absence stands as a yawning chasm between her and her dying father. Clara does not see as the minister sees how Freddie goes to his death. She does not see the flickers of regret that flit across his tired and haggard brow, does not smell the slow, agonised rot of his bruised and damaged body, does not feel the skin that once was so strong and elastic and now is brittle as paper, does not hear the croaking gasps as Freddie's bloodied soul once and for all spills, gushes out across his bedclothes and rattles away to God knows where. Clara is not there with Freddie when he says his last goodnight. She has succumbed to her guilt and withdrawn to a distant place.

No one, not even the minister, is with Freddie when he dies. No one is there to hold his hand and wish him a safe and easy crossing. Freddie achieves his ultimate wish. It is in fact an accident that no one is there but Freddie can go in the satisfaction that no one was there, no one loved him enough to stay with him to the bitter end. Freddie would have enjoyed that. And the minister hopes that it is with that vicious satisfaction that Freddie leaves and not with the sad and hopeless thought that he has killed himself after all for no good reason.

***

How can a man like Freddie have got things so terribly wrong? How can he have misunderstood the signals so hopelessly? How can he have forgotten so many good things? Between the dazzle of his undergraduate career and the ignominy of his dismissal by Guinevere, then Meriel, Freddie had enjoyed so many good times:

times when he loved his wife and she loved him back and they laughed over their children and lay on the grass with the sun caressing their faces and the wine singing songs in their veins; times when they looked at each other, Freddie and Meriel, and they had known what the other was going to say or they had been amused by the same secret thing, caught the same trivial, obscure joke and laughed together.

Times when Meriel and Freddie went to The Knock and sampled some of the more vehement discourse of which Lily was so proud and so proprietorial, when Freddie sparred with Lily, provoked her mercilessly, brought an arctic freshness to her dinner table, stirred and then guided and then dominated the debates and retired from the evening, Meriel at his side, glittering in the success of his unimpeachable rightness.

Times of the costume balls when Meriel had been proud to dress up in her neck-high green velvet dress with a train as long as four yards and a bust line that was low and so, so daring; times when she had taken reams of golden silk and created matching kimonos that she might be Yum-Yum to his Co-Co, Titania to his Oberon, the Duchess to his Duke of Gerolstein; times when Meriel would be wearing exquisite arrangements of pearls and diamonds and white gold, soaring crests of sapphires, rings and amulets of rubies and amethyst — each one a gift which Freddie would have bought her on an impulse, on some mad romantic impulse.

Times when Freddie was coasting along in his career and he found that praise and plaudits were showered upon him, when he won the battles and fought some good fights and did something worthy for the men and women who hired him. There were the times when Freddie would be stopped by complete strangers and told that they shared his views, believed in his beliefs, followed him because he had a sense and vision of what was right.

There were the times when Freddie was alone and he stood with his feet in the earth which he had hoed and raked and planted and God was reminding him of what he was made and Freddie felt strong and alive because he loved that God-given earth. There were, if only, if only Freddie had taken a moment to consider them, many, many good times.

These were the days when to the people outside, this marriage between the dashing young Polmeir and the elegant, alluring Meriel Stetford was the very essence of social and emotional achievement. There she was with her furs and her come-hither eyes and her lifting nose; and there he was, standing next to her, facing in the opposite direction with his head cocked to one side and his arrogant profile jutting like a lion's. They went so well together, this pair, so well.

CHAPTER TWENTY

Six or seven or eight months after his death, Clara sees Freddie again. He is sitting in his round studio painting, from a photograph, bulrushes in an autumn sky. Freddie does not hear Clara come in at first and he carries on with his work. He is absorbed. His head is bent over his table and his by now emaciated shoulders point out accusingly through the wafer-thin gold and yellow of his once glorious silk dressing-gown. Clara holds her breath. She is pained to see how old he looks, to watch as the small squirrel-haired brush that is enclosed by his scaly knotted fingers is bobbing and wiggling over the paper.

He still has assurance, his brush still meets the paper with confidence. But Clara can feel that the bobbing and wiggling is unnerving him. She can see that the picture forming so painfully and slowly on the paper before him is not the one he holds in his mind's eye. He is so tired! The muscles down the back of his neck are protruding sharply like axe blades, yet gaunt and flaccid like old cardboard. His hair is flat and dull.

I am moved, deeply moved by the sight of him. It brings back a thousand memories — look how his tongue is sticking out between his lips, following the movement of his hand across the page. Listen to his breathing – how it ruffles the air, steady and steady like the breath of a sleeping child. See how his left hand is clenched, his thumb on top, the nail bitten to the quick. And his bottom is tipping forwards off his chair as he tries to maintain the momentum inspired, to keep out the comers, to sustain that glorious isolation, those sweeping, burning moments enjoyed by artists who work in stone and earth and clay and words and paint and silk and gold. I do not want to disturb this concentration. It is so precious!

Clara tries to prise open the door with her fingertips and Freddie does not hear her but he senses a shadow and a frish in the air and gently he lifts his head and sees her and he says in that kindly voice which has come to him through weakness and oldness, 'Hello my treasure', and he smiles at her, so warmly, the smile cracked and yellow because his skin is old and he is rotting from within.

Clara leans over and touches him on the back and he puts one of his knotted, scaly hands on her sleeve and dabs it by mistake with the yellow paint he is using to paint the bulrushes. He is so kind now! The fight has gone from him. He has lost all that edginess, that cruelty and fire. Does he want to die now? Does he look forward to the end? Automatically, he dips his brush in the little glass jam-jar he uses for water and washes out the yellow paint. The water goes cloudy. He swivels his chair and goes to stand and struggles to his feet which have shrunk so much that his slippers slip and slop on his feet like old potato sacks. He goes to a drawer in a cabinet which Clara knows contains all his love letters and his sketches and the drawings and letters of his children and he brings out a green exercise book. And then he hobbles, slip-slop back to his table and he plops down onto his swivelly olive-leather chair and he opens the book, trembling, shuddering, his scaly fingers struggling to turn the pages and Clara sees that the pages are covered with the life of Freddie – with Freddie as a boy and Freddie as Puck and Freddie as Grand Duke and Judge and King and Revolutionary and Freddie as guest at parties, as husband of Meriel, as father, as hero.

Somehow the young Finn appears in the room. Freddie gingerly picks him up and places him astride his thin, thin leg and he bounces Finn up and down, up and down and smiles the smile of horror and death at the baby boy. Finn does not see the sadness. He does not see that his grandfather is nearly dead. He does not see that he is aged and rotting and wobbling and weak and desperately clinging on to his desk and his olive-leather chair and his painting. Finn does not see or understand the sadness, the awful, hopeless, hopeless sadness that sweeps over Clara as she stands there and watches her baby son bobbing up and down on the knee of her dying father. Finn laughs with pleasure at the movement and the grandfather smiles at the laughter and he strokes the child's head and then quietly, apologetically he has to ask Clara to take the boy down as he is too heavy for the old man now and the moment of joy has passed. Freddie rests for a moment with his head in his hands and his elbows on the desk. He is exhausted.

And then he sees the bulrush painting sticking out from under his exercise book and he picks up his squirrel brush again and resumes his work. He has forgotten Clara is there and she knows she must leave. She must leave. She picks up Finn and she quietly opens the door and walks out, closes it, quietly, closing the door on her father who has been dead for six, seven, eight months now.

CHAPTER TWENTY-ONE

Embalmed and dressed up, almost handsome again, cleaned of all the rot and gore which saw him to his grave, Freddie looks younger. The embalmer has done well. It is a pity that he has not been able to do anything about the bruise on Freddie's left hand or to disguise the shortness of his fingernails. It is a pity he has not been able quite to cover up the lines of exhaustion that furrow Freddie's face. But at least he has been able to trim and wash his hair, to pull a smile onto his lips, to improve the colour of his complexion and to close his haunted eyes.

Among the many who attend Freddie's final party is Meriel. She has not seen him since she told him to leave all those years ago. Faces turn to watch her as she enters, as she takes her fragile place in his death. Who knows what chain of thought-processes passes through Meriel's mind that day as they enfold Freddie in the crying earth? Who knows what her heart says to her when she peers into the open coffin, sees a pale, grimacing shadow, thin and stuffed and rubbery, not the old Freddie but a ghastly, awful mistake; this can't be Freddie, he was never so thin or so frail and what is he doing here anyway, why is he dead, he shouldn't be dead, he's barely lived?

CHAPTER TWENTY-TWO

Blessed with that ironical detachment, that amused understanding of other people which assured him in later life of many friends but no lifelong lover, Octavian was the perfect elder brother for Meriel. He could see that she was cowed by the coldness of Martineau Park, that she did not thrive under the hawk-like glare of the Withered Shrubs. The twins were fine — they had each other — theirs was an exclusive club but Meriel was unlike the twins. The distance of her parents frightened her, rebuked her and her instincts in fear were to shrink away.

So Octavian came to pilot his siblings on magic carpets. He would weave magical tales, help his younger siblings to soar beyond the bleakness of Martineau Park.

He has a wild imagination, Octavian, he cannot help himself. His mind crowds with events and places and people who come from nowhere else at all, not from all the books which he relentlessly devours nor from the gossip which he hears among the servants in the kitchen nor from the panoply of paintings which people the many skyless walls of Martineau Park. Fancies flood into his head without any effort. 'Tell us a story about an

Indian queen and a tiger,' chime the twins and he is off, off into the furthest realms of his imagination talking of diamonds and sequins, of forests and chases and fear, and he keeps up the momentum for one hour, two hours, three hours until he or the others have fallen asleep.

Octavian's stories are rich and strong in their variety. He spins them sometimes slowly, sometimes quickly, sometimes with the fine, fine thread of a spider who is joining up the blades of grass in a dewy dawn. Sometimes they are clear, stories in which great things happen, in which good people behave well and bad people are overcome; and sometimes they are not clear but the language makes the story because Octavian has a passion for words and he loves to string them together in any order he can think of, any order which makes them sing, makes the story lilt and flow for he hears them clearly in his head before he even says them, before he knows what the story is going to be and he just opens his mouth and there they are.

It is a gift which has come to Octavian just as drawing came to Freddie, a gift which presented itself sometime during his youth and Octavian does not ask anyone about this gift or even know that he has it but he simply does what comes naturally to him. For Meriel and the twins, Octavian's words and stories, his gift of inventing and creating and discovering, becomes the principal reason why a prolonged and sheltered childhood in the great cold monolith of Martineau Park was, after all, surprisingly, a wild time filled with wonder and dreamings, busy, busy, busy.

Later, once Octavian had grown away from his parents, once Martineau Park had been abandoned and his parents had died and he had ensconced himself in his tall, thin townhouse, Octavian found that he could not put this passion for words to any use, could not somehow translate his words into anything tangible or fulfilling, could not, try as he might, put them on paper in an order which sounded as he wished them to sound, made sense to him when he read them back, which conveyed to him the same magic that he remembered from those days in his vast chilling bedroom with the hole in the wall. He could not make the paper dance and lilt as he felt sure he had the air which filtered down that hole to Meriel's cast-iron bed. There was something about paper which absorbed the spring of his words and Octavian became deeply frustrated in his passion. And it was because of this frustration that Octavian turned to other forms of expression, discovered instead Italian Renaissance painting, spent the rest of his days scouring the world's far corners for treasures which could happily share the precious space of his tall, thin townhouse with those beloved paintings which he had managed to retrieve from the skyless and now destroyed walls of Martineau Park.

***

Meriel lies in her great cast-iron bed listening to Octavian's latest fantasy. She *is* the Indian queen. Sequins in her toenails, diamonds in her ears, asps around her neck. Meriel runs from the tiger but the tiger has paws the size of the moon's face and he can run as fast as the rivers can flow and the wind blow the sand from the sea. On she runs, through the forest, tearing at the branches and the undergrowth to clear her way, running and running until she comes to a huge cavernous opening. Down she runs now, down into the depths of the earth beneath the forest floor, through tunnels and caves and ferreting passageways, past lairs of bears and earths of foxes and setts of badgers and nests of vipers. She runs, runs until she comes to the magic spot which she has been told about by the ancient, crinkling priestess who has whispered in her ear every night from the day at the age of eight when she was raised to the throne.

On the magic spot, she sings a song, an ancient song with words which she does not understand but which the priestess has told her will bring all the bears and the vipers and the badgers and the foxes crowding round her. They will save her from the tiger, they will prevent him and his great brute strength from coming close. Meriel sings in her heart as sweetly as she knows how, carefully enunciating the mysterious words, her head and neck craning so that the honey sounds will travel as fast and as clear as they can down the long willowy corridors of her underground prison. With her eyes fast-closed and her heart in her mouth, Meriel waits in her cast-iron bed until yes, finally she can hear the shuffling, rustling, whispering of the ground as it is disturbed and whisked and stirred by the paws, the feet, the hooves of a thousand creatures who are drawn irresistibly to her rescue.

Meriel shouts out, cries out, unable to stop herself when the Queen spots the tiger and sees that he is not deterred after all by the presence of the vipers and the badgers and the hares and the goats and the bears and the foxes. No, the tiger simply paws them aside, brushes them lightly out of his way as though they were made of tissue and he walks nobly, ineluctably forwards, stopping only when he comes within a hair's breadth of the Queen's legendary beauty.

But what is this? The tiger does not pounce. He is ready to pounce but he stops dead in his tracks. For now that he is close, the tiger can see deep into the Indian queen's golden eyes, can savour the marvel of her sequinned body and something inside of him melts, is instantly sapped away. With one of his moon-face paws the tiger reaches out and he begins to stroke the Queen, gently, gently. She is brave, stands tall, looks the tiger in the eye, sees that the tiger who is twenty, thirty times her size has a goodness in him which no one ever had imagined. So too she raises a hand to stroke the tiger's cheek.

Then there is a rustling and a whispering and a stirring of the earth as the thousands of creatures who were called to her rescue pick themselves up and turn away to leave the Queen on the magic spot with her tiger. They turn away because they can see that the tiger and his Queen are to be friends, perhaps even lovers. They file off one by one until the cave is silent except for the thrumming purr of the tiger, sprawling on the ground with the sequinned Queen embraced in the folds of his glorious fire-tinged coat.

Meriel wipes the tears of relief and fear from her face. That night, she dreams of her love for the moon-pawed tiger. She dreams that Octavian will look after her always. And then Meriel wakes up because the dawn is creeping through the tall shutters of her bedroom and she wriggles under the crisp linen. She can hear the wind in the great horse-chestnut which stands just outside her window but she does not get out of bed because then she must cross the grainy black oak floor which stretches between the luxury of her iron bed and the draught that swirls behind the shutters. At the far end of her room, the embers of yesterday's fire are almost black. The silence is marked by a long-case clock which limps, ter-tick, ter-tick, ter-tick, and in the distance by the clacking of shoes as they march down the shiny stone floors towards the new day.

CHAPTER TWENTY-THREE

It was traditional among families such as Meriel's to hold parties in honour of the coming of age of such and such a child. So Meriel is fitted for a new dress. Meriel does not care for pretty clothes — they are little more than a source of antagonism between her and the Withered Shrubs. Given a choice, she would wear clothes like Octavian wore, clothes that did not suffer if you clambered over walls or slithered down banisters or scampered through the undergrowth pretending to be a tiger or a foreign villain. But now Meriel is eighteen, you are eighteen, girl, no more excuses.

She chooses white muslin, a dress with a raggedy hemline and pale blue ribbons to be threaded through the cuffs and the waist and the neck. She would wear a blue ribbon in her hair and ballet shoes. But the dressmaking lady will hear of no such thing — she is not about to be made responsible for dressing up a Cinderella when she has been instructed to create a Princess. She will agree to the muslin but the raggedy hemline is out of the question. The dressmaking lady has a splendid imagination for dresses — she likes to dress her girls in the grand style — and she comes up with a design for Meriel's dress which really is, everyone says so at the party, a miracle of ingenuity and vision. Somehow it emphasises her frailty, her pallor, her reticence and yet it makes her taller, confident in her posture, elegant and so, so beautiful.

Meriel looks in the mirror once the dress is completed, once her hair has been done and her face lightly made up and she sees a woman, yes, a woman. How utterly astonishing! She almost dares to like what she sees. It is a big transformation from the usual tufts and waves and tomboy flush, the Meriel who whooshes into a room if she thinks Octavian is there but otherwise gently comes and goes, barely causing so much as a ripple in the monastic air of Martineau Park.

Swirling up the vast stairwell comes the honky-tonk frenzy of activity which presages her first ever party. Servants' shoes are clattering along the corridors, knives and forks are chinking against one another as they rattle on the trolleys which are being hurtled towards the dining-room. The door which hangs between the kitchens and the main house has a squeak-clunk-squeak and Meriel can hear it almost continuously clunk-squeak-clunking. Only half a dozen times before has she known the house in such a frenzy and it sets her heart thumping.

As she treads the passageway back towards her room, Meriel is uncertain how she feels. Her dress seems to hold her in certain places which are not usually held, her hair which has been scraped up from the back of her neck feels tight as she turns round, the skin on her face feels strange, foreign-smelling. Then, rounding the last corner of the corridor, she has an idea. She will visit Octavian in his room, show him her dress and her hair and her face and tell him how apprehensive she is about her party. He is sure to understand!

Tip-toe to his room, tip-tap on the door, squeak in a high-pitched voice it's me so he will not guess who it is, then fling open the door with a flourish, give a great, sweeping curtsey in the doorway...and Octavian, who has been pacing up and down the length of his room, looking absentmindedly out of his windows, fully dressed up as he has been for at least an hour already, turns around.

In the ten years that she spent, following the banishment of Freddie, with her cat tending her garden, Meriel went over and over again that moment when she entered Octavian's bedroom in her muslin dress on the day of her coming-out party. What had he said? What had he done? For some reason which she could not bring herself to fathom, Meriel had banished Octavian's reaction from her mind. She could remember clearly the flourish, the big sweep, her extravagant curtsey. But she could not remember what had happened afterwards or how she had come to be downstairs or how she had spent the first hour or two before Frederick Archibald Polmeir waltzed up to her and uttered his immemorial homily.

Had he rushed up to her and kissed her, embraced her and cried out, 'My darling!', kissed her again, then held her away from him almost roughly, paused while he looked at her, said 'I always knew! I always knew. My darling Meriel, you are an eclipse of the sun and the moon, the glint of a diamond's edge, the soul of a young man's dreams'? Had he hugged her again and beamed her a great smile and said, 'You look wonderful' and taken her by the hand and led her downstairs into the middle of her frightening, awaiting throng, always holding her hand, guiding her gently?

Or had he stammered and stuttered, blushed, fingered his collar and wriggled his hands, had his face changed, his expression hardened, his eyes narrowed, his shoulders stiffened as he forced from himself words which he did not know, words which Meriel could not hear because she could not understand the reaction of her brother when she knew that he should have been pleased?

Try as she might, Meriel never remembers. But it is true, sadly true that never again after that big, so-important-dressing-up-launching-party-day did Meriel enjoy a moment of intimacy with her big brother Octavian. Never again did Meriel see that light in Octavian's eyes which used to come when she went into his room or went to help him in the stables or found him digging in the garden and he would turn round and see his little sister and stop whatever he was doing and rush towards her and pick her up into the air, right up, up over his shoulders and then lower her and give her a great kiss and tell her that one day she would be a golden queen. Meriel stopped having the dream where Octavian was always there to help her and she was always at his side and in spite of vehement protest from the twins, Octavian gave up blowing his stories down the wall between their two bedrooms.

Until that day, Meriel had scarcely moved without Octavian, scarcely dared to speak without him at her side. He was her buttress. He was her scratching-post and her sun and without him she could not have survived. Without him, she would have withdrawn into herself and stayed there like a limpet clinging forlornly to a rock. The combination of his broad, willing shoulders and his rainbow narrative skills had effectively sheltered his sister from the need to grow up and she remained entrenched in her childhood. If there were decisions to be made, choices to be taken, Octavian made them and took them without involving Meriel or the twins, acting as the eldest member of the family is ever expected to act where a house and an estate and hundreds of years of pedigree are to be preserved. To Octavian, Meriel owed the little courage she had, the feelings of safety and warmth which grew up in her mind around her childhood and those slender survival skills which she took as her limited dowry into her marriage with Freddie.

And although their parents became ever poorer and the tension between them grew more taut and although strange men would come knocking on the door of Martineau Park presenting slyly to Meredith small sheets of paper of which, at the time, no one understood the significance, it was many years before Meriel discovered the truth of this because Octavian was always there to ensure that she did not.

Years later, when Meriel looked back on those times with her brother, she cried out. She missed him so! Why had he left her so abruptly? Why had he never tried to bridge their sudden gap, to visit her in her adult life, to follow through that thing which in their childhood was good, so good? 'Damn, damn, damn!' she screams but there is no one to hear her and no one to comfort her and the walls of her greenhouse refuge offer but a cold echo.

***

In just such a way did Octavian, in the leather studded armchair of his study, reflect on the sister whom he now barely knew. So he too wished that he could have gone back to that day, that he could somehow have undone the damage of that day, unsaid whatever it was that he had blurted out on seeing his sister no longer a girl but a young woman, undone his piteous reaction to her sudden muslin-veiled beauty, retracted the petulance, wiped away the deep, deep hurt that he felt and somehow, somehow stayed friends with the one person in his life whom he had truly, truly loved.

One of Octavian's favourite paintings is an Adoration of the Magi. It sits above the fireplace in his study. It does not please him but it haunts him, intoxicates him, has done so since he was a boy when it hung in awesome splendour in the same position in his father's study at Martineau Park. Their beseeching faces as they flutter their exotic gifts to the side of the infant king mock Octavian, tease him and it is on this painting that his eyes are fixed as he thinks in his old age about the younger sister whom he once knew and loved so well. He recalls some of his stories, feels again the same surge of pleasure which he used to feel each evening as he squirmed into the nest of his bed and allowed his mind to wander to that special place where all the words and stories and ideas and people fought for their chance to escape.

Octavian is closing his eyes now, wriggling into position so that he can blow just one more of his stories down the hole towards his Meriel. He is an old man, Octavian and he is having these thoughts too late — Meriel is dead — but he does not know it and when he closes his eyes to tell just one more story, to launch just once more into the harum-scarum of his imagination, he is full of hope that he might be able to mend the fragile bridge which both he and Meriel allowed to buckle under a burden of silence.

It is in this radiant, beatific position that they find the dead Octavian when they come to clean his house. They find him curled up with his mouth curiously pressed to the side of his leather armchair. There is a smile on his lips and some kind of pleasure in the way he holds himself. Still tall, still thin, Octavian dead. His suit hangs limply about his legs and arms. Through the pale skin of his face you can make out his skull. His eyes have lost their colour. His townhouse is a little musty, a little cobwebby — a thin film of dust has been allowed to settle over the paintings — but there is a smile on his lips and they, the ones who come to take him away, are not sad when they find him for it must be good to go with a smile.

CHAPTER TWENTY-FOUR

In the days after Meriel banished Freddie, she was weaker than a new-born lamb. She shocked herself with the vehemence of her anger, then was stunned by her solitude. Now she must face the brutal truth that she is on her own. And she will have to go on because in this, mothers have no choice.

How long are these days! How long the days when she sits alone in her bedroom, looking out over the tall sky, going over and over that scene when she screamed at Freddie, going over and over the good times and the bad times, and waiting, just waiting — what for, Meriel? — but she does not know or she will not know because she is just clinging onto the moments in case the past and the future crush her into a useless jam. Sometimes, she curls up on top of her bed, their bed once, and curls a lick of hair around one of her fingers, lies inert for hours on end, twisting her hair round and round. Sometimes, she draws her stool up to her dressing table and sits in front of the mirror staring at the drawn, grey face. Are her eyes not blank and sightless? See how, behind that once swan-like façade, there is no longer any life. Meriel's face is a papery mask. She has made a huge effort, summoned up the dregs of her very being in order to free herself from the yoke of Freddie's careless cruelty. For sure, it will take her many days and weeks and months to recover.

It is fortunate that Meriel does still have her children because they force her to contrive a focus to her day. She must stir herself, pick herself out of the valley which her lifeless body has made in the bedclothes and feed or bathe or clothe or love her children. She must tear herself from the mirror, kick away the stool and attend to her brood. She must try and put some life into her eyes. But it is so hard! She is so tired! What can life hold for her now? She has lost her Oberon, lost the thing which held her brittle hopes together. Where can she go? What is there for her to do?

Comes the day when Meriel, in the depth of her pain, imagines that mothers are not indispensable after all. On this day, she does not rise from her bed but stays there all morning, all day, ignoring the wails from her babies as they screech for food and warmth, ignoring the angels inside her head which are whispering to her, telling her that she must, that she has to, that she cannot give up now. This is a dangerous time. Meriel is walking a narrow path between hope and despair. Her balance is impaired, her vision blurred. She is absolutely, completely absorbed by her own unhappy fortune and she needs to find something or someone to shake out this pebble which is blocking the flow of sense and proportion to her melancholy heart.

Meriel's babies come to visit her in her bedroom and they find their mother limp and lifeless on the bed. They find her ill-kempt and miserable. They shake her and prod her but she will not move, stares instead through sightless eyes. They cry, beg, plead hunger and thirst and then the fear comes and the crying becomes wailing and they cling to each other because they cannot stir a single, tiny reaction out of their mother whom they need so much. It seems like an age-long time. It seems as though Meriel is never going to stir again. She could be dead. What are we going to do?

Then, when it seems that the babies must starve, something comes to jolt out the pebble in her heart. Meriel stirs. Praise be! Thank the Almighty that she has not succumbed to her despair!

It is Octavian who saves Meriel from the narrow path. He stretches his arm out from the past and he ushers her to the bottom of the garden, to the round circle where the honeysuckle grows. Together they hide conspiratorially, crouching down behind the sprawling trunk of the sycamore which grows high and fat in the exact centre of the circle. They are chattering in low voices, thrilling in their secret scheme when suddenly Octavian touches her sleeve and says Sshh! and she looks up and there he is.

He is alone. He is tall and proud and his antlers fork like swords against the frowning background of the morning sky. A stag! He is alone. He puts his head down to graze. Then a doe comes into the garden to join him. She leaps over the North wall and startles the stag because she lands so quietly. The stag nuzzles the doe. He is beautiful. He is tall and strong and he is so close that Octavian and Meriel can see into his eyes. The doe is smaller but she too is beautiful with thinner, more delicate horns. She is not as proud as the stag but Octavian and Meriel when they talk about it later are captivated by her.

There is a breeze and the box hedges rustle like old crinolines. Some bunnies creep through the dead leaves on the edge of the lawn and one or two butterflies dance their last dance before winter. The stag and his doe eat side by side for a while but then Meriel leans forwards to pick up a honeysuckle flower and accidentally scuffs the pebbles with her shoe.

The stag raises his head high, so high that his antlers touch the lower branches of the sycamore and then he and the doe flee and Octavian and Meriel are left with the sight of the deers' white tails bobbing up and down as they fly over the wall and back into the woods. The bunnies scuttle away and the breeze stops frothing the skirts of the round box hedges and Octavian and his sister stay there hiding behind the honeysuckle trying not to breathe too loudly in case they disturb the clutch of moorhens, parents and chicks, which has emerged from the pond and crept out onto the grand west lawn.

It is this memory which brings onto Meriel's pale, dry lips the glimmer of a smile. All the angels who have been frantically whispering louder and louder inside Meriel's head glance at each other and they too smile for they have been here before and they understand the significance of the gesture. She may not realise it but some kind of watershed has been reached. She has smiled! Octavian whom she has not seen for some years now has come through the maze of her past and taken her by the hand to visit one of her most precious childhood memories. He has reminded her of some of the good things and Meriel remembers and she is glad. And she climbs out of her bed and she looks out of her great window across the garden to the tall sky and she sees a curlew, hears its plaintive cry and the sun glints on the bird's feathers.

Later that day, when Meriel is at last dressed, has at last, at long, long last stepped out of her bedroom, she goes into the garden for a walk and she is just strolling past one of the fallen elms when she hears a whimper and she looks round and there within the rotten trunk is a kitten, just a few weeks old, a stray and Meriel picks him up and she lets out a long, long whistle.

***

She called him King Benedict because he looked kind and he looked regal and in those times when her children were away visiting Freddie and later when they left her altogether, Meriel would sit with him on her lap and absorb the beauty of the day. He gave her comfort because he was at ease with himself, at ease with the hand which the good Lord had dealt him. He was her friend and her companion and a small responsibility which reassured her in a way that her children could not.

Slowly, slowly as time went on, she found that the shrill echo of her voice which rang in her ears from the day she had shouted at Freddie faded. Slowly, slowly the pain of his leaving faded also. She found that to be alone was not always to be lonely. She found that time lent to her a strength which she had not known before. She emerged from the tight leaves of the bud within which she had traditionally sheltered since a child and she flowered again.

She resumed the grace which once had been her hallmark in the early days of Freddie and she added to that a certain, secret pride which came to her as a result of that dangerous day on the narrow path. Now Meriel Polmeir was able to stand tall and to look people in the eye because she had climbed down into the well of her being and though she had tasted a few drops of the intoxicating water of despair, she found that she was able to spit it out, to lift her head back up and to begin the weary climb up those sheer, stepless walls towards another life.

Slowly, Meriel begins to discover things for herself which she had not known before. There is King Benedict of course and then there is her house, that House of Cranlarrigan which she and Freddie made together. Now she makes it into her own house, her own fortress and she impresses upon its walls her own mark and she imbues the very fabric with her own scent. She strips out bedrooms and repaints parlours and scrubs pantries and whitewashes hallways. She moves the furniture and re-hangs the pictures.

Next she decides to hold a bonfire, rushes through the house like a weasel, picks up papers here and clothes there and bits of memorabilia and photographs, heaps them up into her arms, staggers back and forwards from the house to the bonfire hidden behind mounds of her past, mounds of memories once-treasured, now-despised. She tosses them onto the bonfire, takes a match and some paraffin, stands back and watches as the flames lick ravenously round. She is a sailor come home from a lifelong journey of typhoons, unholy storms, rank food, long watches and she is just so thank-God-relieved to be back on dry land.

And then once she has remoulded the house, stamped herself indelibly upon its memory, hugged and hugged and re-hugged her babies, once she has stepped a little further away from the narrow path, Meriel discovers her garden — previously a desert of unknown to her, a hostile place full of imponderables and unlikelies — and she sets forth to chart its landmarks and its contours. Meriel finds that she can master it and moreover that she can enjoy the journey. Soon, she is planting, digging, weeding, sowing, chopping down and re-siting and pruning, pushing her fingers deep into the soil and she cries out, 'This is mine, this is mine!'

Meriel's attentions become more solicitous – her garden becomes an embroidery – and she weaves into it her passions and her wishes and her past loves and her hopes. She builds a fountain and around it plants marsh irises so that there is a double fall, the fall of the water in the middle and the graceful droop of the burnt orange flowers around the outside. She creates a long arcade of wooden arches, graceful, long and your eye is drawn down the corridor and through to the swathe in the woods beyond where Meriel has had trees cut down and replaced with blankets and blankets of bluebells. The arcade is covered with wild roses and honey-suckles and jasmines and creeping clematis so that at any time of year, there is a ribbon of colour which leads you down to the gap in the woods and at that one special time when the bluebells are in blossom, you are forced to blink because of their pool of dazzling blueness.

She allows one part of the garden to go to weed and she plants among the long grasses poppies and delphinia and irises and fritillaries and she adds bulrushes and prince-of-wales feathers and flax and then she watches as it becomes a long, tall, billowing sweep of colours and textures and movement, a wild place, the wild place that she would have made when she was young with Octavian if she had understood then just what she was and how she could be.

***

Time goes on and the years go by and Meriel finds that she is contented in her solitary oasis. More, she is happy. That bitter rancour which used to bubble up inside her at the very mention of Freddie tastes a little milder now, a little gentler. She allows herself at times to look back on her years with Freddie. Gingerly she lifts the lid of the box and peers back inside but it is a dangerous thing that she does and she does not allow it very often. She hears about Freddie, of course. She hears about his women, about the onset of his sickness, about the slow degeneration of his life. She wonders if maybe that was what drew her to him, that heady recklessness he had which showed he had no fear, no regard for his own safety. He had drawn her into his reckless web and she had so nearly succumbed, so nearly! Ach, she said to herself, she did not regret those days. They were days when she did not know what she did. She was a fool.

CHAPTER TWENTY-FIVE

When Clara was ten and Freddie, as a Man-of-Many-Women, was in his prime, Freddie took his daughter on a painting trip. Years later, when Clara nestled in her olive-leather chair in her precious attic, she understood that she was taken because Meriel had refused to go — but at the time, Clara was rapturously excited by the prospect of a trip with Freddie and she went with a great leap in her heart and a thick diary in her suitcase that she might note every single rapturously exciting thing that happened to her while she was away.

Freddie took Clara to India — imagine! — to the land of palaces, to the place where camels come from, where silk is made, where spices grow, where the glinting marble Taj Mahal sits and awaits the visiting dreams of a hundred, hundred strangers. He took her to a place which was wilder than her imagination, a place where trees grow upside down, where temples are carved more elaborately than cakes, where skins are black as pitch. They swooped from sprawling, heaving cities to gentle, blowing deserts to palaces made of islands. On some days, they saw a thousand people together, saw them jostling and fighting and elbowing and begging and crawling and hurrying and these thousand people would share a tiny space, a railway station or a pavement, and the noise would be unlike anything Clara had heard before. On other days, they would come across a tiny village with tiny houses, whole families camped within one smoke-darkened room, a pot on the fire, a mat on the floor and dark, dark eyes looking out at you.

They saw rivers as wide as the desert and the river bank would be teeming, crawling, groaning with brown bodies bending and splashing and washing and laughing and drawing water. The landscape would be brown, brown from the silty water and brown with the bodies and then there would be a burst of colour, vermilion or saffron, and it would be a sari or a head-dress wafting through the crowds, a beautiful young girl bearing upon her majestic head an urn of water to take to her tiny house and her dark-eyed, crowding, waiting family.

One day, when they sat by one of these desert-wide rivers, Freddie and Clara watched a funeral. The body was that of a young man who had been chasing a tiger in the forest. He had been stalking his prey quite well, so it seemed, for he 'had a good experience with tigers' but he did not see the trap in the ground which another hunter had carefully concealed with twigs and leaves and he fell into the hole and died with a stake through his eye.

The young man was lying on a wooden stretcher with a huge tiger skin over his body and he was processed from his house thirty miles away to the riverbank and they launched his stretcher onto the river aflame. It was blazing, his body and the tiger-skin and the stretcher and the flowers that had been scattered on his face and neck were on fire and Clara cried out because she was close enough to see the young man's skin as it puckered under the smelting heat.

Freddie was mad during this trip. He had a frenzied look and he did not rest. He paced his bedroom and drummed his fingers and chewed his nails and consulted his watch. He painted as though the demons inside him were snapping at his brush, driving him on, threatening some unimaginable eternal torture unless he created and saw and envisaged some glorious new inspiration every single second of those crazy days. He was possessed. At the time, Clara did not understand what had come over Freddie but she was alarmed by him, a little frightened of him, wary of his black fireball temper and his obsessive need for hush, exhausted by his headlong hurtle from one exotic spectacle to another.

Clara wrote in her notebook that Freddie was doing a lot of painting and that usually she sat beside him and sometimes she wrote in her diary and sometimes she just sat and watched the view and tried to see if she could recognise the things that were appearing on Freddie's canvas. She remarked on how many people there were in India and how beautiful the dresses were and how some of the temples had lots of rude figures carved on the outside.

She wrote of the episode when Freddie was bitten by a parrot, how this pet parrot had sunk his beak into Freddie's thumb and had clung there as though Freddie's thumb was something delicious to eat and Freddie had been very cross indeed and then he started to howl because it was so painful and then luckily the nice Indian man who owned the parrot came along and said so sorry mister polmeir, this parrot never do this and he blew loudly on a whistle which made a noise like a cockatoo and the parrot dropped Freddie's thumb and turned round to attack the whistle.

She wrote of all the travelling they did, all the different kinds of countryside they saw, how they picked oranges which were hanging in the sun and they tasted so, so good that they had two each. She wrote of their ride through the desert on camels and how they had slept out under the stars and how there were so many that the sky looked almost white and how her camel grunted all the time and sounded like Small Dog when he was rolling in the mud at home. She wrote that it was very dusty and that her clothes were always an orangey-brown from the dust and that her hair felt funny and that sometimes she was looking forward to being home again.

At The Knock, in her parlour, Lily reads one of Clara's letters from India. She laughs until the tears pour down her face as she learns of Clara's experience of riding in a cow-cart along a bumpy road; how Freddie gets very cross because the Indian driver is so jovial and Freddie is so uncomfortable bouncing around on the hard seat and how lots of Freddie's paints jump out of his box and onto the ground and the cow-cart does not stop in time because the cow is not very obedient and all the paints squidge out of their tubes and make a rainbow on the ground and the Indian driver claps his hands because he is so pleased with his cow for making such a pretty picture. Clara says that in the end, Freddie laughed too and he drew a quick picture of the beautiful milky-coloured cow with its foot in a rainbow and he gave it to the Indian driver who was very proud.

Freddie himself feels mad on this journey. He left in a rage because Meriel would not come with him and he had planned it in secret and it was supposed to be a surprise and she would be happy and they would enjoy some of their old feelings together again and it would make things better maybe. He loved to make grand romantic gestures, Freddie did — he loved the planning and the surprise — but instead Meriel had turned her sad and tired eyes upon him and said something which he did not understand and then refused, not brusquely but firmly and Freddie was left with this growing rage in his chest which he would not control because Freddie was like that. So he stormed out of the room banging doors, thumping his feet on the ground, marching furiously and indignantly, with an angry, angry feeling rising up the back of his throat, pooling onto his tongue and deep inside, very hurt — but spiteful because Freddie was like that also. And when Clara unwittingly, innocently, childishly walked into the room to which Freddie had retired with his fury and his bitter tastes, he told her gruffly to pack her things because she was going with him to India.

He took Clara with him because he knew that it would hurt Meriel. He knew she would be distressed that he had involved Clara, so young! Freddie, too damn young for your wretched arguments, in the turmoil of recriminations and misery into which their marriage seemed to be tumbling headlong. He knew that she would be hurt because she would wish somehow to have reserved for herself the pleasure of ruining Freddie's journey and now he had stolen her initiative, found a partner of whom she could not possibly be jealous. In his anger, Freddie was spiteful and Meriel, in hers, put up scant resistance.

And now that he is here, in India, where he has always wanted to visit, he does not know what to do because he had expected to be mending the bridges between himself and Meriel, to be enjoying the fruits of his largesse. But all he has with him is Clara, too young to understand, and an unexploded sense of rage.

So he paints demonically. He drags Clara from town to village to landscape to temple and back again, painting everything he can see, journeying ceaselessly, angry while he is painting, angry while he is journeying and Clara just sits there quietly and does her best not to disturb him. Freddie knows that he is being unreasonable, that Clara deserves more.

But he knows it deep down, deep, deep down and in truth he is more preoccupied with the slap-in-the-face insult which Meriel delivered him when he made his grand gesture and she showed not even a glimmer of pleasure in her eyes but simply resignation and refusal.

As a matter of fact, in years to come when Finn was forced to sell up some of the belongings which had passed to him from his grandfather, it was the paintings from Freddie's Indian period which were most highly valued. They were beautiful, expressive, with an intensity and a vision which was not present in much of Freddie's other work. But at the time, Freddie's painting was almost incidental, secondary to this burning, growing rage which glowed within his chest and drove him in a frantic chase across hundreds of miles of the Indian unknown.

***

One day, while Freddie was away, Meriel found herself entirely alone and she went into his study and sat for many hours at Freddie's desk and she thought about Freddie and about their life together. In the ordinary run of days and weeks and months, Meriel would not have dared to give such careful thought to these things, would have been too preoccupied with making sure that the days and weeks and months were cheerful and normal and busy. But now she has time, she is alone and she turns her mind to Freddie's lovers, to the shards of gossip which cut through the breezes and sear into her consciousness. She thinks of all those times when she finds little spikes of evidence in Freddie's pockets, in his drawers, carelessly, cruelly hidden in places where she would be bound to find them – evidence such as letters, photographs, pieces of clothing or jewellery which she does not recognise.

She thinks of the times when Freddie tries to brush off a question, to divert a conversation, to cover up an admission, a tiny one, a glaring one which he has inadvertently made in an unguarded moment. She thinks of the big lies and the little lies, of how poor a liar he is and how she always knows, no matter what it is that he is about to concoct, that a lie is in the offing because he becomes slightly, just slightly shirty, a little too adamant and he puts his head to one side, tightens his neck as if to brace himself for the cross-examination that he seems to fear will follow. She thinks about the times when he is away and all she wants is for him to be with her, keeping her safe, protecting his brood but instead he is away, just away and he goes without explanation, returns without contrition and she knows, always knows because she can smell the smell of mynah-bird droppings on his clothes.

Meriel sits in Freddie's study, sits and thinks, blames, hates, regrets, wishes, screams inside. She sits in his study for a day and a night, does not eat or drink or see or hear anything, and if you were to come into the room, you would see her pale, tired-looking, strangely magnetic in a gold-silk dressing-gown, her eyes far, far away, her body still and lifeless.

And at the end of the night, when she has exhausted her thoughts, dragged herself through every possible wounding version of the truth, worn herself out with this terrible confrontation of all the unpalatable truths that made up life with Freddie, she leaves Freddie's study, steps out into the garden and makes for The Knock.

Meriel bursts in, does not knock or think or wait but thrusts open the small, dark oak, studded door that leads from the walled garden into the second pantry, and from the listless, lifeless torment and frenzy of her unhappy night in Freddie's study, she erupts into Lily's gloom — her tobacco-smelling, brocade-laden, damask-covered gloom. Lily sits by the side of her parlour fire, caressing one of her parakeets.

Time — at last! — to share the burden of Freddie's impossible, volatile, chameleon temperament, to bewail the constant presence of the mynah-birds whose fluttering and cackling she can never seem to escape. Time at last to share aloud her unhappiness, to speak to someone else after so many years in the shade.

But for all her outward sympathy, Lily does not wish to be saddled with the seemy details of other people's private troubles. She is bored by them. And when Meriel moves into a more confessional frame of mind, not drawn by Lily but driven by the momentum of her own opening heart, Lily finds herself studying the parakeet's plumage, watching the blinking of his eyes, stroking down the strutting crest of pinkish feathers which rises gently and tapers from the top of his head. And later that morning, as she nurses a brandy in her talon hands, as she sits and watches the fluttering embers of her parlour fire, she rehearses some of the misery which Meriel tipped out onto the parlour floor and wonders out loud whether or not Meriel realised that in the battle for Lily's attention between the wronged wife and the parakeet, it was the bird which unquestionably won.

Meriel is embarrassed, humiliated by her journey to The Knock. She flops into her chaise longue and wishes that she had not gone. Exhaustion washes over her, tears quietly run down her cheeks. She is so tired! Why was she such a fool as to imagine that Lily would make a comforting confidante? How could she have thought that Lily would be moved by her distress? What a fool she was! What a fool, what a fool! No doubt Lily would be laughing at her now, chuckling into her brandy. Poor, meek Meriel struggling to tame her tearaway husband, she would be saying. Lily had always said he would break her heart. Damn you Freddie. And damn you too, Lily.

***

When Freddie and Clara arrive home, they see at once a change in Meriel. She is cooler, more restrained, a little stronger perhaps. Clara is full of stories and tales from their journey, full of the colour and the busyness and the rivers and the villages and the jungle and the desert. She wants everyone to know about the tiny Indian people with their big black eyes and their funny way of talking. She wants her mother to share in the excitement and marvel of it all. She wants to take them there, take all the people who stayed at home and show them the things that they saw, that she and Freddie saw, the funny episodes and the silly situations and the beauty and the dirt.

But in Meriel, Clara finds an audience that is not wholly concentrated on the theatre of her descriptions. Clara chants but you should see what it's like in India, Mamma, but Meriel is uninterested. Meriel knows that she should not be so cool but she cannot help it, she is cross with Freddie, furious and she does not know how to be cross with him, she does not know how to air her crossness so she does as she always has done since she was a child, when Octavian was not there to help her and she withdraws into herself and presents even to Clara a wall of chill.

Meriel is cross with Freddie because he tried to mend the rapidly deteriorating fabric of their friendship with a gift. He did not come to her and say, I am sorry my love, I was wrong my love, let us go away and make it better; he did not come and put his arms around her, take her to a quiet room and explain why it was that he did what he did, ask her to say what it was that she wanted and how it was that she felt; he did not even take the time to ask why she would not go with him, to plead with her. He did not see her. Instead he looked at her with his own look — to show that he was hurt, to show that she had been the one to make it bad because she had been so cold as to brush aside the only way he knew to make amends. Meriel felt powerless in the face of Freddie's ruthless logic.

Yet he looks so ill, so racked! Meriel cannot understand why Freddie does not talk about how it had been to travel with Clara, to paint in the land which had always been his Camelot. She is in truth frightened by how Freddie looks and in this she can glimpse some of the madness that possessed him while he was away. She has a sudden flash of guilt about her day and night in his study and about her subsequent morning with Lily. She betrayed him while he was away, took advantage of his absence, used it to drive a wedge between them; and now he has returned home drawn, sick, harrowed.

Ten years ago, five years ago even, she would have stretched out her hand and mopped his glinting brow. She would have touched him lightly on the shoulder, brought him lemon teas, pulled up the blankets as he lay sweating and miserable, sat for hours on the side of their bed, her eyes lingering on the view to the sea, listened when he spoke, gingerly held his hand. Ten years ago, five years ago, Meriel's heart would have bumped at the sight of Freddie on his return from India. She would have pressed him to lie down, to sip the tea, to rest under the covers, to sleep. She would have waited while he dozed, unaware of time passing. She would have sat and sat until she saw the fever flying out of his body, going from it like a bat from a tree.

But the snowball of the cooks and the toyshop girls was growing faster now, rolling faster down the hill, pressing down on Meriel and she stood more in its shadow and the darkness was eclipsing that old love she had for Frederick Archibald Polmeir. Freddie did not seem to want to stop the snowball and Meriel could not bring herself to tell him that one day it would grow out of his own control and then they would all be lost.

It was an ugly spell which hovered over Freddie and Meriel at this time, a spell cast from within the hearts of them both, concocted by their own poisons, their own tragic demons of fate. But both Freddie and Meriel in their own ways were proud and both in one way or another unequal to the battle which breaking the spell would have entailed.

Years later, when Clara looked back on that time, on the weeks that followed their return from India, she clearly recalled how their house smelt of cypresses and swans' tears. Every morning, she would go out into the garden and pick flowers, lilies and japonica and orange blossom and she would fill all the vases she could find. But the smell of the swans' tears would not go away. She recalled the day when Freddie finally got out of bed. She remembered how she was so glad but then she saw that he was not glad and that Meriel was not glad. Something had gone out of the air in the House of Cranlarrigan in which Clara had been brought up. Something once strong and sinuous had become brittle. Clara remembered that day so clearly, so clearly — it was a moment in her childhood when one door opened but another door closed and locked.

CHAPTER TWENTY-SIX

On the day of her seventieth birthday, Lily put The Knock up for sale. Clara was fifteen. Nobody could understand how she could bring herself to leave the house which had been the very centre of her existence for forty or more years. Why should she want to leave? She had planted the gardens and watched from her parlour window as the trees grew and matured, as the shrubs blended into one another, as the lawns thickened and the banks softened and the birds came and went and the rabbits and moles dug their passages and homes beneath. She had watched the statues grow darker and more weathered, the ponds become overrun with pond-weed, the hedges grow up and touch the ceiling of her precious Knock sky. She had watched as the orange-trees in the conservatory interwove their branches striving to make some room for themselves in their crystal prison. She had seen the border of red that she had created specially for the autumn become more and more spectacular as the pyracanthas and cotoneasters flourished in the rich dark soil so carefully mulched by Mister Percival. She had watched as the rhododendrons had grown and matured, as the azaleas established their dazzle of colour, as the row of Scots Pines grew to cast its tall shadow over the south lawn, as the lower bank of the secret garden became every year a more elaborate carpet of frilly petals, tall trumpets, thin trumpets, of yellows and reds and blacks and oranges and blues and purples and golds, fruit of her very first labours in The Knock garden when she had had ten thousand tulip and daffodil bulbs buried beneath the reedy grass.

To those who had nothing better to do than sit around and speculate on the wisdom of other people's decisions, Lily's desire to leave The Knock was difficult to fathom. To me, Clara, the shock that I feel when I hear that Aunt Lily is moving, when I hear that the contents of the house are being parcelled up, that the house is to be purged of those loved objects which marked out the map of my childhood, is so strong that I do not believe the news. It cannot be true. Aunt Lily is not going and The Knock is not for sale. I run from where I am and I run and I run and I am shouting 'Aunt Lily, Aunt Lily!' and I run as fast as I can but I must get there too late for when I arrive Lily, from her bath-chair, is supervising the removal of a crate of Sèvres china from the parlour into the front hall. Mister Percival is too old to do much heavy work now but he has brought in his great-nephew, young Butcher, and it is he who manhandles the precious crate down the narrow corridor and over the sides of the delicate walnut panelling which lines it. I stop as I reach the front lawn, as I near the house because I can see through the window that it must be true because of the crate. And I flop down where I am and the tears come like falling leaves. Surely Aunt Lily must know that she cannot sell The Knock? Surely she must know that?

Mister Percival comes out and says, 'Why, Miss Clara!' He asks me to come in for a cup of tea in the parlour and I nod my head and I grope my way up to a standing position but I can hardly see because my eyes are swimming with tears. I feel sick and dizzy and I take the tea when it is offered, sit down numbly and drink it and I barely notice the taste of it because the shock has been so great. Great-aunt Lily does not say a word. She does not attempt to make any explanation — I am sure she must know why I am so miserable because Mister Percival, he guessed straight away — but she does not even stretch out from her bath-chair to put a hand on my shoulder. She just sips her plum brandy and puffs on her cigar.

My senses return, the tea is half-drunk and I rush headlong out of the parlour and go up to my bedroom. All the breakables have been wrapped in tissue paper, sit stacked, ready to go into more crates while the big things, the great walnut bed and the little sofa with the barley-twist legs have been dismantled. Of the counterpane which had accompanied me to sleep so many times over the preceding eight years, there was no sign.

The counterpane gives me something to focus on and I start to look for it, to see if I can see, anywhere, the distinctive red border and the little black faces of the soldiers who are galloping on their little black horses across the green valley and onwards to a famous victory. I look on the landing where there is a huge pile of soft folded things and I look in some of the other guest rooms and I cannot see it and I am just about to run downstairs and shout to her, 'Could I have it please, the counterpane, please, because it was always there when I stayed there, please, would you mind?', when I spy out of the staircase window the smouldering ashes of a huge bonfire which has been held on the east lawn and there in the embers unmistakably is an edge of the counterpane's red border. How could she? How could she? And why can't she explain? Why can't she say, 'Clara, my darling' and take me to one side in the parlour and tell me why she is leaving and how I must be brave and what I must do and how I must look after the new owners and how I must write to her and keep her in touch and everything? Why can't she stop puffing on her cigar and just reach out to me?

But Aunt Lily continues to sit impervious in her bath-chair, puffing, sipping and supervising and she pays no more attention to me than she does to the birds in the trees and the fishes in the ocean and the bees that make the honey for her breakfast. She just goes on sitting and sitting and sitting and I do not have the courage to scream at Lily or to beat her on the chest or to knock the cigar holder and the brandy-glass out of her hands but I just stumble out of the house and I wander round the garden with a sort of blindness in my head.

When I get home, I ask Mamma, 'Why is Aunt Lily selling The Knock?' but it is a question which my mother does not wish to face and she looks at me and shrugs, says, 'Aunt Lily knows best, I am sure.' And then I run back to The Knock and I find Mister Percival and it is only he who gives me a kind of an answer for he looks at me with a sad eye and he says, 'Why, Miss Clara, if I could tell you that, if I could tell you why Miss Lily does as she does, I could probably give you the answer to the problem of the winds and the rains and the rocks and the seas. Aye, to be sure, I'd be a wise man, Miss Clara.'

Then, one day, it is done. One day, I go to The Knock and the doors are locked. The curtains have gone and the house looks dead. The parlour is empty and dry, bare as an old tramp's cupboard. There is no sign of Aunt Lily. Only in the garden the cotoneasters and pyracanthas remain as an emblem to her vibrant sense of colour and the statues continue to stand pointing and cajoling. No one whom I ask, not Meriel nor the people who lived nearby, up the hill, down the hill, at the end of the back drive, can tell me what has happened to Lily or to Mister Percival or to the birds, the barn-owls, any of the menagerie. It is as if she were never there, had never been there. And although I am really, really cross with Aunt Lily — especially since she burnt the counterpane and goodness knows what else that was my special favourite — I suddenly miss her and I sit down under the statue of Hephaestus and I scream her name out loud ten, twenty, a hundred times until my voice is hoarse and I can scream no more.

***

In those first months of The Knock's abandonment, I used to wander about the grounds, to pace the gardens, march up and down the outside, gaze in through the conservatory windows. I was like a child in mourning. I would console myself by imagining who might buy it and how we would be able to show them round the garden, all the nooks in the house and the attics and the old stables. I would make friends with the young ones and we would discover the garden again except this time it would be me in charge and I would tell them the stories about the herons in the ponds and the barn-owls and all the statues. But no one came and the boards on the Knock windows remained.

The garden always seemed to stay neat — I think that Mister Percival must have made arrangements before they left — but the house took on an ageing air, an old lady gradually losing her dignity. One or two slates fell, then a bit of a wall came out, then a window cracked. The orange trees in the conservatory began to dry up and their branches became brittle and brown as they died for want of water. I tried to break one of the panes in the conservatory window so that I could save them but the glass was thick and strong and I just had to watch helplessly as the canopy of branches which enlaced the cast-iron joists of their vast arching greenhouse slowly broke up and died.

Sometimes when I pressed my nose to the glass, I could relive some of the parties which were held in the Knock in the days when its walls echoed with the vitality of the Lily of old — those dreadful teas with all the adults choking into their tea-cups or the occasional New Year's Eve dances when Lily would put on her sequin-covered 'sparkler' as she called it and bring out her Tiger-tusk cheroot-holder by way of celebration. Sometimes I would wander through the maze and sit down by the tall green tree or I would go up into the pigeon loft and kick the floor a bit. I tried to tell myself that Lily would be back one day, that everything would be the same again and that we could enjoy once more those animated discussions with the minister and the mole-catcher and I could talk to Mister Percival in the pantry while he cleaned Miss Lily's shoes. But I knew that it was only a dream. I knew that Lily had gone for good, that The Knock was empty for good.

The scent of betrayal is as enduring as it is bitter. I am sitting thinking about Lily now, thinking about how I felt when I first learned of her imminent departure. I cannot remember Lily so well any more — the detail of her face and her presence has left me, is lost to me because that is what happens when people leave you — but still if I wish to, I can recall the smell, that bitter mixture of rotting moss, cackling laughter, old brown vinegar. In those days, it would waft round my nostrils, make me retch sometimes, bring tears to my eyes.

I had worshipped Lily. I had defended her before all the members of the family who sought to mock or undermine her. Together we had giggled at many things, laughed conspiratorially at a hundred sillinesses of all the silly people who seemed to cross The Knock front doorstep and come to waste Lily's time. We had mocked the foolish and revelled in the company of the wise.

I hated Lily for leaving. I hated her for not explaining why, for not trusting me, for not thinking me old enough to understand her big decision. Every time I thought of her, I felt so cross and unhappy at the same time. For what had seemed a brief moment, she had dangled her casbah-scented silk beneath my nose and then for no reason at all she had withdrawn it and herself and that was it — I was supposed just to accept it like a horse accepts being beaten or the roses accept a drought. It was a cruel, cruel thing that she did and I promised myself that I would never forgive her.

Damn you, Lily, damn you!

CHAPTER TWENTY-SEVEN

One day when he is about six or seven, Finn finds he has a need to do things with his hands. His fingers are itching! Unconsciously, without knowing why, he wraps his yet young fingers round the top of a blue crayon and he applies it to a sheet of paper and he finds that the itching has gone.

Finn draws some cows in a field — they are just there in the field and some have their heads up and others are grazing and one or two are lying down and squashing the buttercups which are everywhere and which make the field look like a giant yellow bed and Clara, when she sees this first picture of some cows lying in a yellow bed, is delighted because there is something in the expression of the cows which she finds almost hauntingly cow-like. She takes Finn's forehead in her hands and ruffles his hair and kisses him with a big *Mwah*!

The next day, Finn goes forth with a motley collection of pens and pencils and paper which he has gathered from the furthest reaches of the house and from the old box which holds some of Freddie's sketching tools and he tries as best he can to get up really close to the cows which he had used as his first models the day before. He puts on a black and white hat and his favourite black-and-white stripy trousers and he has painted a cardboard box green which he intends to use as a stool and he sallies forth into the field and bellows out the most convincing 'Moo!' that his young lungs can muster. The cows gather in a circle just as they used to when he was a baby, and they put their heads down around this strangely clad little boy sitting on a wobbly green box. Finn puts the first pencil he can reach onto the paper because he is so excited to have so many models in one go and he sets about trying to convey to those who might be privy to this, his second serious effort at painting, the sense of being all hemmed in and the feel of the cow's steam-engine breath and the look in their eyes as each ones snorts at his hat and his trousers and his overall black-and-white-stripiness.

Finn is happy, happy, happy to have found out about drawing, to have found out that his fingers feel calm when he takes up his crayon, holds it onto a piece of paper, starts to make shapes. It is good to see what he sees and to put it down as it is in his head onto a piece of paper so that other people can see it too. Finn is a natural artist. It is a need which has found him, a need and an outlet which he does not have to understand. He does not ask himself why the animals are triangular or the cows are pink or the fields and the sky are black. It is something which he sees and he puts it down on the paper as it occurs to him.

He is also an insatiable artist and he draws (and paints) in his bedroom, in the greenhouse, on the mossy flagstones outside the Knock conservatory, in the pigeon-loft, under the staircase, on the drive, in the maze, on the loo, on his lap under his jacket when the adults are talking boringly at lunchtime, on the back of his hand, on his legs, on his stomach, on his sheets and pillowcases, on every fly-leaf of every book on his bookshelves until by the age of eight he has accumulated a heap of sketches and paintings and drawings and portraits and doodles which matches the height of his wardrobe. He keeps them in boxes and bags and tied up in rolls and he hides the bags and boxes and rolls of paintings and drawings and sketches all around his room, under his bed and in his wardrobe and in his chest of drawers and in the small loft above until he runs out of space and then he is forced to store them further afield – in the attic and in the cupboards above the pantry and anywhere where an extra bag or a box of papers will go unnoticed.

Clara is in Finn's bedroom trying not to snoop but all the same, sniffing at the air, glancing furtively here and there trying to understand her son. She bends down because she sees something glitter on the floor and she sees that under his bed are rolls and rolls of paper, each one neatly tied with a piece of blue ribbon (where on earth can he have got that from?) and she takes out one of the rolls and finds that it contains two sketches of her own face, twelve drawings of the statue of Hephaestus which sits on the north lawn in The Knock garden and a small series of paintings of objects which appear to be butterflies and which Finn must somehow have managed to study from within close range. At the bottom of each piece of paper is written the name of the subject such as 'Mamma' or 'The Hef. statew' or 'Painted Lady' and it is signed in Finn's most florid writing with the date inscribed beneath. Clara is touched above all by the method which has been used to store and catalogue these precious emblems of Finn's secret life. Each roll is tied up with the same length of ribbon and the same knot. Each bag is labelled with the dates and subjects of the paintings within. The rolls are stacked so that they form a honeycomb under Finn's bed. It is a wonder that a boy of Finn's youth could be capable of such industry.

Unconsciously, Clara seems to understand the importance and the secrecy of Finn's work and she replaces the roll as carefully as she can. She does not look at any others and she does not mention what she has found to his father or to anyone else. She is proud of her little boy. Clever, clever, clever Finn!

CHAPTER TWENTY-EIGHT

When Lily was eighty-seven, Clara dreamt that Lily and she were in the same room, Lily on her deathbed, Clara with her back turned against the pity of a dying woman. There is a glass of water by the bed which has been barely sipped. In front of Clara, a vase of flowers which someone else has given Lily. The astramaria has shed most of its petals but the carnations are fresh still, a splash of red. Lily's bed is a four-poster, dark oak, draped with heavy greens, dark reds, old golds. The room is tall and impressive, filled with the certainty of age — high walls and old portraits and the warmth of tartan and velvet and many cushions. Lily looks tiny in the bed but Clara cannot see that because her back is turned and she is gazing instead at a vase of fading flowers. In the distance, someone is playing the piano — Satie — and the music sounds hesitant and ponderous. Clara dreams that Lily beckons 'My Clara' in a whispery tone, reaches out to pat her hand, and Clara thinks she hears her say 'I'm sorry' but the piano player suddenly has a change of heart, turns to stormy Beethoven and the words are lost in the surge of music.

Haunted by the dream, by a sudden fear that she may never know the truth, Clara decides to visit her great-aunt. After all this time, she will face up to this ghost of betrayal and she will take her tiny Finn because, she explains to herself, he should be allowed to meet his honorary great-great-aunt — but in truth she takes him because she wishes for a buffer.

Clara has put off this journey for many years now. She had hoped that she might have been able to forget about Lily and that she would never need go. She had hoped that Lily would have expunged herself from her mind and that Clara would have been exonerated from her guilt. Clara has to remind herself that it is Lily who owes Clara and not the other way round. But she cannot remember this — she feels the guilt of the wronged and it is a guilt that plagues her still, even after all these five, ten, fifteen years.

In an effort to take her thoughts away from the object of her journey, Clara busies herself with minutiae. She digs out some plum brandy which has sat in her cupboard since the last bumper fruit harvest and she worries about finding the exact kind of cigars which Lily smoked. She wraps up her Finn in the warmest of his woollen jerseys and his smartest tartan cap, then swathes him in her favourite scarf which is woven silk.

Clara turns to herself — she looks in the mirror and she tries to recollect the face which last saw Lily; she tries to slough off her adulthood, her motherhood, her marriage and to go back to the young girl who shouted at Lily about the counterpane. She cannot take herself back to that time for it is trying the impossible and instead her mind drifts and briefly she enjoys a ramble through the gardens of The Knock, enjoys again the freedom and the challenge of her endless days in the woods around — she sees some oyster-catchers in the Wild Garden, hears overhead the curlews cry, watches as a buzzard swims on the warm air above the Knock Hill. Come on, Clara, it is time to go. But Clara is dilly-dallying, slow to rise from her contemplation because she is stepping back into a big story, a real betrayal. If she goes to Lily which she feels she must, she is making a concession towards her which she had vowed she would never make. It is a large chunk of pride which she must swallow, and Clara does not rush but she wanders the gardens of The Knock, ambles through the orchards of her adolescence, enjoys for a moment some happy memories.

Lily looks exactly as she always had. She straddles her bath-chair in the same indolent, I-dare-you fashion, holds her cigars with the same nonchalance, tosses back her head in order to swig her brandy with the same verve. Mister Percival is no longer at her side but that is all that is different. There she is, the same old Lily. Clara when she sees her goes hot, her scalp tingles and her stomach burns because a rush of guilt and shame and embarrassment and anger and indignation floods through her system and she is taken unawares.

And then Lily starts to speak and Clara does not know her after all. Oh yes, the husky voice is the same and Lily looks the same, with her eye and her hips and her chest and her bath-chair. Yet she is not at all the same. Time has wrought its worst and even Lily has been unequal to its ravages. Where is her fight? Where is her anger, her feisty, wayward spirit? The only Lily whom Finn ever meets is broken-backed. Her memory has deserted her. She is afraid of little things. Conversation revolves round and again, certain topics, the particular obsessive fixations which dominate her mind on a particular day. How old is the boy? Who is his father? Where do they live? Have we ever met before? She has a preoccupation with her cigar holder and she keeps banging it, banging, banging, banging, trying to tip out the ash which she is convinced still lurks within. Clara can see marks on the side of the holder where the paint has been chipped off after thousands and thousands of bangings against Lily's frustrated ashtray. And these questions which just keep circulating, being repeated a hundred times, round and round, round and round, Clara does her best to answer them each time with equal politeness.

She varies the responses: 'Eighteen months old', 'Two and a half', 'Four next Wednesday', but it makes no difference to Lily what answers Clara gives because she cannot take in the information, even for a moment. Lily barely remembers who Clara was. Their final parting, that which had made such an impact on the young Clara, is far, far away from Lily now. There is no point at all in Clara trying to seek reconciliation — it is years too late for that. Lily is in a new place now, a place that is cloudy, dark and dangerous, a place where there may be no tomorrow, a place where she is vulnerable, lost, stumbling, a place which demands every last ounce of her remaining energies. Clara cannot reach her in this place. It is somewhere between Limbo and some living hellish limbo also. Clara is forced to swallow the resentment which she still feels against Lily. She cannot allow herself to resent an old woman whose body is leading her into a place of such despair.

Sometimes Lily knows that her memory troubles her and it offends her greatly. She says 'I'm potty' and everyone around her says 'Oh no, Lily' but they are embarrassed because she has read their thoughts. She says 'I'm potty and I'm stupid' and everyone around her says 'Oh no, Lily' but their voices lack conviction. Of course no one ever thinks that Lily is stupid or that she ever was but they know that she knows she has lost her memory and they are afraid still of her famous, lashing tongue.

The child who is crawling on the floor and the woman who is leaning out of her bath-chair, scrounging dirt from the carpet, offer a pitiful comparison. Finn has his universal word which he is using gaily at this point and Lily has relapsed into the choruses of her old age. Lily has shrunk and Finn is just emerging and the proximity between the cradle and the grave has never seemed closer. Lily is a shadow of the presence she once was. Her glasses of brandy sit around undrunk and the cigars hang only half-smoked in the ashtrays which line the arms of the bath-chair. Mister Butcher is constantly called for and then dismissed without his having done a thing.

Lily's famous caprice is now reaching its zenith. One day she will have an idea to cook a banquet and by some cruel trick her memory will abide with her long enough for the ingredients to be ordered and the cooking to be commenced — but then she will call for Mister Butcher and command him to take her out to the garden because the wind has been blowing and there are more leaves on the lawn. Left to languish in the kitchen, the banquet rapidly becomes a dilapidated picnic for Mister Butcher who must salvage what he can.

Clara had known none of this. She had not known that since Mister Percival's death, Lily's faculties had embarked upon a giddying decline. It was a terrible shock. She had come all that way somehow to face up to the anger and betrayal that she had felt against Lily and this had been taken away from her. Clara was sad for Lily and numb with disappointment for herself.

When Clara comes to leave Lily, she sees the old woman leaning out of her chair and picking up bits and bobs of flotsam from the floor. She asks Mister Butcher what Lily is up to and he explains that one of her constant worries is that the floor is dirty. Outside in the garden, she does the same, leaning out of her bath-chair and scooping up the leaves and twigs and discarded nut-shells and little balls of mud thrown up by the worms which offend Lily's new-found sense of what is and is not right. Piles of this accumulate, piles of twigs and leaves and beech-nuts, piles of fluff accrue each day and Mister Butcher comes out to wheel Lily inside after her hour in the afternoon sunshine and he finds the lawn around her chair almost bald, so clean it is, except for a huge pile of this and that, worms and pine-cones and the little balls of mud and leaves and grass and he has to fetch a wheelbarrow and ladle into it all this offending garden detritus before he can even begin to reach the handles of the old bath-chair.

Clara says goodbye to Lily. She kisses her on the forehead and scoops up her precious Finn and she rushes away. She is ashamed of her haste. She knows it is prompted by fear, by a dread of contagion, by a desire to leave the unpleasant bits to someone else. She holds her Finn close to her and sucks in his smell and breathes deeply.

CHAPTER TWENTY-NINE

Tip-toe in through the back of Freddie's house. Take my hand. Sshh! Quietly! Look in the kitchen — there is Clara stirring a large soup. And there, outside in the garden, Freddie is digging. It is spring and he is burying bones under his roses to make them grow. A warm day. One of Freddie's cats is lying on the kitchen table, curled in a ball, purring loudly. And a contented day. Freddie has found some equilibrium. Clara is happy because Freddie is happy. The sun is glinting on the yew branches. Since he has come here, Freddie has planted many bulbs and shrubs and trees for he has a strong pull towards the earth. He needs a garden and he works on it feverishly.

And today he can begin to enjoy some of the fruits of his vigour. He can lean on his shovel and admire the carpet of purple crocuses which gleams under the beech trees. He can turn his head to the west, towards the long bank which stretches out in the shadow of the tall pine trees and he can just see the noses of the daffodils as they dare to break their winter vows. And he can step back and feel under his feet the soft cushion of grass which he sowed seed by seed into the soil which he raked for three long days round the house he bought after he had run from his once-loved Meriel.

Freddie hoes and tills and nurtures the soil of his new earth until it is ready to take his children and then he sows his bulbs and plants his shrubs and digs in his trees and begins to remake a home after these age-long months, two years which have yawned between that unhappy then and this slowly, slowly more balanced now. Could it be that Freddie is pacifying his demons? Does the baying, clawing, scratching cease within him? Do his children dare to love him a little more, to approach him more readily, to steal a march on him while he is absorbed in his planting or digging and to say 'Boo!' as loud as they can without being afraid that Freddie will turn round with his face as black as thunder and snarl, fierce as a dragon? Does Clara dare to heave a sigh because Freddie is easier now, not so irrationally, madly demanding of her, not so cruel, so savage? Is this true, Freddie? Can it be true?

***

In the aching months which followed his flight from Meriel, Freddie found himself battered by a hundred storms from within and he took to walking, running alone, trying somehow to shake off the failure which he could never admit had been of his own doing. He ran down lanes and up hills and walked across dales and through forests and he sometimes took his painting tools and he sometimes just took his harried soul and he would go and go and go until his body ached and his mind was so filled with the pain of his bones that he could not be reached by those taunting voices. For the voices whispered to him and they muttered that he loved her still, had lost her through his greed, through his dabbling with all the Delilahs who had thrown themselves in his way. Freddie ran fast and faster and he covered an ever wider area of the region to which he had fled and one day he was running down a wooded lane and he cast his eyes to one side and he saw a Round House whose windows were boarded up. At once, he pictured himself within it, walking its eternal boundaries, rising to its eccentric challenge; at once he knew that it would have to be his, this Round House. Here he would spend his freedom, here he would find room to show himself unfettered.

More than the quaintness of its architecture, it was the wildness of its grounds around it which drew Freddie to buy. There was a clump of tall, tall pines and they had lost most of their lower branches and they looked like old ballerinas on points; and these old-lady pine trees nursed behind them in their shadow a pond which spanned the width of the garden, overgrown now with weed and filled with needles and flotsam but nevertheless home to coots and moorhens and water-rats; and the pond in turn led to a swampy area, bulrushes and marsh-grasses and foxgloves and willowherb and slowly the swamp area became dry and you could walk along a small wooden pontoon and you found yourself in a grove of honeysuckle and creeping roses which had gone wild and were now intertwined among the original forest hardwoods — in the summer you were suffused with a variegated glow from the roses and you could smell the nectar which drenched the grass beneath your feet. Then in front of the old-lady pines was the long bank and an area of flat ground which was so derelict that it was hard to know what had happened there before.

As for the house itself, the perfectly Round House, a folly perhaps? Tall and round, the windows concave, the doors moulded, the lines endless. On every floor, a perfect sphere of a room pierced in the middle by a spiral wrought-iron staircase which rose relentlessly from the kitchen, through the dining room, through the drawing room, through the first bedroom floor, through the floor which Freddie made his studio because there were windows on all sides and you could see the sea beyond and the clouds which hovered around the distant mountains, up finally to the top where Freddie slept, king of all he surveyed, among the cedar-red rafters.

Just as Meriel swept and carried and painted and burnt, that the House of Cranlarrigan might be hers and hers alone, so Freddie worked on his house until it was once again restored to the idiosyncratic splendour its builder had intended. He worked through nights and days and he scrubbed and he hammered and he pulled and he tugged and he heaped up and removed until he had shed the layer of dust and debris which the house had accumulated over many years of abandonment. He stripped the house to its very essence, an oasis of fresh-smelling wood, panelled glass. He turned it into a lighthouse set in its own forest, ensconced himself in the heart of it and he took in a deep breath and for a moment, his demons fell silent within him.

And today we are seeing him in the garden to which he has turned his fevered attention now that the house is secure. Today Freddie is contented. His children are with him, the sun is on his back, the garden improving. He has recently met a woman and he feels that she is the one. She is going to save him, at long last bring him the love and happiness he has needed all these years. Oh yes, he says to himself, he has reached a plateau, at long last, at long, long last. She it is who is helping Freddie to calm his baying demons.

***

He called her Beauty though her name was something quite other and when he first met her, when he first set eyes on her fair and lovely face, his heart sang out in the loudest whisper ever to have rung through the glens and valleys that here at last was the perfect lover whom Freddie, thwarted, unloved genius, had been in search of for the best part of his gilded, glittering life. She was sultry and strong and her eyebrows snaked up the sides of her head. Her nose was trim and straight, her breasts were like apples, her waist was as small as her wrists were long and elegant. Beauty was strong as a man and fair as any woman that had ever walked the earth. She was the siren who had been beckoning Freddie throughout, summoning him from the depths of her loins, tantalising him with her smell of lemons and mint and honey and whisky and wine. She was the most beguiling woman that Freddie had set his eyes on since that fateful day all those years ago when he leaned over to kiss the hostess's hand at a young girl's party, and he was sure from the moment that he saw her that she was the woman who would guide him out of the labyrinth of despair in which he had found himself stranded.

There was no doubt at all that Beauty was a fair and alluring woman. Shoals of young men, in days long before she ever met and embraced Freddie, jumped over the cliff of unrequited love when she refused them a mere glance. Tales of unhappiness hung around Beauty like clouds of smoke.

But in the early days of her allegiance with Freddie, she fulfilled every hope that he had held for his perfect lover. At first she was coy with him and she would not grant him the warmth of her look but this did not last for long because she liked this man, she was attracted to Freddie, he had a something which she had not seen in the shoals of previous young men and so beneath a veneer of tremulousness and fear, she joined him in the spherical nest which he had hoisted up under the gables of the Round House and she answered his dreams. She caressed him with her beauty, with her cat-like eyes and her skin of silver. Her limbs had the feel of scarves made of velvet and they entwined themselves round his hungry body and made him feel strong and loved and needed. Her eyes were orbs of molten iron and they sucked you into their very depths and you could feel the furnace of her beauty as it ate you up.

In the dawn that followed the night after Beauty first joined him in his eerie, Freddie stretched his arms above his head, sighed in a big-stretching way and he breathed out for he had just inhaled the world's most intoxicating scent. Freddie was in rapture. Through his frenetic work on his Round House, his frantic, intensive efforts on its grovey, swampy garden, he had started to turn away from the yearning loss that he felt at his rejection by Meriel. Now, thanks to this cerulean vision that was his Beauty, he had left it behind altogether. He felt free. Some of the demons which weighed him down had tip-toed during the night out of his soul and flown away. And it was Beauty who had unlocked their cupboard. Thank the Lord! Thank God for Beauty! And he turns and he pulls her to him and he hugs her, long and strong, and he does not notice, for her face is hidden from him, the look of satisfaction which crosses Beauty's lips.

Many months go by and Freddie is a new person, newly invigorated by the success and the excitement brought to him by Beauty. She is his queen, his Fairy-Queen and he worships her as no other. Every day, he brings her flowers and wine and jewels, crowns and diamonds and topaz and he lays them at the foot of her bed. He says I love you and he leans over to kiss her as she lies stretched out beneath the cool linen. Freddie feels alive at last, at long, long last.

The people who love Freddie, those who have known him from the very beginning, look at each other when they first hear of Beauty and they ask, 'Who-is-this-woman-Freddie-is-so-happy-she-must-be-the-one?' They say, 'When-can-we-meet-her-where-is-she-from?' Secretly and severally they ponder her age, her looks, her stamp. She must be young and tall, beautiful, graceful and strong. She must be like Guinevere, intelligent, someone who can help Freddie through his busy years. She must have insight, be able to understand the ways of things, be able to smooth the path where Freddie would make it rough. They allow their minds to wander far into the realms of fantasy and they are pleased, delighted for Freddie whom they worship.

Freddie is proud of his love and he cares to show her to all and sundry so he organises a party, for Freddie loves parties. He gathers in baskets of flowers and many delicacies — bitter chocolate and molten cheeses, cured hams, squelching nectarines, bunches of grapes, milky-ripe avocados — and he whispers in a gong-loud voice on the bush telegraph to all the people he knows, Clara and her siblings included, an invitation to come to the Round House and join him in his celebrations.

All the people who love him hear the message and they dress up in their finest clothes, they polish their faces, clean out their ears and flock to the party which Freddie is holding in honour of his new-found happiness.

Poor Beauty! It is a frightening occasion. She is standing, waiting, alone in the middle of an empty room. She can hear the tip-tip-toeing of a pack of inquisitors, the wheezing breaths that they take because their noses are up high and they are sniffing the air, keen to catch their first glimpse of Her. Beauty's hands go up to her face, back to her glass, back to her face again, trembling. The room falls silent except for the wheezing and the tip-tip-toeing. She might be blindfolded in a long, dark tunnel, a thousand creatures of the night surrounding her in silence, waiting to pounce. Beauty's tic grows faster and more agitated and she turns for Freddie because, for this moment, she is afraid and weak without him and Freddie is there and he puts his hand in the crook of her back but it is small comfort.

Then out of the haze in which she is shrouded Beauty sees some long whiskers followed by a nose followed by a mouth with teeth and red, red gums and it is followed by many, many more noses and mouths and teeth and gums. They do not speak, these mouths, but they twitch and flicker and the wheezing becomes louder and their hot breath is all over Beauty and she is suffocating, unable to move. It seems unending — will the inquisitors ever leave? Will they ever take their prying teeth and their baring gums and their hot breath away, back to their homes, away from here, out of my house for yes, this is my house now, get out all of you?

Out of the cloud of gums and baring teeth, Beauty can decipher three, four, five young people creeping towards her in a timid crocodile. Clara is in the lead and she stretches out her hand and takes for a brief but forgiving moment the shaking, trembling hand that is slowly, quiveringly offered to her in return. Words are spoken but what is remembered after the encounter by Clara and her brothers and sisters when they go home, by Beauty when she lies in the dark next to Freddie's sleeping form beneath his cedar-red rafters, is the gaze which remains fixed and held. The eyes are afraid to move from their target lest some ground be lost, lest some gesture be made which might reveal to the other side some chink of weakness. The eyes hold each other until even the quivering ceases and the silence which lingers between Clara and Beauty magnetises the room and the people who love Freddie and even Freddie himself fall into a great, electrified hush which remains unbroken until Clara and her sisters and brothers turn away, steer their gaze onto other things, leave Beauty, leave the place where their mother should be, leave Freddie to his new life and his new house and his new love, go.

Now everyone leaves. And as they retreat, they no longer walk on the tips of their toes and they break into song, all at once, each one a different song, true cacophony and the only word that Beauty can decipher from the din of their departure is her own name.

Alone in the silent, empty room, Beauty burns with shame, shame at her own fear and discomfiture, and in these scalding moments, she vows that she will not tolerate these inquisitors, will not allow them again to make her burn so. From now, she will keep them from Freddie for they are cruel and dangerous.

For Clara and her brothers and sisters, the hot breath of the teeth and the gums was not visible. They did not feel, as Beauty felt, the mocking, searing scrutiny of an Inquisition. They had come to inspect this woman who had taken their father and made him hers. And they saw, when they reached the end of their tunnel, they saw standing in the place where their mother whom they loved should have been standing not a pearl, not a

Madonna, not a lyre-bird with lilting call and glorious plumage but a she-devil with hair and legs and eyes who shook like a leaf, who smiled with a cold look, whom they know must be bad because she is not their mother.

The young Polmeirs turn away, join hands, step out of the room. One or two of the people who love Freddie follow them and ask weakly, 'Are-you-all-right-how-is-your-mother-looking-well-great-marvellous!' and Clara and her siblings make to answer them not just literally but fully, to say, 'No-we're-not-who-is-she-how-dare-she-take-our-father-our-mother-should-be-'...but the people have turned aside, afraid of the truth, afraid that they might somehow be held to blame for something, they don't know what, quite. So Clara and her brothers and sisters walk hand in hand away from the party, hoping in some tiny way that Freddie might follow them but knowing in truth that he will not.

Their hearts are heavy, Clara's especially because she looked after Freddie and she was his wife and the keeper of his secrets and now he does not need her and he has not even tried to explain to her why or how or whatever it is that she needs him to explain. Clara and her brothers and sisters go home to Meriel and they sit down, flop themselves into Meriel's chairs (for they do not feel at home anywhere any more) and they look straight ahead, staringly, for some time. They ignore Meriel who asks how was your father and they ignore the stabs of hunger which normally would have driven them like hounds to the table and they sit and sit and sit and look ahead staringly.

***

As he waves off all his splendid guests, Freddie is too radiant to hear the note of reservation which tinges the voice of the people who love him. Nor when he returns from bidding them all farewell does he sense that Beauty is unhappy, raging inside, morbidly, fatally humiliated by the snapping, snarling teeth and gums of Freddie's friends. He does not for a moment imagine that his party has been anything other than a triumph for his new love. He is too enthralled in the success of his new feelings, too delighted to have such a fair and silken beauty in his keep. Freddie is bursting with pride and elation and he sweeps up his Beauty in his newly fortified grip and he carries her up the piercing, spiral staircase to his eerie where he loves her and loves her until the rage drains from her belly and she must love him back.

***

Months and years go by and the people who love him look at each other and wonder why it is that they have not heard from Freddie. Where can he be, they ask each other? They do not know that Beauty has been spending these months making Freddie hers, laying down rules, *her* rules, not viciously, not unkindly but stealthily and creepingly, so that Freddie does not notice how much that he used to have he now does not.

More months and years go by and some of the braver people who love him venture uninvited to the Round House to make sure that Freddie is still well. But they soon turn away because Freddie has not given them the welcome they were once used to. Sometimes they all meet, these people and they discuss Freddie. They discuss how he is and how his career fares and how the new

Beauty is doing as his lover and his wife and keeper of his secrets. Sometimes, they allow themselves to say that they think the Beauty is a poor influence, someone who will in the end make him worse. Sometimes they allow themselves to say this and other things but mostly they keep their thoughts private because they are the people who love Freddie and they know that if Beauty is not the right woman for their friend, then it is too late and they will not save him.

In all this time, Freddie does not give up his parties and now and again, he holds a huge one and he invites all the old people and their hearts lift a little for they think perhaps that things are returning to normal. So they polish their faces once more and they set out to the Round House with high expectations. They try to arrive first but they find that a crowd has arrived before them, a crowd of people whom they do not know, have never seen before, instinctively dislike because they appear to share an intimacy with Freddie which the people who love him thought was unique to them. And this crowd seems to be made up of all the types whom Freddie used so to despise: the toadies, the sycophants, the fawners, the greasers, the shallow-twanging-shopping-simpering fools whom Freddie made his career out of exposing for all their paltry worth. It is a crowd of indistinguishable singing à-la-mode monkeys and the people who love Freddie hesitate, have to gulp hard because it is going to cost them more than usual to make their way forwards to him, pretending all the way that they love everything and everyone assembled in the Round House.

By this time, the burning shame that Beauty felt towards Freddie's old people has converted itself into an easy contempt, something which dances lightly in her soul. Slowly, slowly she is erasing the scars which that first Inquisition burnt into her soul. Slowly, slowly she is turning Freddie's life round to her way. Freddie is enjoying her people now and the old people are having to step aside. And at this latest party she is standing back, no longer quivering as she used to but watching half in amusement, for she sees the faces of the old people as they emerge from the piercing stairs and she sees their concern as they gauge the crowd that has already arrived. Inside, Beauty lets out a peel of laughter. The tide is turning for her now. She turns to look for Freddie and he catches her eye and winks at her and she knows that he has not noticed what it is that she does.

Grudgingly, Clara and her brothers and sisters have accepted the invitation to this party as they do to all the others which Freddie holds over the years. It is the only time they might see their father and although it is not the same, he is not the same, they cannot say important things, cannot enjoy important moments because there is always this huge crowd of fawning shoppers between them and Freddie, Clara and her siblings go to the parties and take the little they might be offered. They believe that Freddie still loves them, that he still cares for them and they want to love Beauty, Clara especially, because Beauty has brought some hope to a previously desperate state of affairs.

Who would try and unscramble this tangled web of jealousy and obsession that surrounds one man? Who would take on the children and the old people and the past and the future of a man who is so possessed and owned and shared by all these others? Try if you will to step into the pond of a family, a clear, blue pond with all its algae and its wildlife and its special, ordered systems of existence. Try this and see if you do not muddy its waters. We must, for we are all-seeing, understand how hard it was not only for the old people and for Clara and her brothers and sisters but also for Beauty herself who has come from nowhere, has nothing, no people, no fame, no possession or jealousy or roots holding her, nothing but her velvet-scarf limbs and her molten-iron eyes and her snaking, sultry eyebrows.

Clara, too, she tried to be all-seeing, to understand, to hold out her hand to Beauty, to explain to her brothers and sisters why the things were different, to accept the new Freddie and the Round House and the crowd of simpering shoppers, to go along with everything because it was what Freddie had chosen and he appeared to be so radiant. But everyone felt it, everyone felt that Freddie was pushing them away, that Freddie was pruning them from his life.

And the few who continue to be invited to the parties through the years go because they will not see or because they hope against hope that what they see is not what there is in truth. These few want to believe Freddie's protestations that he is greater than ever, more prosperous, more desired and sought after in his career, more important and life-changing and God-given, happier, more fulfilled. These few listen to Freddie's grand words and they nod sagely when he bids them agree and they laugh when he utters a 'mot' and they watch as slowly the success that might have been when Freddie found what he thought was the perfect woman turns into a lie, a big, big lie. It is not the majesty of happiness and success; if they ever jumped onto their branches and fluttered their feathers and sang out, the song-thrushes do not sing any longer but they hide in the branches of the trees you cannot see; if the weasels ever stepped out of their hedgerows and danced their dance of love and promise, they do not step out now but they hide in the ground;

the stags do not lock horns to fight for their lovers because a stagnant haze has descended over the Round House and its gardens and even if Freddie and Beauty and the simpering shoppers do not see or sense the lie, God does and he has told his creatures and they are sad.

Watch Freddie and you will see how the lie grows, every time doubling in size. You will see, as the old people saw, the rottenness which grows inside the mind and the gut of a man whom they have all loved and worshipped and admired and adored since he first burst into their lives those many years ago at Meriel's party. If you are like them, those few who kept going to see Freddie, you will not do anything but you will watch. And as the years go on, the rottenness grows so fast that you can almost hear the creak of Freddie's branches as they crack and fall within him. You could almost reach out and push your finger deep into the stinking compost that is forming in his belly. You could pick up all the words that spill out of Freddie's mouth and you could put them into a box and stow them away and years later when you wished to relive some of the magic of Freddie, you would go and open your box and find it was empty.

You cannot do anything for Freddie because it is Freddie's choice, this is Freddie's decision and he has pushed you away to a distance where any powers and strengths you might have had to help him, to open his eyes and make him see, are diminished to almost nothing. You are too far away to ask Freddie if he is happy, genuinely happy or if he wishes to change his course, to sack Beauty and try to halt the dreadful progression of the lie. You are too far away to tell him about Beauty, about how she is making him worse, about how she will destroy him in the end unless he acts to stop her.

So Freddie sits alone on his island of despair and soon the bitter fumes of betrayal will waft around his loins. Poor Freddie. Beauty was a sorceress, the kind of potion-stirring witch about whom weak men dream. She will drive them mad and haunt their peace and dare them, dare them to dance into her laughing eyes. She will cook her men-guests feasts of such unimaginable pleasure that they will be unable to refuse the poisoned chalice which they know to be both exquisite in taste and more deadly than the waters of Lethe. And when they have drunk from the cup and are lying paralysed, she will taunt them once more with her beauty and still the weak men will not understand that they have walked stupidly, willingly into a mortal trap.

CHAPTER THIRTY

Many years later, Clara was out walking, gathering primroses and bluebells down the wooded lane and she looked to her right and saw the Round House, its windows boarded up – Freddie's place, Freddie's Round House, burnt to the ground. Beauty has disappeared and all the simpering shoppers have gone and the people who loved him have moved on and there in the woods, in a garden that is overgrown, daffodils fighting for their air with foxgloves and willowherb and nettles and docks, is the round dead heap that was once Freddie's magnificent orb of pleasure. The stones are crumbled, charred, fallen on top of one another and between them grow weeds and grasses. Clara pulls back a board and she wanders inside and kicks her way through the rubble, through the soot-smothered piles of rot and mess and bends down because she has found the corner of a painting and she convinces herself that it is the remains of the one of the bulrushes on which Freddie was working those six months after he died when she saw him in his study.

Out of the middle of the roofless, falling heap, grotesquely rises the cast-iron staircase, twisted and bent but unmistakable.

Propping up the iron staircase, holding it from final collapse is a cupboard, for the most part miraculously preserved. Clara knows this cupboard. It is one that followed Freddie from his parents' house, from University, from the House of Cranlarrigan to the bottom of the staircase at the Round House. And she carefully, painstakingly removes its contents replacing each package with stones. As chance would have it, the fire has spared Freddie's vast collection of scrapbooks. Clara is like a squirrel and she grabs at his scrapbooks, his favourite moments crystallised, Freddie's endless catalogue of his glamour, his idiosyncrasy, his genius.

And it is as Clara is hurrying, rushing with her booty from that hideous, burnt-out place, stooping under the weight of it that she feels a brush against her skin and she turns, frightened, and sees that Beauty has come to watch Clara, to confront her, to accuse her. Clara drops the pile of books that she carries and she gasps aloud, involuntarily hissing 'You!' She steps back from Beauty, then forward again because she must protect the books that she has finally wrested from Freddie's remains. She is heaving, her breasts are rising and falling and her breath echoes around the trees that surround them and Clara is in a dream and she is dipping deep into the well of her shame and her courage.

And she says Did you start the fire, Beauty, did you start the fire? How did you do it? Was it a smouldering cigar which somehow had been left in Freddie's studio in among the paints and the oils and the spirits? Did you pour oil on the cedar-red floor and wine and paper and drop a match and watch as it started to flame? And she asks why did you burn it down when it was all we had, Beauty, all that was left of Freddie, all that was left and you burnt it down and destroyed what was left of our memories of him, Beauty? And then she says, And why did you poison him, Beauty, why did you let him drink his demon down and drink it, drink it deep until there was no one, not me nor you nor Meriel nor all the kindly storks and prudent angels that could save him from this poison? And she asks why did you run away, Beauty, why did you run? If you were so good and we were so bad, Beauty, why did you run? Soon Clara is exhausted from all this courage that she has pulled from inside of herself. Soon she is smarting from the shame that she feels at these terrible, dreadful accusations, and she falls silent, staring at Beauty with big, strong, wide, challenging eyes and she is staring so hard that it is some time before she sees that Beauty is no longer there, was never there, had only appeared to Clara in Clara's dreams.

Clara who stands at the edge of a burnt-out house with a pile of scrapbooks at her feet cannot move now because suddenly a pool of nausea swills into her mouth. She remembers how Beauty was when she last saw her, after Freddie's funeral. She remembers that Beauty was cold and hard, no grief, no tears for Freddie and his death but her chin strong and her eyes steel. And she remembers the moment when Beauty finds, as she rapes Freddie's desk and pillages his private chests of drawers and papers, that Freddie had had a lover, another Guinevere, one who had come not before Beauty, not during the time of Meriel when lovers abounded but with Beauty, during Beauty.

And Clara remembers Beauty's ugliness in this time, how she thrashed out because she was alone and desperate and furious with Freddie and humiliated, how she called in all the simpering shoppers and the people who loved him and she psst-ed into their ear, said I have something very important to tell you and she spat out this bitter truth that she had been cheated by

Freddie, he had not loved her in the end, he had taken another mynah-bird, made-love-to-her-in-this-house-this-house-my-house-under-my-very-nose.

Clara is angry with Beauty at this time, more angry than ever but she never says so, never speaks her anger aloud to Beauty. And Clara is also sad for Beauty for she knows that Freddie was cruel to Beauty in the last days, not speaking to her, not needing her, suffering his pain on his own, grimacing sometimes but never asking her to help him, never allowing her to care for him, sharing moments instead solely with the minister, pushing his Beauty away even though she was his perfect woman, the only one who truly knew what he needed, cruel in his pain, cruel in his suffering. Then Freddie is dead and now Beauty must know that she has lost her charms, her youth. Now she must know that she was deceived by Freddie for he said she had never aged, never grown old, never lost her snaking charms, her intoxicating pleasures and suddenly Beauty must be cut loose from Freddie's world of fantasy, and she looks in a mirror and she sees that Freddie these past many years had filled her head with lies.

Clara imagines how it must feel — to be Beauty, to be abandoned by the man who made you, who picked you up and set you in his crown, who then left you not in death but in sickness and you are forced to see that everything you have is tied up in a man who will not smile at you not even from the oblivion of his deathbed. And you are left alone in this great Round House which is nothing to you, nothing but Freddie's monument, not a place you love or need or wish to remain in but a haunted, stinking place filled with memories once sweet, now bitter.

Beauty takes the match and sets it to those blasted paintings of Freddie's, pouring oil and spirit here and there and she is laughing, laughing, partly from fear and partly from relief and partly because she hates Freddie, reviles him, he has left her and he did not love her and now she must go back to the great fight but Freddie has taken her charms. Watch the flames as they lick through the windows of the Round House, as they curl round the piercing staircase, as they feast on the cedar rafters, devour the rounded windows and the floors and the millions and thousands of trinkets which Freddie spent a lifetime collecting.

***

For many years after Freddie's death and the fire, Clara would be awoken in the middle of the night by a brushing against her skin. Alone, stick-thin, Beauty would be standing there, not trembling or thrashing out or vowing for revenge but standing there, silent, accusing.

CHAPTER THIRTY-ONE

In the shadows of the ruins of The Knock, Finn Frederick Meredith Swanson looks long and deep into the eyes of a girl who has promised she will be his for a lifetime. This girl, whom Finn adores, has told him how they will live together, grow together, eat and drink and dream together, how she will feather his bed, bedeck his house with ribbons and muslin and flowers, how she will construct, contrive, design for him, how she will mother his children and walk by his side through the long, big summer that will be their marriage.

Finn is older now, eighteen, tall as a house, charming. His eyes are green as green, his hair dark brown and curling, his voice calm and deep. Clara loves this Finn. She loves the way he lopes from person to person, always ready to smile, to be gladdening. She loves the quiet strength in the breadth of his back and the broad grip of his hands. She loves his goodness, his good nature and his will to please. Clara knows that Finn will not be as his father. He will not take bricks and make them into houses. He will not take men, form patterns with the men, turn them into machines who may build his dreams. Finn is an artist. He sits and he observes and he relishes the moments. He follows the line of things, the shape, the colour, the movement and he responds to these changing shapes and colours, feels them within him so he picks up his pencil or his brush or his crayon and he makes men see. Clara loves this Finn.

And now, at eighteen, Finn has found a girl who wishes to take his hand and walk with him on the long journey. Finn is dazzled by this girl. She has lilac, knowing eyes, silver hair and her dress flows to the ground in a waterfall haze. She is older than Finn — twenty, perhaps — and she has a will and a knowledge that astound and delight him. She knows, this girl. She knows what she will have and where she will be and how she will reach her destination. She sees in Finn, Finn the kind, Finn the handsome, the strong, she sees the man best suited to the fulfilment of her vision. His shoulders are broad enough to bear the many burdens that she will require him to carry. He will not struggle to work for her food, to build her a roof, to father her children. He will not be daunted when she bids him cut down the forests. Finn is strong and he is brave. This girl with the lilac eyes, she chooses well.

Happily for Clara, Finn does not tell his mother that he has betrothed himself to a girl who makes large claims upon his soul. Happily, Clara remains ignorant of the day when Finn and his girl first take a feast of cheeses, peaches, wines and picnic in the wilderness that was once the west lawn of The Knock. If Clara had known about this girl, if she had seen her knowing look, her vulture greed, how she provoked young, innocent Finn with her eyes and her hands and the come-hither gestures of her silk-supple body, Clara would have bristled and snarled and, in the vehemence of her jealousy and her painful insight, she might have done untold harm to the bond between herself and her son — a bond that is still strong and precious.

As it is, for many weeks Finn skips about, Finn the puppy, Finn the fortunate, Finn the chosen one. He skips about and his heart is ablaze for he has found a beautiful girl and she wants him to be hers. And although Clara and her husband both see, cannot fail to see, just how light-footed their son has become, they do not speak but they sit together in the chairs where they have sat for many years and they stare into the bottoms of their glasses.

Then one day, Clara does see. Finn tells his mother and a sharp pain crosses the side of her body. Finn tells his mother that soon he will leave home, go, build a palace, turn a fine wooden bed and install within this beautiful girl whom he has been courting these many months. Clara does not speak for the pain is sharp and she does not smile.

Clara tells her husband and he wraps his arms around her, runs his hands down the greying sheen of her hair and begs her not to jump in Finn's way but to be brave and quiet, to hold her fears in the cup of her hand, to try and keep her fingers closed. For if she sets her fears free, unleashes the scream that builds up within her aching side, she might lose her son and then they would all be lost. For a long time, the builder-of-dreams holds his Clara. Her body is tense and he can feel the many sobs as they run from her belly to her tears.

For many months Clara sits in her olive-leather chair and she cups her hand and does not speak. She lifts her eyes when Finn comes and though he does not comprehend the meaning of her cupped hand, Finn is relieved that his mother does not choose to change his plan.

For many months, Finn skips lightly in and out of Clara's palace. Every day, he goes to the girl with the lilac eyes and together they hone and refine and polish the plan which she has so cleverly, so astonishingly conceived.

He meets her often in the garden at The Knock and they wander through the tall grasses that shroud the statues, tap lightly in the breezes against the Orangery windows. Sometimes you might hear the echo of footsteps and you would know that they walk in a courtyard, on the cobbles which the moss and the weeds and the absence of Mister Percival's broom have contrived to make loose and partly hidden. Sometimes you might hear muffled laughter and you would know that they shelter from the rain in the porch where Lily occasionally used to sit in her bath-chair and watch the puddles form. Sometimes you will hear squeals and shrieks of delight, cracking of branches and you will know that Finn and his girl are chasing each other through the maze such as it is, now that Mister Percival can no longer supervise its maintenance. But Clara does not hear these things for she sits in her olive-leather chair and she cups her hand and she waits.

One day, Finn bursts in and he says is it true how Freddie died and that Meriel died so soon after, both so young? And Clara knows that Finn and his girl have found their way into Lily's chapel and have come across the stones now set deep into the floor which mark somehow the space that her parents once filled. Did Finn stand in Lily's chapel, amid the cobwebs, the birds' nests, the smell of must and cold and cradle his girl's face in his hands, love her in the shadow of Freddie's and Meriel's tombs? Did he stand in the squinting light that creeps between the cracks in the stained glass of the west window and look proudly, lovingly on his girl's rainbow face? Clara must cup her hand more tightly when she thinks these thoughts and her knuckles whiten as she sits in her olive-leather chair.

On another day, Finn bursts in and he asks what kind of birds did Aunt Lily have, she must have had some because we found skeletons with hooked beaks in an old shed. And Clara remembers the barn owls and with a shock she wonders if Mister Percival could have forgotten them in Lily's hurry to leave The Knock.

At last, Finn and his girl grow tired of the gardens of The Knock — the ruin by now must have become too well acquainted with their youthful follies — so on another picnicking day, a day when Finn and the girl with the lilac eyes are whiling away the time until they can put their fabulous plan of wedding and living and building into action, they wander from The Knock through the woods and they come to the House of Cranlarrigan.

Finn remembers Cranlarrigan from those days when he used to come with Clara and visit his grandmother. He takes his girl by the hand and leads her through the woods that link The Knock with Cranlarrigan and he shows her the little building which his mother told him belonged to a miller and then he leads her up the rooty hill, through the black-iron gate.

Finn knows this garden well, oh yes, so familiar, the bamboo grove and the round pond with the fountain and the pretty orange flowers and the cut in the woods for the bluebells. He lets go of his girl's hand and he walks slowly and he does not hear her speak for it is many years now since he has been here, many years since his grandmother died and Finn for the first time feels that pull of a place that you feel when you revisit the scenes of your early childhood. This is the garden where Finn used to play while his mother and his grandmother sat in the greenhouse and talked, about this, about that, about Freddie. This is the garden where Finn used to take his tricycle and go round and round and round, faster and faster until his grandmother came out and begged him to stop lest he wear holes in the grass. This is the garden where Finn would sit with his pencil and his paper and draw the butterflies and the flowers and King Benedict and sometimes, though not very successfully, his grandmother as she sat in her greenhouse. This is the garden where Finn built up the fabric of his childhood. His best, his earliest memories are woven from the fibres of this garden and the woods around — the bumpy track and the remains of the mad woman's house and Strawberry Hill and the view to the sea beyond.

Little has changed at Cranlarrigan and Finn is pleased to renew some old acquaintances. He is pleased to kick the wild grasses that grow in Meriel's meadow garden. He is pleased to find that the stones in the wall outside the greenhouse which he knew so well from all the times when he sat inside and listened to the droning on-and-on-and-on mitter-mumble-mutter of his mother and the other grown-ups and all he wanted to do was escape and explore are still as they were: that funny pink soft stone still crumbling and the other one that looked like a lion's head. The tree that Finn helped his grandmother to plant one day is taller than Finn now — it has flourished — but the tree-house which he built has fallen down, not surprisingly!

Finn's quiet is interrupted by the arrival of a face at the window of the drawing-room, a face he does not know. It is a rude awakening and in his shock, he pulls his girl brusquely and they go back through the black gate and down the rooty hill and she is mumbling under her breath because she does not understand what it is that Finn is feeling. She does not understand his hurt at seeing a stranger in a place that once was his. And Finn does not understand that this girl whom he thought so perfect cannot see what he sees in the beauty of the gardens and House of Cranlarrigan.

One last time, they go to these places, to The Knock, to the woods, to the patchwork of Clara's childhood. Finn takes the girl further afield, past the Pleasure Park, down the bumpy track and up the red path to the house where the old man lived. The ruts and the grooves in the path are still as treacherous as ever. They reach the top of the hill and Finn's girl gasps when she sees the view for the sea is just there, you would not believe it could be so close, and the fields beneath are orange with the corn except for one which is ploughed and the ground is red and purple and brown while the naked soil awaits the farmer's pleasure.

The old man's house is tidy now, no Y-shaped crack in the drawing-room window, but a place with flowers and plants and a cat which wanders in and out of the stables with its tail in the air asking to be stroked. Finn is shaken by the change in the place. Once again, he pulls his girl away. And suddenly, Finn knows that they will not go back. He has seen too many strangers, too many new families in the houses that he knew – in Cranlarrigan, in the old man's house. Even that tumbledown wreck that once belonged to the madwomen has been unaccountably resurrected and filled with people Finn has never known.

Finn will not go again because the summer is nearly at an end and he senses that things have changed.

What Finn does not know is that his girl with the lilac eyes has also changed. These last few times, she has come to Finn from the arms of a bigger, older, richer, stronger man. Finn will know this soon but today all that he knows is that he has seen some things he wishes he did not know and now he must try to close a cupboard, his first big cupboard, hide the disappointment and the sorrow that he feels because the places of his childhood are no longer what they were.

And then Finn does know because she writes him a letter. She does not come herself but she writes him a letter. Its tone is breezy and light. Dear Finn, it says, and it talks of wonderful summers and never forgetting and very young and how wonderful but time must move on, must it not and do not be angry because we always knew, did we not, Finn, that our plan was just a plan to keep us happy for one summer, did we not? Lightly and breezily, and from this letter Finn must know that this girl was not a girl, not a charming, delightful, perfect girl but a woman with a worm of ambition and greed that ate at her heart, that did not care whomsoever it destroyed along the way.

Clara is sitting in her olive-leather chair and she watches Finn as he reads this letter — he stands in a ray of sunlight which is filled with specks of dust and the sun catches the glint in his curls. Slowly, her fingers unfurl for she understands from the crumpling of Finn's stance that the letter must be bad and that it must be from the girl. He is reading and reading and re-reading this letter and she can see that the loping, smiling puppy charm that has been Finn's distinction for these seventeen, eighteen years is to lose its sheen — and all because a lilac-whore with eyes of steel and a heart too cruel for her years has taken Clara's precious son and made him promises that she did not wish to keep.

Clara rises from her olive-leather chair and she uncups her hand. Her anxiety is not diminished when she reaches him — for Finn pushes her away, says by the gist of his shrug no, I do not wish to be held by you, you are not she, you will never mend me, I am broken into a thousand pieces. Just as she could have done nothing to prevent this betrayal, so she cannot alleviate his suffering which runs deep, deep, deep. The bitter smell of betrayal is wafting strong in Finn's nostrils. He has not smelt it before and he doubles over, retches in the stench of it.

In a few days, Finn's father returns from his journey — he has been engaged on his greatest, most demanding project to date — and by the look in her eye, he knows what it is that Clara will tell him. Clara's dream-builder stretches out his arms and he hugs her tight. Then he goes to the depths of the palace where Finn hides himself in a room that is bleak and cold, and he says a word which Finn only dimly understands. He places one of his hands on Finn's shoulder.

Pause for a moment in this gloom, this shadowy, dust-laden gloom in which Finn chooses to take refuge. Distil in your mind's eye the picture of the old man's hand upon the young man's shoulder. Compare the steady, assured strength of the old hand with the trembling, broken humility of the young shoulder. And compare these men: Finn's father, standing square upon his feet, growing older with a lifetime's fulfilment revealed in the straightness of his back and the carriage of his head; and Finn himself, stooping, shoulders rounded, naked but for a row of dark red weals across the centre of his chest which tell you that his heart has just been whipped a thousand times by a witch with a cat-o'-nine-tails.

In the days that follow the arrival of the hated letter, Clara cannot draw Finn out of himself. My Finn, she says, My Finn and her hand once cupped now longs to touch his hair and hold his head against her. But Finn steps away from Clara's approach. He is restless and embarrassed in his pain and he will not let his mother touch him because he fears the voice of reason, the voice of knowledge, the voice that cannot but help saying we knew she was bad, Finn, we knew she was bad.

How perplexed Clara feels now that her hand is uncupped and her silence broken! God knows, she longed for the day when Finn might break the spell under which her wise lover had cast her. But at what a price did that spell shatter! At what a price! Look at him! Finn is more hurt than he has ever been — more hurt than he was when he saw in the city another child riding his trike and he knew that Clara must have given it away; more hurt than he was on the day when Meriel died and he knew that he would no longer be able to go and ride like Tam O'Shanter with the devil on his heels around the bamboo grove and the round-circle fountain.

She wonders if she was right to condemn her son's love for the lilac-eyed whore when her own father and her own mother met when they were equally young and innocent. Should she be proud that her heart had leapt when she knew that the lilac-eyed whore had thrown her Finn over for another man? Should she be proud that her hand was uncupped and her son's heart broken?

There is a mist of tears that falls over Clara's palace in these times. Three beings, each absorbed in his own dramas, dance around one another in a melancholic waltz. I am the house and

I am afraid that these times will lead again to my abandonment. Somehow I must help Clara, Finn, the builder-of-dreams because I owe them this. I summon past ghosts and new friends, I call the birds, the flowers, the friends whom they have made – in the garden, in the fields around, within my walls. I will show them the boy with his broken heart, the mother with her stiffened hand, the father with his projects too big, his family at odds with itself. The days never seem to lift, the dark clouds never seem to leave, the air is always heavy with rain and cold. My prayers seem to go unanswered. The birds and the flowers do not come and the pall does not go. I think of the master greengrocer and I know that this pattern must be broken.

Then at last they do come – at last the birds, the flowers begin to emerge from their hiding-places. Finn and his mother and father feel light, dewdrop ticklings against their skin and they smell a smell of early spring. All around them the floors of the palace glisten with round jewels and glinting purple and yellow flowers. The dance dies, the hope begins. Winter has passed and Clara's friends have rallied round to show them all the hint of a new season.

CHAPTER THIRTY-TWO

During the many years that Clara spends with her builder-of-dreams, there are few moments when she regrets the promise that she made as she watched the spider spinning its web in her bedroom those many moons before. The years seem to flow as easily as milk splashes from a spoon. There is no time to stop and worry about the good and the bad. The good passes by and the bad does too and soon Clara finds that her hair is changing colour with the seasons of her time on this earth.

Clara is preoccupied with the maintenance of her palace, with the creating and sustaining of a home for her Finn and a cool place where her lover might rest his head between the long, tired days of his projects. Clara's good times are the times when she picks flowers from her garden and gathers them, spring-scented, into her arms, when she places them in vases with leaves of juniper and blackcurrant and holly, when she sets the daffodils and the forsythia and the japonica and the camellia blossom into a burst of yellows and reds within a dark green blanket.

The good times are the times spent alone when she can dream her dreams, fly with the fantasies that swoop like swallows in and out of the eaves of her imagination; times when she sits close to her husband and they share a thought but they need not speak for they understand each other well. A deer might come or a weasel or even a vole and she will catch sight of it and she will know that it has been. Or she will watch the birds as they build their nests, the chaffinches, the coal-tits, the goldfinches; or she will spot, in the distance, a pair of partridge, shy, hidden like stones among stones.

Sometimes, when she is seated in her olive-leather chair, Clara hears scratching sounds and she knows that a wren or a robin is preparing a nest in the attic for the coming year. Sometimes, the house creaks and groans and Clara looks up in case the master greengrocer is there, surveying the legacy of his long-ago ambition. Or perhaps it is his wife, come with one of her dogs or her canary to visit Clara, march up and down, up and down in front of the great drawing-room window.

During the good times, Clara sits for many hours in her olive-leather chair and pictures how it might have been if Freddie had come and visited her in her palace. She pictures them all seated together at the dining-room table, Freddie at one end, her husband at the other, debating, gladiatorial, wine-emboldened, their cheeks glowing, their sleeves rolled up for the pleasure of the challenge. She pictures Freddie escaping the shackles of his deathbed, of his rottenness, of Beauty's possessiveness and coming to the Palace every evening. He would make himself at home, not wait to be offered but pull up a chair, his olive-leather chair, perhaps, and pour himself a drink and comment on Clara's progress with the grapevine or her improvements on the Italian garden; or he would sit back in his chair with his glass in his hand and sigh because he was in a good mood and this was a good place and the sigh was for pleasure and content; or he would take Finn for a walk outside and he would point out to him the plants, the shrubs and the trees and he would give Finn their Latin names and teach him the things that he knew; or he would say to Clara why not paint the parlour burnt sienna and Clara would consider and value her father's advice.

In her fantasies, Freddie is proud of the splendour of Clara's palace. In her fantasies, just now and again, one of the creaks in the house signifies that Freddie has come. He comes up to her from behind, places a hand on her head, says hello my treasure.

***

Clara is growing old. She does not wish to look ahead but to look back. She does not wish to imagine what things will be like when she is old and her husband has gone and her Finn has gone and she is left alone in her olive-leather chair with just a pocketful of memories.

And it is only now that Clara suddenly, suddenly, loses sight of the core of things. All this time she has been standing on the middle of the log, standing tall and proud with a lifetime of happiness and memory behind her when suddenly she loses her balance.

Why does it come? Does it follow Finn's pained and delicate recovery from his betrayal by the lilac-girl? Is it a result of the slow uncupping of an anxious mother's hand, the result of a tension abruptly and thankfully released? Does it come as a consequence of her lover's great project, of his absences and his preoccupation which is blinding because this time his project is almost too great for him? Does it come because Clara has been so happy, so contented, so steady and even-spirited that the demon in her, the demon that was surely planted by Freddie becomes restless and thirsty and suddenly screams aloud with frustration demanding to be set loose?

Clara becomes furtive, feline. She grows doubts about her lover: he no longer loves her, no longer needs her, is unhappy with the palace, is restless and aimless and his horizons have finally broadened beyond the variegated familiarity of the Italian gardens. She smells mynah-birds on his shirts. She looks into his face and she sees reflections of another woman's love, another woman's caresses. She searches his gestures, his wardrobe, his magic box of tools. Clara sees guilt in his smile and guilt in his obsession and guilt in his devotion to her and his son.

In her dreams, he is saying No, Clara, no, it is not you that I love. Clara's veins are coursing with the bittersweet blood of foreboding. She moves stealthily and she gets down upon her haunches and she stalks her suspicions. At nights, she lies awake. She hears the mice that scurry through the walls and hidden walkways of her palace and she envies them their secret life. And inside all the while, Clara's demon wails a long and sombre threnody. No one hears this long, moaning noise because it is secret and deep. Only the mice and the robins hear it and it haunts their business and their night-times.

Why does it come, Clara? Why does it come? But Clara is trapped in her suspicions. All she may see is that her lover is not as attentive, not as loving. All she sees is his absorption, his enthralment in the magnitude and scale of this dream he is building for himself and for the children of the children of the men whose dreams he shares.

No one is there now to temper the fury of her suspicions and her grim thoughts. Freddie is dead and Lily has gone and Meriel is dead and Finn is grown. Clara must crouch alone in her darkness. She construes lies out of the truth and insult out of his every posture. He is detached, aloof and she is no longer the stuff of his dreams. He longs to be elsewhere. 'I am losing him!' she shouts aloud to the clouds which hover over her knitted brow.

Her worry grows and spreads. Now she sees that her Finn no longer loves her and that Freddie never did wish to be a good father and that Lily had enjoyed Clara only as a social novelty. And on it goes, the moaning grows louder and the mice and the robins are more and more troubled.

Were you to come and see Clara at this time, you would be shocked by the change that has been wrought by her demon and her suspecting heart. Her movements are fly and her expression is wounded and she cannot lift her eyes and sniff the day. You would be shocked, for the demon is strangling her joy.

It takes Clara's lover many months to sense the fetid atmosphere, how vile it has become. When the truth comes upon him, the truth that Clara is not happy with him but afraid and suspicious and riven with jealousy, the builder-of-dreams is saddened and shocked. At once he is kind and he tries to talk to his wife. He reaches out but she jumps from his touch.

And then he is angry with her because he cannot understand this Clara. In the place of a woman who has been the mainstay of his rest and his night-times and his peace, he sees a wildcat with haunted eyes and a mean, accusing heart.

'Angels of prudence and wisdom,' he cries out, 'angels of prudence and wisdom!' And they hear the builder-of-dreams and they renew their embassy to Clara and her demon. They explain about her lover and his latest, greatest dream, about how men feel for their sons, how they must try and strive to leave them something that they might not have lived their lives in vain. They say his plan is great and that far, far from his mind is the temptation of bazaars full of dancing women, of mynah-birds and mirrors and love-inducing nectars. They warn her to beware, Clara, beware because she has shocked her lover greatly. He is innocent of her charges but his patience will not last forever. The angels of prudence and wisdom talk loudly, drowning out the threnody.

Clara, Clara, how can it be wise to allow this to happen? How can it be wise to let loose your demon? Tell your demon to go back to the place where he has hidden all these years, tell him that his banquet is over and that you are well pleased but that you do not wish to see him again in this life. You must tell him these things, Clara, if you wish to hold on to all that is dear and good.

***

How will Clara find the strength and courage to shake off the legacy of Freddie's doom? How will she banish from within her that evil, evil thing that is helping her to jeopardise the success of her life as a mother and a wife and a friend? Will she retire to the safety of her olive-leather chair and fight it out? Will she, as Meriel did, take her demon, reach her hand down her throat and pull him out screaming, grapple with him, pin him to the floor and slowly dissect him, try to understand, to know what it is that makes him work, makes him do the things he does, makes her do the things she does? Or will Clara submit, leave the builder, turn her back on her palace and her Finn and embrace the demon, drink him down as Freddie did, stitch up her mouth and her heart and hide forever?

***

Downstairs, in his own special chair, the builder-of-dreams presses his hands together tightly. From the attic, he hears a whisper of paper and a frish of activity. A thin shaft of light is coming down the stairs and he knows that Clara is where she has been these many months since he stretched out his arms and begged the angels of prudence and wisdom to come and help him save his wife.

Indeed, it has been many, many months now and the builder-of-dreams, although his anger has subsided, is still afraid. He is afraid that Clara will never come down the stairs. He is afraid that the lure of the remnants that Clara retrieved from The Knock, from the House of Cranlarrigan, from the charred wreckage of the Round House, will keep his wife imprisoned forever. He fears that Clara will not break the spell of her demon and her Freddie and the heartbreak inflicted upon her by Lily, by Beauty. He is afraid because now Clara is quiet, not angry, not gleaming with hatred and suspicion but calm and self-possessed and distant. But the builder-of-dreams is wise and he does not try to confront his wife.

Every day, Clara's husband goes to his great venture and he marshals his men and plies his tools, watches as the patterns form, as the walls rise and his dream becomes real. Every evening he returns to sit still as he can in his chair and wait for her.

And just as her husband hopes and prays and goes about his business, so Clara spends every hour, every minute of the day and the night working on her own task. She does not come down from the attic but she stays aloft in her olive-leather chair and ransacks her troves of the past. In the first light of the morning, through the last embers of the night, during the dozing hours of the early afternoon, Clara toils away. She works cat-like. She is busy, absorbed, rapt.

Against her demon she is winning. Each day, each night, each time she takes a step forward on her task, she feels the demon lose a degree more of his venom and she feels the smiles of the angels of prudence and wisdom as they watch her and know that she is fighting her battle and fighting it well.

Come with me up those attic stairs. Let us see how Clara has spent her time during these worrying months. Look, see, there she is. She has brought up her olive-leather chair and she is surrounded by papers and boxes and letters and diaries and photographs and bits and bobs of clothes and hats and walking-sticks and trinkets – china, shoes, pictures, books. Look there, she is delving into a box. What is she doing when she sits in her chair in the attic with the boxes and the scents and the memories? What do you do, Clara?

Do you let down your hair and do you float back to The Knock? Do you capture again those times when you wheeled Lily through the statues and do you feel again the sun on your back and the smell of spring in the garden around you? Do you wander back to the House of Cranlarrigan and Strawberry Hill and the madwoman's house and the wishing-well? Do you go home and dig out one of your favourite books and curl up in Freddie's olive-leather chair which was Freddie's father's olive-leather chair and his father's before him and do you imagine that you sit in Freddie's lap, that he reads aloud to you, his hot breath tickling your ears? Do you whisper through the woods which join The Knock's garden to your garden, whisper through the carpet of snowdrops which has crept up overnight, whisper because if you walk loudly you might disturb that owl over there which dozes in the hollow of the fallen elm or the red squirrel which is just emerging from his long sleep? Do you follow the path round until it leads you into Freddie's garden, the garden of Cranlarrigan, Freddie's house which then became Meriel's house which then you sold because you have your own palace now? And are you followed as you go by the sound of a piano played by a man with feathers for fingers who does not know you listen?

Take us, Clara, take us to the places you visit as you fight your demon in the half-lit dawns, in the attic of your memory. Do you hold to your nose the pieces of clothing – shirts and hats and gloves – that were Finn's, Finn's when he was tiny, when he smelt uniquely yours, when every stretch of your skin tingled with the vows and needs of motherhood, when sleep was the biggest enemy of all because it always wanted you to turn away from your child and go down, down, down? Do you smell these tiny garments and remember, drift like a bird on the warm currents?

Still we do not know, still no one, not her husband nor the others who wait for Clara downstairs counting the shafts of light, waiting for them to be disturbed, knows how Clara really spends her time upstairs in the attic. They envisage her, as we see her, in her chair with her photographs and her scrapbooks and her invitations and her pairs of old boots and the collection of schoolbooks inscribed in Freddie's florid hand but they cannot see, we cannot see what it is that Clara really does.

We cannot see, they cannot see that, while she sits in her chair these long, long months, Clara sews. They do not know that she is making a quilt. They do not know, we did not know, that into this quilt, Clara is sewing all the bits and scraps that she can find, all the morsels of colour and glitter, all the drab scraps and the shiny scraps and the hair and the tissue and the gold and silver that she can sift out from the boxes and treasure chests which hold her memories.

Come with me over here. Come with me to this far corner of attic. She will not see you. She is absorbed in her task. Can you see it? Can you see her quilt? Come with me and inspect it. Come and see Clara's work of art which she has been creating all this time while we have been learning of her past and her family and her childhood, all this time. Come and see this great, this gleaming collage that grew from the moment she first held her son, the moment she looked into his eyes and saw her forebears, saw them in the beauty of the baby's sleeping-purple eyelids, in the length of his fingers and the shape of his head, when she saw her times at The Knock and at Cranlarrigan all laid out ahead of her Finn, waiting for him with so much pleasure, so much joy. Come and see what it is that Clara has been doing when she sits in her olive-leather chair and looks back. Come and see the fruits of her rummaging, of her piecing together, of her reading and dreaming and reflecting.

How did it start, Clara? Was it that day when you came up to the attic, carrying with you in a basket your sleeping Finn? Did it start, Clara, when you laid out some photographs on the floor, pictures of you and Freddie and some of the brothers and sisters and you are smiling because that day, that day when you were all dressed up as farmyard animals, was one of the best? You find a piece of brocade from Freddie's mane (for he was dressed as a draught horse) and you lay it on top and then you come across a piece of the gold silk from his dressing-gown and before you know what you do, Clara, you are reaching for your needle and thread and weaving these all together. Did it all begin then, some tick-tock afternoon when the sun was dozing and your son's breath was purring beside you and you reached out to touch some distant, happy time?

And what came next, Clara? Was it finding the tiny black shoe and remembering the time when you went down through the garden, through the woods and came upon Freddie in the grass with the girl from the toyshop? Is that what this square means, Clara, with its background woven from straw and twigs? Is that you there, Clara, the child with the shiny black shoes and the flouncy dress? And is that the girl, over there in the grass, that slip of a thing, not much more than a child herself with bright red lips, and on the ground next to her, another figure, is it Freddie but you cannot see his face?

It is a huge, huge quilt, Clara. Look how you have taken slates to depict the roofs of the houses and bricks to show their walls. Look at the branches of trees and pieces of grass and plants and pots and benches and even a chair, a bath-chair. Look at that square there — Grandfather Meredith! His shirt is white and starchy and he is so tall and look, Clara, you have taken some horsehair to make his beard and used coins for his eyes and you have woven his face from the bits of paper that he signed when he played his games of poker. See behind him, how the house is a pile of stones.

And look here, a beautiful square — full of silver and blues and in the middle a pool of oranges and reds — The Knock garden, is it Clara? There are real plants — feel! and trees too — see the parade of Scots Pines and in the back, there is a heron and in the foreground, Lily in her bath-chair surrounded by the trumpets from the rhododendrons and azaleas which you used to pick and lay around her from end to end in a circle. And there, another man — is it Octavian? — who lies on a bed, an iron bed, and he is whispering words, thousands of silver words, you can hear him if you come close.

There are many squares — hundreds maybe — some with photographs and some with bits of cloth and some with grass and twigs and some with grain and dried petals and some with paint and ink and paper and some with dresses and hats and baubles and some with chairs and tables and plants and flowers and stones and glass and even tadpoles. Look at this square, Clara. Look how you have used the gold dressing-gown silk and some yellow velvet and there are stones which are charred and bits of wood that are blackened and splintered and some orange tulle and there are flecks of red too — grains of barley which you have steeped in beetroot juice, or are they splashes of blood? What does this square say? Is it the story of Beauty and the Round House after Freddie died? Is it the story of how she burned everything, destroyed everything?

There are squares for loving and squares for dying, squares that show you with your lover or you with your mother or you with your sisters and brothers and there are some of you alone and there are many, many squares with you and Finn. There is the story of the palace and the greengrocer. There is the story of Lily, from her days as a young lover to her days when she is old and she leans out of her chair collecting worm-balls of earth in her hand. There is the story of Meriel and her sequinned princess and her mother with her dogs and her piano and there are the days when Freddie goes home with his friends from University and wreaks havoc in his sisters' calm. It is a huge, huge quilt, Clara, a huge, huge quilt.

What is that that you work on now, Clara? Clara? But she does not hear us.

CHAPTER THIRTY-THREE

Fifteen, twenty years on, Finn holds his new-born son up to the light. And he sees, in the beauty of his eyelids, in the shadows and lines of his perfect face, he sees the beauty of Clara, his mother and the proud strength of the builder-of-dreams. Oh yes, he can remember that dawn now, the dawn when his son was truly born. Finn is proud as proud. His heart swells. He has a son — I have a son! — who will continue his line, carry on to the next generation the genius and the sadness and the brilliance and the beauty and the torture of his family. I am a father! I am a man! And he roars this out to the great white sky and the rivers that roll beneath.

And Finn remembers that square on Clara's quilt, the largest one, the one that she worked on longest, that kept her in the attic for several weeks more, the square that finally freed her from her strangling demon. Of all the thousands of squares in the quilt, it was this one that gleamed and shone, this square that stood out above all the others. It was the square into which she put all her care, the square with the most intricate stitching, the most delicate jewels, the tiniest detail, and it was woven into the centre of Clara's huge, magnificent quilt.

It depicts a bear with an egg in her paws, a bear tenderly, gently, between great, clawed paws holding aloft a priceless bone-china egg.

And you can see from the light which streams through the fragile shell that within the bear's trophy lies a tiny boy with sleeping-purple eyes.

Introducing Ian Shirley – one of the many new authors published by Citron Press, the only publishing house dedicated exclusively to promoting new fiction in this country.
We are determined to give new authors like Ian Shirley a platform for their writing. We are even more determined to give our growing list of loyal readers access to the freshest, most innovative new fiction – fiction that doesn't bow to the latest fashion or formula.
If you believe that new talent should have a voice and an audience please support Citron Press by buying our books.
The face of the future
Support New Fiction by Supporting
CITRON
PRESS

Further Reading
from Citron Press

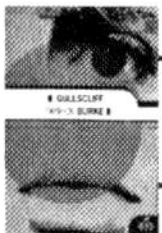

GULLSCLIFF *by* PATRICK BURKE

An undiscovered literary gem ***Amazon Review***

Cornelius Pardoe's spectacular memorial to the Kentish miners nears completion. Stone carver, lettercutter, fervent admirer of Gill and Morris, Pardoe is an artist obsessed by his craft, working long hours alone in a small studio in Gullscliff, once a fashionable seaside resort, now in slow but inexorable decline.
For six unhappy years, work, alcohol and a small circle of close friends have sustained him following the bizarre and tragic death of his young wife. During a comic, roistering week of heatwave, outside recognition suddenly beckons, whilst the arrival of Sharon promises an end to his long period of mourning.

ORDER NO. D0101

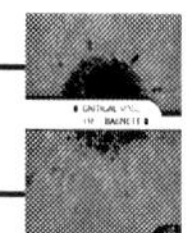

CRITICAL MASS *by* FRED BASNETT

The author was a boffin at Windscale during the 1950s and *Critical Mass* is essentially an evocation, lightly fictionalised, of his bizarre interlude there. Many of the people at Beaufort (which is, of course, a wind scale) were young, and the peculiar attraction of the place for them was that working there could earn exemption from national service. But there was a price to pay. All unmarried personnel were confined to an isolated hostel where for every ten men there was just one woman. It is this explosive sexual imbalance that gives the novel its title, its hair-trigger violence, and its black, radioactive humour.

ORDER NO. Q0101

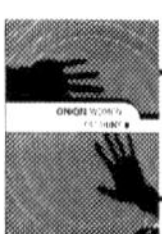

ONION WOMEN *by* PAT HUNT

Pat Hunt has written a searing story of mental breakdown...the Onion Women of the title have been peeled back layer by layer... ***Irish News***

Single, and looking for a lodger to share her home, Andrea's advertisement is answered by Colette, an unhappy ghost from the past. Striking up an arrangement the two unlikely women find themselves sharing domesticity. But the cracks soon show, revealing scars that run much deeper. Traumatised and disturbed, their withdrawal from events leads the mutually dependent pair towards a breakdown as inevitable as it is painful.

ORDER NO. W1257

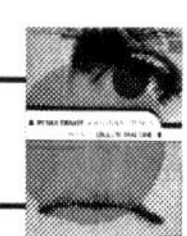

PENULTIMATE AND OTHER STORIES *by* AUBREY DILLON-MALONE

These seventeen rite-of-passage stories, many of which have been published in New Irish Writing and other literary outlets, deal broadly with love, loss, violence, religion and the pained parabolas of romance. From the turmoil of adolescence through to the reflectiveness of middle age, the author chronicles the fortunes of his characters with lyricism and bittersweet humour as we move from closely knit communities to the wider world outdoors. The quotidian mixes with the adventurous in a heady melange that encapsulates an emotional range of experience within so many telling vignettes.

ORDER NO. K0107

Support new fiction

CITRON

Your nearest book shop
The most convenient way to purchase innovative new fiction
CITRON
PRESS
www.citronpress.co.uk